本书为国家社科基金青年项目“我国对非援助与贸易和投资的互动关系研究”（项目编号：12CGJ013）的部分成果，并得到大连理工大学马克思主义学院的资助。

国家社科基金丛书
GUOJIA SHEKE JIJIN CONGSHU

中国对非援助与贸易投资互动关系研究

Research on the Interaction between China's Aid, Trade and Investment in Africa

王新影 著

人民出版社

序　言

中非友好合作既有悠久的历史传统，也有坚实的现实基础和不断深化的强劲动力。自 20 世纪 50 年代新中国与非洲国家正式建立外交关系以来，中非友好合作已走过六十多个年头，在这过程中，中非双方始终坚持平等互利、合作共赢的理念，在政治、经济、文化、安全等领域建立了全方位合作关系，并实现了从“新型战略伙伴关系”到“全面战略合作伙伴关系”的提升深化。在中非关系所处的国际国内形势均发生深刻调整变化的时代背景下，“中非命运共同体”理念的提出和落实，为新时代中非关系的发展指明了方向，也提出了新的要求。以此为背景，深入探讨中非关系，尤其是对中国对非援助与中非贸易投资互动关系的讨论，就是一个具有重要理论和现实意义的问题。应该说，正是中非关系的深入发展和强烈现实需求，特别是 2000 年中非合作论坛成立以来中非合作所取得的丰硕成果，为本书的写作提供了最初的动力。

援助、贸易和投资，是中非合作的重要内容，也是推动中非关系深入发展的“三驾马车”。如何实现中国对非援助与贸易投资的协同互动，形成中非合作的经济合力，在此基础上实现中国对非援助效果的优化，推动中非贸易投资合作的深化，是当前中非关系面临的一个重要议题。本书即以此为切入点，通过探讨中非援助、贸易和投资的相互关系，尝试构建中国对非援助与贸易投资互动的体系框架，进而为新时代中非关系的深入发展提供理论参考。

现阶段,国内外学界已经围绕中非合作展开了深入探讨,对中非援助、贸易和投资发展及其相互关系的研究也取得丰硕成果,这为本研究提供了十分重要的研究基础。在充分学习借鉴现有研究成果的基础上,本研究以中国对非援助为主要考察对象,梳理其历史发展进程、所取得的显著成效和面临的要求、挑战,并将其与中非贸易投资合作相结合,探讨其实现协同互动的必要性和可行性,以此为依据尝试构建中国对非援助与贸易投资互动关系的体系框架。

在研究思路和框架上,本研究主要遵循提出问题、分析问题、解决问题的基本思路展开,既有历史回顾,也有现状分析,并将理论与实际相结合,牢牢把握中非友好合作的指导理念。在对中非关系的发展历程进行梳理回顾,尤其是对当前中非关系的时代内涵进行系统解读的基础上,本研究聚焦于中国对非援助与贸易投资互动这一议题,尤其是对中国对非援助与贸易投资领域所面临的新挑战、新要求展开深入研究,通过比较研究借鉴其他国际行为体的互动实践,并参照以往中国对非援助与贸易投资互动的典型案例,进而提出符合中非关系发展要求的中国对非援助与贸易投资互动体系。

2013 年 3 月 25 日,国家主席习近平在坦桑尼亚尼雷尔国际会议中心发表演讲,指出:中非关系的本质特征是真诚友好、相互尊重、平等互利、共同发展。中非关系要保持旺盛生命力,必须与时俱进、开拓创新。半个多世纪以来,在中非关系发展的每一个关键时期,我们双方都能登高望远,找到中非合作新的契合点和增长点,推动中非关系实现新的跨越。这种逢山开路、遇水架桥的开拓精神,是我们不断提高中非合作水平的重要法宝。本研究就是在中非关系不断深化、开拓创新的时代征程中所做的一点努力。

目　录

第一章 导 论

当前中非关系正站在新的历史起点上，具备"天时、地利、人和"的优势。作为希望的大陆、发展的热土，今天的非洲已经成为全球经济增长最快的地区之一，"非洲雄狮正在加速奔跑"。而中国也继续保持着良好的发展势头。中非合作基础更加坚实，合作意愿更加强烈，合作机制更加完善。推进中非合作是双方人民共同心愿，是大势所趋、人心所向。

——2013 年 3 月 25 日，习近平主席在坦桑尼亚尼雷尔国际会议中心发表题为《永远做可靠朋友和真诚伙伴》演讲

中非关系在中国对外关系中一直占有非常重要的地位，被视为中国外交的重要基石。中非关系的重要性既体现在双边层面，也体现在多边层面，作为南南合作的重要组成部分，中非关系的深入发展对国际格局的发展演变具有重要影响，通过中非合作探索出一条适合发展中国家的发展合作之路，具有重要示范作用。

从合作的领域看，中非关系涵盖了政治、经济、文化、安全、环境保护等各个方面。其中，经济合作是中非关系中最为重要的组成部分。在中非经济关

系中,贸易、投资和援助共同构成了推动中非经济合作的“三驾马车”,是中非经济合作的重要内容,三者都是中非关系中不可或缺的组成部分,也是新时期中非深化合作的重要领域。中国对非援助则兼具政治和经济功能,是中非实现互利共赢、共同发展的重要方式和路径。基于此,本书将“中国对非援助与贸易投资互动关系”作为研究对象,尝试提出中国对非援助与贸易投资互动关系研究的体系框架,从而为新时代中非关系的深入发展、中非命运共同体的构建提供参考借鉴。

一、研究背景

在第二次世界大战结束后的七十多年间,国际格局、国际秩序和全球治理体系都发生了深刻变化,中非双方自身也都取得了极为显著的发展成果,这为中非关系的发展注入了新的活力,但也带来了新的难题和挑战。因此,研究中非关系的新发展、携手推动中非命运共同体的构建不能脱离以下三方面的背景考察。

（一）战后国际格局、国际秩序和全球治理体系发生深刻变革

第二次世界大战结束后,以美国为首的西方国家主导了战后国际格局,以雅尔塔体系和布雷顿森林体系为核心,以联合国为代表的国际组织和机构为基础,构建了美国主导下的战后国际格局和国际秩序,并在此基础上建立了战后全球治理体系。在这一体系中,广大发展中国家普遍处于相对被动、边缘的位置,在国际事务中缺少代表权和话语权。

国际格局在 20 世纪 80 年代末 90 年代初发生剧烈变化:东欧剧变、苏联解体导致持续近半个世纪的冷战宣告结束,两极格局也正式解体,国际格局进入了漫长而曲折的格局转换期,由此导致的国际形势和国际力量对比的变化必然带来全球治理体系的改变。进入 21 世纪以来,尤其是 2008 年的金融危机爆发

以来,国际力量对比发生深刻变化,西方发达国家整体出现实力下降、发展难题和挑战增多的态势,而广大发展中国家和新兴国家则是处于国家实力、国际地位集体上升的战略机遇期,东起西落的国际力量对比变化直接引发了全球治理体系的深刻变革:随着全球性挑战的不断增多,尤其是面临着当前国际政治、经济、安全等领域所出现的新问题和新挑战,现行全球治理体系的"失灵"、无法有效解决全球性挑战的现实困境成了推动全球治理体系变革的现实驱动。

2015 年 10 月 12 日下午,中共中央政治局第二十七次集体学习在北京举行,本次学习的主题是"全球治理格局和全球治理体制",习近平总书记在主持学习时明确指出,当前的全球治理体制变革正处在历史转折点上。国际力量对比发生深刻变化,新兴市场国家和一大批发展中国家快速发展,国际影响力不断增强,是近代以来国际力量对比中最具革命性的变化。[①] 在此背景下,中非同属发展中国家,面临着一系列新的国际机遇与挑战,这也为中非关系赋予了新的时代内涵。

(二)中非关系进入新的发展阶段

面对当前"百年未有之大变局",[②]中非关系也面临着前所未有的新机遇和新挑战。当前,中非关系已经进入了新时代。2015 年 12 月 4 日,习近平主席在中非合作论坛约翰内斯堡峰会发表致辞时提议,将中非"新型战略伙伴关系"提升为"全面战略合作伙伴关系",标志着中非关系开启了新的纪元。2018 年 9 月中非合作论坛北京峰会的召开,表明中非双方将致力于打造新时代更加紧密的中非命运共同体。这意味着中非关系进入了一个新的阶段,也为新时期中非关系的发展指明了方向。

---

① 参见《习近平主持中央政治局集体学习时强调推动全球治理体制更加公正合理》,《人民日报(海外版)》2015 年 10 月 14 日。

② 侯丽军:《习近平接见驻外使节工作会议与会使节并发表重要讲话》,2017 年 12 月 28 日,见 http://jhsjk.people.cn/article/29734770。

作为平等互助、互利共赢的伙伴，中非如何在友好合作的历史传统基础上、在互利共赢合作理念的指导下，实现新时期中非关系的创新性发展，是当前中非关系面临的重要议题。而经济合作作为中非关系的重要组成部分，也面临着如何深化、改革、创新的时代任务。积极整合现有政策工具，充分发挥中国对非援助与贸易投资合作的比较优势，形成三者的优势互补、有机互动，实现中非双方的互利共赢，是当前以及未来一段时间内中非关系深入发展的重要突破口。

（三）中国在国际事务中的地位和作用发生巨大变化

自新中国成立以来，加强与亚非拉发展中国家的友好关系一直是指导中国外交的重要理念。其中，中国尤其重视与非洲国家的交往与合作。谈及中非关系的重要性，习近平主席曾郑重承诺："中国和非洲历来是休戚与共的命运共同体和互利共赢的利益共同体。发展同非洲国家友好合作关系始终是中国外交政策的基石。"①

党的十八大以来，中国在国际事务中的地位和作用显著提升，中国在全球治理体系中从"参与者"走向"贡献者"。这既是国际格局和国际体系发展变化的集中呈现，也从根本上反映了全球治理体系发展演变的必然趋势：全球治理体系将更加公平公正地反映绝大多数国际行为体的利益和诉求，从而有效应对全球性挑战。全球治理体系的变化，毫无疑问也直接体现了新中国成立以来，尤其是改革开放以来中国所取得的巨大成就和综合国力的显著提升。党的十九大报告指出：中国特色社会主义已经进入新时代，这是我国日益走近世界舞台中央、不断为人类作出更大贡献的时代，这为中国更加积极地参与、引领全球治理、贡献中国智慧和中国力量吹响了号角，也为新时期中非关系的深入发展指明了方向——以构建人类命运共同体为目标，在遵循共商共建共

① 赵明昊、杨迅：《习近平同尼日利亚总统布哈里会谈》，《人民日报》2016 年 4 月 13 日。

享原则的全球治理观指导下,中非关系必将进入新的历史阶段。

在这一时期,中非合作的水平、规模和范围得到了显著提升,尤其是贸易投资和援助领域的合作深入发展。与此同时,中非关系也面临着新的要求:如非洲国家希望中国作为发展中国家的代表能够在全球治理中更好地为发展中国家发声,希望能够有更多的中国企业赴非投资、增加非洲当地的就业岗位和发展机会,希望中国对非援助在原有的基础设施投资等基础上更加聚焦于民生、教育等新领域……这为当前中非关系的发展赋予了新的时代内涵。

在当前的国际国内背景下,中非关系机遇与挑战并存,这既是本研究的时代背景,也是不能忽视和回避的现实基础。本书将以构建中非命运共同体为目标指向,深入探讨中国对非援助与贸易投资的互动关系,以期为当前及未来中非关系,尤其是中非经济合作的深入发展提供理论参考。

二、中国对非援助与贸易投资实现互动的理论和现实驱动

为了更好地进行研究阐释,首先需要对本研究中的核心概念"对外援助"进行简单说明和界定。在援助研究领域,"官方发展援助"(ODA)、"对外援助"(Foreign Aid)、"发展援助"(Development Assistance)和"发展合作"(Development Cooperation)等多个术语经常交替使用,这是因为不同援助国习惯于使用不同的术语来称呼其对外资金转移支付。例如,美国在多数文件中使用"对外援助";北欧国家倾向于使用"发展合作",用以显示受援国和援助国之间是平等的伙伴关系;很多欧洲国家以及国际多边组织倾向于使用"发展援助",或官方发展援助,用以强调援助拨款的用途是帮助发展中国家从事发展的工作。① 根据经合组织发展援助委员会(Development Assistance Com-

① 周弘:《对外援助与国际关系》,载周弘主编:《对外援助与国际关系》,中国社会科学出版社 2002 年版,第 29 页。

mittee,DAC)的定义,官方发展援助的主体主要包括发达国家的中央和地方政府及其专门机构,以及政府授权或委托的相关机构,上述主体向发展中国家政府(中央和地方政府、专门机构等)或者是国际多边发展机构(如世界银行、国际货币基金组织、联合国的专门发展机构等)提供赠款或是赠予比例不低于25%的优惠贷款,官方发展援助的目的是通过援助(可以是多形式的,如经济、技术、粮食援助等)推动发展中国家的经济社会发展和人民生活水平的提升。常见的官方发展援助形式主要包括无偿援助、优惠贷款和技术援助等。

中国不是经合组织发展援助委员会的成员,援助形式也与传统发达国家有明显区别,常见的援助形式有八种,主要包括成套项目、一般物资、技术合作、人力资源开发合作、援外医疗队、紧急人道主义援助、援外志愿者和债务减免。① 其中,成套项目主要通过援建的方式帮助受援国为其建设所需的基础设施和其他工程项目,这是中国提供对外援助的重要方式,从20世纪60年代就开始采用。此外,中国还经常通过向受援国提供生产生活物资、合作进行人力资源开发、开展多领域的技术合作、派遣援外医疗队以提供医疗援助、派遣援外志愿者开展志愿服务等方式提供援助。在发生自然灾害或是紧急情况时,中国还积极向受援方提供紧急人道主义援助;在与最不发达国家或是重债穷国开展合作时,中国多次采用减免其到期对华债务的方式帮助受援国解决和缓解其经济发展面临的困境。本研究对中国向广大发展中国家提供援助的表述采取国内相关政策文件常用的表述方式,即"对外援助";在涉及其他国际行为体的援助政策等相关内容时,则遵循其自身惯用表述方式,交替使用"发展合作"和"国际发展援助"等称谓。

选择"中国对非援助与贸易投资互动关系"这一主题作为研究中非关系的一个切入点,既有来自理论层面的驱动,也有来自现实层面的思考,具体说来,主要体现在以下两个方面。

---

① 中华人民共和国国务院新闻办公室:《中国的对外援助(2011)》,人民出版社2011年版,第9页。

(一)开展中国对非援助与贸易投资互动研究的理论驱动

鉴于近代以来西方国家在国际政治、经济体系中的主导作用,国际合作的话语权和主导权始终为西方国家所把控,由此导致相关领域的理论研究同样由西方学界所主导。围绕着国际发展问题,尤其是广大发展中国家和落后国家的发展问题,西方学界在战后取得了重要研究进展,如发展经济学、结构经济学的兴起。

这一点在国际发展援助领域体现得同样明显。随着二战后国际发展援助的兴起,西方学界对这一问题展开了深入研究,其核心内容在于探讨援助方对外援助的动机。国际政治现实主义学派是较早开展对外援助动机研究的学派,其代表性观点是把对外援助视为援助方维护自身利益、实现自身战略目标的有效政策工具,认为对外援助的直接驱动来自援助方的利益诉求。援助方之所以愿意采取援助的方式与受援方发展外交关系,是希望借援助拓展、实现和维护其自身的政治利益、经济利益、安全利益、文化和意识形态利益以及更广泛的战略利益。[①] 因此,在国际政治现实主义者看来,受援方的需求并不需要纳入援助方提供援助的战略考量之中,援助方在制定援助战略时主要还是依据自身的利益诉求而决定其援助对象、援助方式和援助偏好。国际政治现实主义学派的代表人物汉斯·摩根索(Hans Morgenthau)认为,对外援助作为援助国对外政策的一个重要组成部分,体现国家私利是天经地义的。[②] 这一观点在战后西方发达国家的对外援助实践中得到了充分体现。源于激进主义理论和世界体系论的依附论在援助动机问题上的立场与现实主义学派较为接近。该理论更多地从国际经济秩序不平等的视角探讨发达国家与发展中国家在世界经济中的不同地位和作用,进而将援助视为发达国家保持、强化其对发

---

① 丁韶彬、阚道远:《对外援助的社会交换论阐释》,《国际政治研究》2007 年第 3 期。

② Hans Morgenthau, "A Political Theory of Foreign Aid", *American Political Science Review*, Vol.56, No.2, June 1962, pp.301-309.

展中国家经济剥削的重要手段,认为客观上将会造成世界经济不平等程度进一步加深的不利后果,并据此对对外援助的作用持批评和质疑态度。

在援助动机问题上,国际政治理想主义学派所持观点与现实主义学派存在明显差异。理想主义学派在分析援助方的援助动机时,更多的是着眼于受援方的诉求,并认为这种基于受援方的发展需求能够在很大程度上成为援助方制定其援助战略和政策的主要依据。除此之外,理想主义学派还非常重视国际责任和人道主义理念对援助方的影响,认为这些因素将与受援方的发展诉求共同影响、甚至决定援助方的对外援助理念和战略。理想主义学派的上述观点在西方国家对外援助的政策文件、官方声明中频繁出现,是西方国家最乐于自我标榜和展示的"援助声明"。

无论是国际政治现实主义学派还是理想主义学派,都是从西方国家自身出发,以西方国家在世界事务中的主导权为前提展开探讨和研究的,其理论范式带有浓重的西方主导色彩,而不是从广大发展中国家的发展基础、发展诉求的角度进行研究。这样的指导理念在一定程度上导致战后国际发展援助未能取得预期成果,也对国际发展援助的理念创新提出迫切要求。如何突破西方学界的话语主导权,探索符合当前国际现实,尤其是符合广大发展中国家的新发展合作理念和路径,这同样是当前中非合作所承担的重要使命。

(二)开展中国对非援助与贸易投资互动研究的现实动力

本研究的现实驱动主要来自三个方面,分别是战后国际经济合作未能取得预期效果、中非经贸合作的现实要求,以及当前中非合作所引起的国际关注,尤其是西方国家和媒体对中非合作的肆意批评、歪曲和抹黑。

1. 战后国际经济合作效果不符合预期

国际贸易和投资是伴随着世界经济的形成与发展而出现的,是国际行为体之间进行经济合作的主要方式和路径,尤其是近代以来伴随着西方殖民者的坚船利炮，宗主国与其殖民地之间的经济合作规模、范围和水平不断提升，尽管这种经济合作本身是不平等的。20世纪中叶以来，随着经济全球化进程的深入发展，全球性贸易投资合作达到前所未有的高度。在这场席卷全球的历史性进程中，广大发展中国家在国际贸易投资中的地位和作用值得关注，由于自身经济基础薄弱、在全球经济链条中处于低端位置，导致绝大多数发展中国家在国际经济合作中都处于被动、失语状态，既不能在全球经济治理机构中享有代表权和话语权，也没有足够能力抵御经济全球化带来的风险和挑战，从而未能将国际经济合作有效转化为其实现经济发展、加强国家建设的现实成果，而是因此承受更多的风险和挑战。这是第二次世界大战结束后世界经济发展面临的一个突出问题，也是当前国际经济合作中的一个重大议题。

就国际发展援助而言，国际发展援助的根源和现实需求都源自地区和国家间的发展不平衡问题。尽管发展不平衡问题存在于任何时期和区域，国际关系和国际贸易也已经发展了多个世纪，但国际社会试图通过援助的方式去解决发展不平衡以及相关难题的理念和实践，却都是在第二次世界大战结束后才得以正式形成并落实的。在此背景下，对外援助作为国家之间进行交往的重要方式和途径在战后得到了迅速发展。西方发达国家作为战后国际援助的主导方，在援助规则制定、议程安排、议题设置等方面掌握了绝对的、单方面的主导权，而广大受援方则处于被动接受的状态，由此导致战后援助效果并不理想。赞比亚女学者丹比萨·莫约(Dambisa Moyo)更是明确指出：从20世纪50年代开始，西方国家已经向非洲国家提供了总额超过1万亿美元的援助，但这种援助并没有取得各方所预期的成果，而是导致非洲国家陷入普遍的"援助依赖"泥潭，造成了严重的基于援助的腐败，而且使得非洲国家失去了自我发展的意志和自力更生的能力，进而削弱了其在世界经济中的参与性和竞争力。基于此种现状，莫约宣称"援助已死"。[①]

① 参见刘鸿武：《凤凰浴火　涅槃新生——丹比萨·莫约的〈援助的死亡〉述评》，《西亚非洲》2011年第7期。

第二次世界大战结束后，出于各种政治、经济目的，西方国家在完成自身战后重建的基础上纷纷加强对新获得民族独立的非洲国家（多数为其前殖民地）的发展援助，并逐渐形成了目前的国际援助模式，即发达国家政府、援助组织向受援国提供资金和技术支持，要求受援国按照其意愿进行相应的政治、经济、社会改革，并以此作为推动受援国发展的重要手段。实践中，美欧等西方发达国家在向发展中国家提供官方发展援助时，总是附加各种援助条件：其中一部分援助条件的目标是追求援助国和私有部门利益，包括经济、文化、意识形态、战略和政治利益，另外一部分则关注援助的效率和效果，以期达到援助国为其设定的目标，包括国家发展目标。如美国政府在 2004 年初设立的"千年挑战账户"就要求受援国政府要统治公正，造福人民，鼓励经济自由，控制腐败，并参照"自由之家"、世界银行、世界卫生组织、传统基金会等机构的统计数据制定了 17 项指标来确定其援助对象。以对非援助为例，西方国家和援助组织一直热衷于为非洲国家设计形形色色的"改革方案"，囊括了政治、经济、社会发展等多个领域，这些方案以"民主选举"和"结构调整"为核心，重点关注良治、人权和多党民主等议题，并以此作为受援国获得其援助的先决条件。实践证明，西方国家这种附加多重条件的援助方式并没有从根本上解决非洲国家的发展问题。

对广大发展中国家而言，无论是国际贸易、投资合作带来的风险和挑战，还是国际发展援助未能带来预期的发展效果，这都是他们当前在发展进程中面临的重大问题，也是其在实现有效发展的过程中必须突破和解决的难题。在这样的形势下，创新发展理念、整合发展政策工具，就成为一项具有重要现实意义的尝试，这是推动援助与贸易投资互动关系研究的现实动力之一。

2. 中非经济合作急需创新

自 20 世纪 60 年代以来，中非经济合作已取得巨大成果，贸易投资合作规模和水平快速提升,尤其是2000年中非合作论坛的成立,为中非合作带来新的平台,推动中非合作向着更高水平发展。

在贸易合作方面,从20世纪中叶中非建交到21世纪初期中非关系深入发展,中非贸易合作实现了飞跃式发展,自2009年起,中国已连续成为非洲第一大贸易伙伴国。具体数据见下表:

表 中非贸易额统计表(单位:美元)①

年份	中非贸易额
1950	1214万
1960	1亿
1980	10亿
2000	108亿
2005	396.9亿
2008	1068.4亿
2013	2102亿
2014	2218.83亿
2015	1790.3亿
2016	1492亿
2017	1697.5亿
2018	2039.81亿

中非双方在投资领域的合作也是深入发展,自21世纪以来更是进入快速发展的新阶段。早在2013年,英国富而德律师事务所的报告就显示:中国已继法国和英国之后,成为在非洲地区第三大的投资来源国。从投资规模上看,2017年,中国对非洲直接投资达31亿美元,规模是2003年的近40倍;截至2018年底,中国在非洲设立的各类企业超过了3700家,对非全行业直接投资

① 根据中国商务部和中国海关公布的相关数据自行整理。

存量超过460亿美元。[①] 从投资领域上看，中国对非投资的领域十分广泛，涉及基础设施建设、能源、医药和技术、教育、人力资源培训等多个领域。[②] 从投资对象上看，中国投资几乎遍布了非洲的每一个国家。

与此同时，中国积极向非洲国家提供援助。仅以2010年至2012年的数据为例，这一期间的中国对外援助总金额达到893.4亿元人民币，从国别上看，中国向121个国家提供了援助，其中非洲地区有51个受援国。[③] 在2015年9月举行的联合国发展峰会上，中国国家主席习近平发表了重要讲话，表明了中国积极参与国际发展合作的决心和意愿，并在峰会期间宣布了一系列向广大发展中国家提供援助、开展合作的新计划和新举措，如中国将提供首期资金20亿美元成立“南南合作援助基金”，用以推动全球范围的南南合作，并倡导通过发展中国家之间的互利合作实现共同发展；增加对最不发达国家的投资，力争在2030年使对最不发达国家的投资额达到120亿美元；进一步加大债务减免的力度，在原有的债务减免承诺基础上继续免除那些将于2015年底到期、由相关最不发达国家、内陆发展中国家和小岛屿发展中国家负担的、尚未偿还的政府间无息贷款债务。[④] 上述对非援助的新举措，是中国作为负责任的大国在国际发展合作领域中积极承担责任的直接表现，也为中国与广大发展中国家之间的合作提供了新的助力。

在中国对非援助和经贸投资合作均取得重要成果的同时，中非之间的经济合作也面临很多新挑战和新要求，如中非经贸合作实现结构性升级优化、中国对非投资中的风险防控、非洲国家对中国期望值日益提升、中国对非援助效

---

① 吴力：《中非投资合作跑出加速度》，《国际商报》2019年6月25日。

② 参见蔡淳：《〈非洲投资吸引力报告〉称：中国对非投资创下新纪录》，2017年5月9日，见 http://www.ce.cn/xwzx/gnsz/gdxw/201705/09/t20170509_22628490.shtml。

③ 参见中华人民共和国国务院新闻办公室：《中国的对外援助（2014）》，人民出版社2014年版，第3页。

④ 参见习近平：《谋共同永续发展　做合作共赢伙伴——在联合国发展峰会上的讲话》，《人民日报》2015年9月27日。

果改善等。如何有效应对这些挑战、推动中非关系的新发展是当前中非合作面临的重要议题,也将直接影响中非命运共同体的构建。基于这样的考量,本书选择以中国对非援助与贸易投资互动关系为切入点,并对其进行系统考察,从而为新时期中非关系的深入发展和中非命运共同体的构建提供理论参考。

3. 中非经济合作面临来自西方国家的强大舆论压力

中国与非洲国家同为发展中国家,具有相似的历史境遇、面临着共同的发展任务、有着相近的发展诉求,这导致中非合作具有坚实的基础和广阔的发展空间。但随着中非合作的日益深入,部分西方国家对中非合作给予高度关注,并对中非合作进行强烈的批评和指责。

西方国家和媒体指责中国对非援助、加强与非洲国家经贸合作的终极目标是掠夺非洲的资源,以满足自身发展需求,"是为了追求私利的战略",称这种合作最终会破坏受援国的发展。① 西方媒体对中国对非援助也进行了很多夸大其词和错误的报道,使中国对非援助面临非常不利的国际舆论环境。如2006年6月,美联社发布的一篇文章指出,中国国家总理宣称中国对非援助已超过440亿美元,但实际数字是440亿元人民币,约为57亿美元。《基督教科学箴言报》的一位记者称,2006年中国对非洲的援助数额是发达国家"发展援助总额的三倍"(发达国家提供的发展援助数额约为30亿美元),事实上中国当年对非援助的数额并没有这么多。②

西方国家将中非合作视为对其在非洲优势地位的挑战和威胁,为此不惜肆意抹黑中非合作的本质,对中非合作成果视而不见。2007年,中国与民主刚果共和国签署了一项金额达数亿美元的一揽子贷款计划,涉及基础设施建

① Bernt Berger, "China's Engagement in Africa: Can the EU Sit Back?", *South African Journal of International Affairs-China in Africa*, Vol.13, Issue 1, 2006, pp.115-127.

② Deborah Brautigam, "China's African Aid: Transatlantic Challenges", The German Marshall Fund of The United States, April 2008.

设、矿业开发等多个领域。英国《金融时报》对此评论称:“中国对西方国家的援非战略给予了最直接的挑战。”①

在这样不利的舆论压力下,中非合作面临诸多挑战。为了应对这些挑战,在坚定平等互利、合作共赢基本原则的基础上,中非合作也应积极创新,用互利共赢的合作成果来反击那些歪曲指责,通过构建中非命运共同体来彰显中非关系的实质,这同样是推动开展中国对非援助与贸易投资互动关系研究的重要现实动力。

三、当前学界对中国对非援助与贸易投资互动问题的研究

鉴于中非关系以及中国对非援助与贸易投资合作议题的重要性,国内外学界对这一问题展开了深入研究,并取得比较丰富的研究成果,这为本研究提供了重要的参考资料。按照与主题的相关度,本研究只从以下三个方面对当前国内外的研究现状进行梳理。

(一)学界对援助、贸易、投资政策工具作用的理论探讨

援助、贸易、投资都是国际交往,尤其是国际经济交流合作中的重要方式和路径,因此自二战结束后国际学界即对这一问题高度关注,尤其是发展经济学和结构经济学领域的学者们围绕落后国家实现发展目标的有效路径和模式进行了系统研究,深入探讨了援助、贸易、投资与发展之间的关系。但值得关注的是,学者们关于援助、贸易、投资对落后国家发展所起到的作用评价方面却存在严重分歧。

① Deborah Bräutigam, “Chinese Development Aid to Africa: What, Where, Why, and How Much?”, in Jane Golley and Ligang Song (eds.), *The Rising China: Global Challenges and Opportunities*, ANUE Press, 2011, pp.203-222.

1. 学界对发展援助作为政策工具所发挥作用的评价①

针对战后发达国家向发展中国家提供大规模发展援助的作用效果评价问题，西方学者的研究成果和学术观点具有较大分歧，有学者将其分为“援助乐观主义者”（aid optimists）和“援助悲观主义者”（aid pessimists），②具体又可以划分为以下三种具有代表性的观点。

发展援助有用论。传统的发展经济学将援助视为弥补发展中国家储蓄不足的重要工具，认为导致发展中国家落后、贫困问题的根本原因在于其缺少发展所需的资金，据此认为援助是有效的、是能够帮助受援方实现发展的，因为援助可以为其提供所急需的资金。学者杰弗里·萨克斯（Jeffrey Sachs）在《终结贫穷》（*The End of Poverty*）一书中提出了一套内容广泛的援助方案，其目的是快速应对多种社会经济病症，他认为通过这一方式可以在 2025 年之前结束世界范围内的极端贫困。③ 在实证分析方面，有学者对 1960—1997 年间 71 个受援国的数据进行分析，也认为援助对经济增长的促进作用是稳定和显著的。④

发展援助无用论、失败论和危害论。针对上述认为援助能够带来发展中国家所需资金的观点，学者彼得·鲍尔（Peter Bauer）在 20 世纪 70 年代就指出：“如果除了资本以外，其他所有发展条件都已经具备，那么资本会在本地迅速地自发生成，或者通过商业合作方式从国外流入国内的政府或私人部门，

---

① 本部分内容是在《“发展援助危害论”及其评析》（发表于《国际论坛》2016 年第 6 期）一文的基础上经修改而成。

② Robert Gillanders, “The Eects of Foreign Aid in Sub-Saharan Africa”, August 4, 2010, http://www.edge-page.net/jamb2010/papers/The%20Effects%20of%20Foreign%20Aid.pdf.

③ William Easterly and Jeffrey Sachs, “The Big Push Déjà Vu: A Review of Jeffrey Sachs's ‘The End of Poverty: Economic Possibilities for Our Time’”, *Journal of Economic Literature*, Vol.44, No.1 (Mar., 2006), pp.96-105.

④ G.Karras, “Foreign Aid and Long-run Economic Growth: Empirical Evidence for a Panel of Developing Countries”, *Journal of International Development*, Vol.18, No.72006, , pp.15-28.

然后通过税收增长或企业的利润增加而进一步增长。如果发展条件不具备,那么援助将成为仅有的外部资本来源,而它必然是无法产出的,因此也是无效的。"①学者吉布森(Clark C. Gibson)用"见义勇为者的困境"(Samaritan's Dilemma)这一表述来形容发展援助并未发挥其预期作用,他认为援助减少了投资驱动,尤其是当受援方确信贫困能够为其带来更多援助的时候。②

发展援助作用有条件论。学者伯恩赛德和道勒(Craig Burnside, David Dollar)在1997年撰文指出经济增长和援助之间具有相关性,但条件是援助应用在良好的政策环境中,文章运用了5个国家的六组四年期样本(1970—1973,1990—1993),表明援助效果与良好的政策相关,其对经济增长的影响是强烈和积极的。③ 考利尔和道勒(Paul Collier, David Dollar)在2001年指出:援助是条件性有效,这些条件包括政策环境、治理、贪污和冲突的情况。④也有学者指出:援助能够起作用,但前提是受援国具有良好的宏观经济政策和政府要改善公共服务、基础设施、消除腐败的决心。

这其中的"援助无用论"和"援助危害论"观点在近年来尤其受关注,多位西方学者都曾明确指出发展援助并不能帮助受援方实现发展,并尖锐批评援助给受援方带来严重负面影响,其代表性观点主要包括以下几个方面。

第一,国际社会提供给非洲国家的大量援助并未转化为非洲经济的持续增长,尤其是在撒哈拉沙漠以南非洲地区,而是使得这一地区长期陷入落后和贫困。有学者将1970年至2000年流入非洲的援助数额和非洲国家人均国内生产总值增长进行比对分析,发现大量援助的流入,并未能带动非洲经济的发

---

① Peter Bauer, "Economic History as Theory", *Economica*, 38:163-179, 1971.

② Nathan Andrews, "Foreign Aid and Development in Africa: What the Literature Says and What the Reality Is", *Journal of African Studies and Development*, November, 2009, Vol.1(1), pp.8-15.

③ Craig Burnside, David Dollar, "Aid, Policies and Growth", *American Economic Review*, 2004, 90(4):847-868.

④ Paul Collier, David Dollar, "Development Effectiveness: What Have We Learnt?", The World Bank Development Research Group, January 2001.

展,援助与受援方经济增长之间不存在正相关关系。有新闻报道指出:如果发展援助能够按照预期发挥作用,那么20世纪末部分非洲国家的经济规模应该和新西兰、西班牙和葡萄牙相等。① 非洲发展的现实与理论预测相距甚远,批评者们认为这表明大额援助的流入并未能带动非洲经济的快速发展。

学者们指出援助未能帮助受援方实现经济增长的一个重要原因是降低了受援方吸引外来投资的能力,尤其是吸引国际私人资本投资的能力。从投资者的角度来看,援助未能改善受援方的政策和制度环境,这使得国际资本对投资非洲的意愿不断降低。彼得·鲍尔曾明确指出:"发展援助不太可能将处于贫困循环状态中的人们解救出来,相反,发展援助更容易继续保持这一贫困状态。摆脱贫困需要付出努力、牢固确立财产权利和开展生产性投资。"②除此之外,援助对受援国经济的破坏还表现在导致受援国的通货膨胀、降低受援国的竞争力,尤其是制造业的竞争力,从而加剧"荷兰病"问题。③

第二,发展援助导致受援方政府出现"援助依赖"(Aid Dependence),破坏受援方制度体系和社会机制,使其丧失独立发展的自主性和有效履行职责的自觉性。发展的前提在于受援方政府能够承担政治、经济、社会治理的职能和责任,否则仅靠援助无法帮助受援方实现可持续发展,批评者认为援助恰恰在一定程度上削弱了受援方履行上述职能的意愿和能力。

学界对"援助依赖"问题研究较多。学者们普遍认为,如果援助占受援国国内生产总值的比重长期保持在1%以上,就可以说明受援国对援助产生了依赖。也有学者从援助对受援国政府影响的角度来说明援助依赖的表现:当受援国政府不能独立履行其核心职能时,如失去政策制定自主权(尤其是长

① Fredrik Erixon,"Why Aid Doesn't Work?",BBC News,11 September 2005,http://news.bbc.co.uk/2/hi/science/nature/4209956.stm.

② Peter Bauer and Basil S.Yamey,*The Economics of Under-developed Countries*,Cambridge University Press,1957,p.271.

③ Raghuram G.Rajan and Arvind Subramanian,"What Undermines Aid's Impact on Growth?",IMF Working Paper 126,International Monetary Fund,2005.

期发展战略的制定权)、破坏其履行对国民的承诺、不能提供必须的公共服务、援助资金成为其政府财政预算支出的主要来源等,即被视为受援方已经陷入“援助依赖”。[①] 1960—1997 年,西方国家向非洲国家提供了 5000 亿美元的发展援助,其规模是马歇尔计划援助数额的四倍,20 世纪 90 年代,加纳和乌干达所获得发展援助均占到其预算的 50%以上。但如此大规模的援助并未能帮助非洲国家实现发展,而是导致了严重的“援助依赖”。塞内加尔总统阿卜杜拉耶·瓦德(Aboulaye Wade)曾评论:“我不曾见过任何一个国家是通过援助实现自身发展的,无论是欧洲国家还是亚洲国家,都是通过自由市场来实现发展的,非洲走在一条错误的路上。”[②]

有学者总结援助对受援方政治体制的损害主要表现在以下三个方面:(1)援助会导致公共部门的扭曲:援助使得受援方失去兴趣和动力构建一套有效运行的行政机构和体制,从而丧失政府及相关机构的作用,轻松地获得外援使得受援方将援助作为自己的治国方略。(2)援助使得受援方成为“食利国家”(rentier state):“食利国家效应”所损害的不仅是国家能力,同样损害其政治体制,因为受援方政府不需要以税收作为国家财政收入的主要来源,那么政府就不需要对公众负责。(3)援助延缓了受援国对无效政策进行改革的压力。[③] 在埃塞俄比亚,其政府预算 80%以上来自援助,该国只有 2%的人口拥有手机(非洲国家的平均水平约为 30%)。有学者假设:如果埃塞俄比亚政府将出售手机经营许可作为政府收入之一,从而产生持续发展收益,就既能够提供给民众手机服务也可以刺激经济活动,但援助使得这一举措缺乏足够动力。

此外,学者还批评援助会损害受援方的社会建构,削弱公民与政府之间的联系,破坏社会资本的构建,从而对受援方造成严重负面影响。著名学者安格

① Yash Tandon, *Ending Aid Dependence*, Fahamu Books, 2nd Revised edition, 2008, p.15.

② Norimitsu Onishi, “Senegalese Loner Works to Build Africa, His Way”, *New York Times*, April 10, 2002, A3.

③ Farah Abuzeid, “Foreign Aid and the ‘Big Push’ Theory: Lessons from Sub-Saharan Africa”, *Stanford Journal of International Relations*, Fall 2009, Vol.XI, pp.16-23.

斯·迪顿在《邦弱国穷》一文中明确指出:对于一个国家而言,如果它失去了为本国国民提供其生存、发展所需的最基本的服务和保障的时候,就意味着这个国家已经失去了它本应具有的国家能力,而这种能力的缺失将不可避免地导致和加剧国家的落后、贫困状态。这种情况下,即使有外来援助,也依旧不能带来落后国家所渴求的发展和进步,甚至有可能使受援方政府丧失独立发展的意识和能力,最终也无法在全球范围内有效地战胜贫困。①

第三,援助滋生并助长受援方的腐败。批评者认为国际社会提供给非洲国家的大量援助被挪为他用,或是被受援方特权阶层用来满足自身需要。莫约援引世界银行的报告指出,高达 85%的援助资金被用在其他方面而不是按照最初的计划,这些资金常被用在没有收益的领域。有分析家估计至少有 100 亿美元——几乎为 2003 年对非援助总额的一半——从非洲流失,这意味着援助资金成为非洲国家部分特权阶层贪污腐败的重要资源。与此同时,援助的易获取性和易支配性也助长了受援方国内的寻租行为,尤其是受援方国内各派系和利益集团对援助的争夺会进一步加剧腐败。彼得·鲍尔在多年前就曾指出:援助资金妨碍发展的主要原因是这些钱最终都落到一小部分人手里,使援助变成“把在西方国家向穷人征的税给了它们前殖民地国家的统治精英而使其致富的方式”②。

时任世界银行经济部副部长的保罗·罗森斯坦-罗丹(Paul Rosenstein-Rodin)于 1947 年指出:世界银行以为它资助的是一座发电站,实际情况是,它正在资助一家妓院。关于非洲国家领导人挪用援助资金、滋生腐败的报道在西方媒体报道和学者的研究中均不少见,肯尼亚经济学家詹姆斯·斯卡瓦提(James Shikwati)也曾指出:“发展援助为巨大的官僚体系提供了资金支持,腐

① Angus Deaton, “Weak States, Poor Countries”, September 2013, http://www.project-syndicate.org/commentary/economic-development-requires-effective-governments-by-angus-deaton.

② [赞比亚]丹比萨·莫约著:《援助的死亡》,王涛、杨惠等译,世界知识出版社 2010 年版,第 47 页。

败和自满的程度不断提升，非洲人被教导如何去行乞而不是独立发展。看在上帝的分上，停止援助吧。"①

第四，从援助动机上看，援助更多是为实现援助方目标服务，不能切实满足受援方的发展需求。援助方的援助动机往往十分复杂，通常包含多重动机。有学者系统总结了援助方的三个主要援助动机：首先，援助方希望受援方以支持援助方利益的方式表示其感激之情，如在国际政治领域的"投桃报李"；其次，受援方可以加强与援助方之间的贸易往来，增强援助方的经济利益；最后，援助方可能希望其援助能够帮助改善受援方居民的生活标准。② 有学者指出，对部分援助方来说，援助是其实现自身战略目标和维护政治、经济利益的重要工具，而不是真正满足受援方的发展需求。③ 也有学者认为，援助经常需要受援方为之付出一定代价：援助经常被浪费在受援方以高出市场价格购买援助方的货物和服务；绝大多数的援助并未流向最需要援助的最贫困地区；援助方将援助作为其产品打开受援方市场的重要工具，但自身市场却并不对受援方平等开放，这导致实质援助数额下降；大型援助项目和工程通常并不能起到帮助作用，因为援助资金经常被挪用。④

现实生活中所存在的来自援助方政府及其相关机构和工作人员的"认知偏见"已经对援助效果带来明显的负面影响。英国《金融时报》的非洲版前主编迈克尔·霍尔曼（Michael Holman）曾经撰写过一篇文章专门探讨援助方与受援方对援助需求在认知上存在的显著差异，以及这种差异所带来的严重负

---

① SPIEGEL, Interview with African Economics Expert, "For God's Sake, Please Stop the Aid!", April 7, 2005, http://www.spiegel.de/international/spiegel/spiegel-interview-with-african-economics-expert-for-god-s-sake-please-stop-the-aid-a-363663-druck.html.

② Leonard M. Dudley, Claude Montmarquette, "A Model of the Supply of Bilateral Foreign Aid", *American Economic Review*, March 1976, 66(1), pp.132-42.

③ Alberto Alesina and David Dollar, "Who Gives Foreign Aid to Whom and Why?", NBER Working Paper No.6612, 1998.

④ Anup Shah, "Foreign Aid for Development Assistance", September 28, 2014, http://www.globalissues.org/article/35/foreign-aid-development-assistance.

面影响。[1] 文章揭示:相关报告显示世界银行的很多员工存在对受援方的“想当然”的认知假设,如:高达 42%的来自世界银行的员工都认为居住在肯尼亚内罗毕的最贫困居民将相信接种疫苗会引起不育的说法;但调查结果与世界银行工作人员的认知明显不同:只有 12%的受访对象表示相信这种说法。这种来自援助方的认知偏见将深刻地影响援助方制定援助战略、开展援助项目的科学性和可行性,对援助战略能否切实满足受援方的发展需求,进而将援助转化为受援方所渴求的发展成果都将带来严重影响。

第五,在援助运行机制方面,援助方主导了援助进程,受援方缺少平等参与援助事务的机会,损害了受援方自主发展的能动性。有学者指出:援助能够发挥积极作用的一个重要前提是受援方能够自主决定援助分配,如马歇尔计划实施过程中,欧洲国家就自主决定了援助分配的优先领域以有效解决其现实问题,但非洲受援国对援助分配几乎没有任何权利,在对非援助中,援助方决定了援助的分配和条件,也最终决定了援助的效果。[2]

肯尼亚议员卡兰贾(Daniel D.Karanja)曾表示:援助对非洲所造成的伤害远远大于我们所承认的程度,它导致非洲失去了不受外来干涉、独立决定自己发展方向和节奏的机会,如今,非洲的发展计划由位于千里之外的世界银行、国际货币基金组织决定,而这些制定发展计划的专家完全未能与非洲现实相连接。[3] 与此同时,受援方被动地承担了援助管理的沉重负担,政府机构需要批准数量庞杂的援助项目,并与援助方展开会谈,这也使得原本就缺乏行政与监管能力的政府机构和官员将其有限精力优先用于援助,而无法致力于自身独立发展。

---

① 参见新华国际:《外媒:国际援助与现实的差》,2015 年 1 月 30 日,见 http://news.xinhuanet.com/world/2015-01/30/c_127440265.htm。

② W.Mayer, P.Raimondos-Møller, “The Politics of Foreign Aid”, epru Working Paper 99-07, Economic Policy Research Unit, University of Copenhagen, Copenhagen, 1999. http://www.econ.ku.dk/epru/files/wp/wp9907.pdf.

③ George Ayittey, *Africa in Chaos*, New York: St.Nartins, 1998, p.275.

第六,发展援助缺少有效的评估机制。援助评估是制定和修正援助战略与政策的重要依据,也是判断援助效果的直接依据,但现阶段国际社会缺少科学、有效的援助评估机制,世界银行和其他主要援助方的援助评估机制也饱受批评。

安格斯·迪顿曾指出:援助机构对援助项目的评估结果整体偏向于乐观,且与统计数据显示的援助结果差异较大,批评者指出,非政府组织在援助评估过程中带有强烈的瞒报援助消极后果、夸大援助积极影响的动机,因为这关乎其能否在未来继续获得援助资金。此外,现行的援助评估机制存在严重不足,如世界银行经常在项目还没有完全结束之前就已经做出了对该项目的评估,因为援助机构通常会设置严格的评估时间要求。就评估结果看,现行的援助评估多是个案,即便采用实验对照的方式,也因其对照范围的狭小而使其结论不够可靠,只能用来判断个别援助项目是否成功,而不能发现援助成功和失败的一般规律,因此不具有可推广性。即使那些在评估中表现较好的援助项目,也可能在实践中失败;或是在某一特定环境下该项目大获成功,但当环境改变后该项目就会失败。这导致有可能出现的一种情况就是:某一个援助项目本身已经成功实施,但是当将这一个案扩展至全国时,就可能会收获完全不一样的援助效果,个案项目的完美评估并不能绝对避免全国范围内的整体援助失败。①

第七,发展援助缺少长期规划,无法推动受援方实现经济、社会可持续发展。批评者指出:发展援助更多关注受援方的现实问题,尤其是如传染病防治、粮食短缺等紧急议题,缺少对受援方经济社会发展长期规划,这无疑会破坏受援方长期发展战略。整体看来:援助评估机构和媒体更关注短期援助的效果,但发展援助的最终目标是推动受援方摆脱贫困、实现可持续发展,战后七十多年发展援助未能达到上述目标的根本原因即是缺少长期发展规划。

① 参见[美]安格斯·迪顿著:《逃离不平等:健康、财富及不平等的起源》,崔传刚译,中信出版社 2014 年版,第 245—249 页。

一个经典案例阐释了援助是如何破坏非洲当地中小型企业的生存和发展的:非洲的一个小镇里有一个蚊帐制造厂,假设这家工厂雇用了 10 个工人,他们一周能够生产 500 个蚊帐;再假设这 10 个工人每人养活 15 位家人。在此背景下,西方援助项目慷慨地捐赠了 10 万个免费蚊帐,这使得当地的蚊帐市场无法存在,这家蚊帐制造厂也不再存续,工人们所扶养的 150 名亲属也失去支持。几年过去了,大多数捐赠的蚊帐都坏了,但那时当地已不再有蚊帐市场,随后人们会更加依赖援助。有学者指出,如果转换思路,改为利用援助资金从非洲当地的蚊帐生产商手中购买蚊帐,然后转赠给有需要的当地居民,而本土的蚊帐生产商就可以用销售蚊帐所得的利润来改善生产设备和提高生产效率,进而推动本土企业的发展和壮大,为当地带来更多的工作岗位,并为当地政府带来更多税收,从而实现长期可持续发展。①

上述西方学者们对发展援助的批评有其合理之处,但也存在一定偏颇:首先,“发展援助危害论”指出了西方发达国家提供的发展援助所存在的危害和不足,这为未来国际发展合作目标和议程的设定提供了重要依据,有利于未来发展援助效果的改进。其次,学者们在指出发展援助危害和不足的同时,也提出了替代发展援助的发展方案,如加强国际贸易投资合作、强调国际资本和国际市场对发展中国家的重要性等,这为 2015 年后国际发展合作提供了新的思路。第三,尽管学者们指出了发展援助存在的问题,但因此全面否定发展援助、主张在短时间内全面停止所有发展援助是不现实的,更为可行的做法是在有效改进发展援助效果的同时,寻求其他发展路径、创新发展合作方式,从而推动国际发展合作的深入进行。

2. 学界对贸易、投资政策工具作用的评价

贸易、投资都是经济学中的重要研究对象,尤其是在发展经济学中,更是

① Ravinder Rena,“Is Foreign Aid Panacea for African Problems? The Case of Namibia”, *Managing Global Transitions*, Vol.11, No.3, Fall 2013, pp.223-241.

将贸易、投资视为实现经济社会发展的重要路径和方式。发展经济学的核心研究对象是如何通过国家之间的合作实现落后国家的经济社会发展,并围绕这一问题形成了系列研究成果:从20世纪50年代倡导的进口替代战略,到20世纪70年代倡导的对落后国家进行国家治理和商业环境的全面系统改革,再到20世纪90年代以来倡导的通过随机控制试验实现对供给方面的有效改革,发展经济学的相关理论和主张对世界经济的发展产生了重要影响。[①]整体看来,发展经济学先后经历了结构主义、新自由主义两轮思潮的洗礼。[②]

"结构性调整计划"(Structural Adjustment Program)和"华盛顿共识"(Washington Consensus)则是传统发展经济学中最具代表性的、推动经济增长的方案。20世纪70年代的全球经济衰退以及发达资本主义国家的经济危机让发展经济学获得了更大影响力:以美国为代表的西方国家通过国际货币基金组织和世界银行向那些国内社会经济动荡、急需外援的国家提供贷款,但前提条件是受援方要根据其要求进行改革,这就是所谓的"结构性调整计划"。该计划的调整对象和内容主要包括:进一步放开市场并降低市场准入标准、消除限制外来投资的政策管制、由世界市场来决定一国的利息和利率,压缩国家公共部门的规模,取消国家和政府所提供的补贴、推行自由贸易政策等相关内容。

"华盛顿共识"则是在20世纪80年代末被提出,是以拉美国家减少政府干预,促进贸易和金融自由化的经验为基础提出来并形成的一系列政策主张,主要包括十个方面的内容:加强财政管理和纪律约束;改革税收体制;实施利率自由化政策;增加医疗与教育在国家公共支出中的占比;加强产权保护的制度和机制建设;推动国有企业私有化并给予补贴;进一步开放国内市场;改革汇率制度,实施竞争性汇率制度;消除贸易壁垒;消除限制对外直接投

① 林毅夫:《从西潮到东风》,中信出版社2012年版,见巴曙松为该书撰写的推荐序,第4页。

② 黄梅波、刘斯润:《非洲经济发展模式及其转型——结构经济学视角的分析》,《国际经济合作》2014年第3期。

资的障碍。[1] 无论是“结构性调整计划”还是“华盛顿共识”，都将贸易、投资作为落后国家实现经济增长的重要手段。

历史证明，“结构性调整计划”和“华盛顿共识”都未能帮助发展中国家实现预期的经济增长，受援国因实施该主张而面临更为严重的经济与政治问题，如货币贬值、恶性通货膨胀，以及由此导致的社会动荡。国际社会的发展现实对传统的发展经济学和结构经济学提出挑战，并推动了近年来经济学的新发展，其中的代表性研究方向是林毅夫教授倡导的“新结构经济学”。林毅夫教授长期从事发展中国家经济发展的理论研究，尤其是对以中国为代表的发展中国家经济发展理念和模式有深入研究，结合其在世界银行担任首席经济学家的工作实践，在对传统发展经济学和结构经济学进行反思的基础上，提出了新结构经济学的系列理论。2011 年 3 月，林毅夫教授应邀在耶鲁大学经济增长中心做了题为“新结构经济学：反思发展问题的一个理论框架”的演讲，向经济学界正式宣告新结构经济学的诞生。从内容上看，与传统的结构主义相比，新结构经济学对处于不同发达程度国家的结构性差异产生原因的分析上提出了不同的主张：外生性，或者说外部原因是传统结构主义认为造成不同国家结构差异的根本原因；但新结构经济学则将内生于国家自身的要素禀赋视为导致结构性差异的根本原因。据此，新结构经济学立足于发达国家和发展中国家产业和技术差异的现实基础上，强调经济发展要从发展中国家有什么和能做好什么着手。[2] 尽管新结构经济学于近年刚刚提出，理论体系还需进一步完善，其合理性和可行性也还需要更多的实践予以检验，但整体上来看，新结构经济学为解决发展中国家的发展问题进行了非常有意义的探索。

---

① ［美］斯蒂芬·哈珀著：《华盛顿共识的兴衰》，程早霞、宋伟译，《中国浦东干部学院学报》2012 年第 4 期。

② 林毅夫：《新结构经济学》，苏剑译，北京大学出版社 2014 年版，第 8 页。

（二）学界对援助、贸易、投资相互关系的研究

新结构经济学大力倡导在南南合作中将援助、贸易、投资相结合，以突破此前发达国家对发展中国家援助的旧有模式，寻求发展中国家实现经济增长的有效路径。该理论立足于发展中国家的现实基础，研究了南南合作中援助方和受援方将援助与贸易和投资相结合的做法，不同于北南援助的“非捆绑式援助”（untying aid）将援助与贸易割裂的做法，提出南南国家“共同学习与协同转型”模式作为基于市场调节以实现互利共赢模式的可行性和优越性。在林毅夫、王燕所著的《超越发展援助——在一个多极世界中重构发展合作理念》一书中，作者深入分析了援助、贸易和投资互动的系列案例，并据此得出很多重要结论：以中国倡导成立的一系列发展倡议为代表，广大新兴国家和发展中国家正在进行发展援助领域的重要变革，以亚洲基础设施投资银行、新开发银行、丝路基金和南南发展基金为平台，一套指导南南发展合作的理论和实践框架正在展开，该框架将援助、贸易和投资相结合来实现更为广泛的发展目标——创造就业和可持续地提高人们的福祉。①

作为国际发展援助的重要参与方，欧盟一直是发展合作理论和实践的重要引导者，近年来欧盟日益重视国际发展合作的理念和政策创新。2013 年，欧盟发布了新一年度的发展报告，题目为《后 2015：包容与可持续的全球行动》（*Post-2015：Global Action for an Inclusive and Sustainable Future*），报告在设想讨论“千年发展目标”到期之后的国际发展框架时，除了继续关注援助这一传统发展合作政策工具外，还重点分析了其他与援助密切相关的政策工具在国际发展合作领域的应用性和可行性，如创新发展融资工具和方式以满足当前国际发展合作的现实挑战和需要、对外贸易和外来投资对发展中国家发展的作用，以及产业变迁和居民迁徙等新因素对促进发展所起到的

① 林毅夫、王燕：《超越发展援助——在一个多极世界中重构发展合作理念》，宋琛译，北京大学出版社 2016 年版，第 5 页。

重要作用。①

有学者聚焦于美国、日本等传统援助方以及印度、巴西等新兴援助国的援助体系，分析援助与贸易、投资的互动关系。如王涛、邓荣秀在《日本对非洲投资的历史透视与现状解析》一文中对日本对非"援助—投资"互动机制展开深入研究，并根据互动方式的差异，将其总结为援助先行、投资跟进、援助持续的"援助—投资—援助"模式，投资先行、援助协助、投资强化的"投资—援助—投资"模式和投资与援助同步推进的"投资+援助"模式等三种代表性模式。② 也有日本学者通过对援助方和受援方的数据分析，探索外援是否以及如何促进外商直接投资（FDI）流入欠发达国家和地区的，研究结论是：一般来说，外援对外国直接投资没有任何显著的影响，但考虑到援助国在援助效应方面的差异，有有力证据表明日本的援助促进了日本的外商直接投资，但并未对其他国家的外国直接投资产生直接影响。③ 有学者对发展中国家吸引外资和参与国际贸易之间的相关性展开研究，通过对 1970 年至 2000 年 122 个发展中国家参与国际贸易协定及吸引外资的数据进行分析，得出结论是那些参与了世界贸易组织（关税与贸易总协定）的发展中国家在吸引外国直接投资方面更具吸引力。④ 有学者从政策一致性的角度探讨移民政策与援助、贸易和投资政策对落后国家发展效果的影响，⑤认为援助方和受援方都应该整体考虑与发展效果相关的政策，并最终形成政策合力。

也有学者对援助与贸易、援助与投资、贸易与投资之间的两两关系开展实

① ECDPM, ODI, DIE, "Post-2015: Global Action for an Inclusive and Sustainable Future", European Report on Development 2013, European Union, 2013.

② 王涛、邓荣秀：《日本对非洲投资的历史透视与现状解析》，《日本学刊》2017 年第 1 期。

③ Hidemi Kimura, Yasuyuki Todo, "Is Foreign Aid a Vanguard of Foreign Direct Investment? A Gravity-Equation Approach", *World Development*, Vol.38, No.4, pp.482-497, 2010.

④ Tim Büthe, Helen V. Milner, "The Politics of Foreign Direct Investment into Developing Countries: Increasing", *American Journal of Political Science*, Vol.52, No.4, October 2008, pp.741-762.

⑤ Theodora Xenogiani, "Migration Policy and Its Interactions with Aid, Trade and Foreign Direct Investment Policies: A Background Paper", OECD Development Centre, Working Paper No.249.

证研究。通过对 1960 年至 2004 年 90 个受援国的数据分析，有学者得出结论：援助并不会影响对外直接投资（OFDI，Outward Foreign Direct Investment），当且仅当受援国具有较好的治理环境时，援助才会促进对外直接投资。[①] 有研究结果表明，从本质上来说，援助与投资是不相关的，援助更多体现为国家意愿和政府层面的合作，其战略意图和政治属性相对更强；投资则更多是受到市场驱动的、以私人部门为主体的经济活动。与此相似的研究观点是援助确实会对受援方吸引国际投资造成影响，但这种影响具有不确定性：对外援助的增加既可能导致受援方国内市场发展不均衡，进而破坏其市场规则、削弱对海外投资的吸引力，也有可能成为受援方增强经济竞争力、拓展参与国际市场的有效路径、提高资本边际产出率的重要工具，从而增强吸引外资的能力。

尽管学界对援助与贸易投资之间关系的研究结果存在一定差异，但近年来随着援助与贸易投资之间的联系日益紧密，越来越多的学者也都认为援助对受援方吸引海外投资、参与国际贸易具有重要的推动作用。这主要体现在援助能够帮助受援国完善基础设施、获取金融服务、增加教育投资，从而增强吸引外资的能力，这种推动作用在那些对外资管制比较严格或者是法规、制度建设不够健全的受援国体现得尤为明显。[②]

（三）学界对中国对非援助与贸易投资互动关系的研究

中非合作是中国外交的重要组成部分，发展与非洲国家之间的友好合作关系是新中国成立以来一直秉持的外交基本方针，因此围绕中国对非援助与贸易投资互动关系这一问题，国内外学界均有深入研究。整体看来，国内学界都普遍主张加强中国对非援助与贸易投资政策工具的整合，认为三者的有机

① Karakaplan U.M., Neyapti B., Sayek S., "Aid and Foreign Direct Investment: International Evidence", Turkish Economic Association Discussion Paper, Bilkent University, 2005: (5).

② Harms P., Lutz, M.Aid, "Governance and Private Foreign Investment: Some Puzzling Findings for the 1990s", *The Economic Journal*, 2006, 116 (513): 773-790.

互动将有助于中非双方的互利共赢,为新时期中非关系注入新的推动力。

1. 宏观层面对中国对非援助与贸易投资互动关系的战略研究

中国对非援助与贸易投资之间的关系是中国对非政策的重要组成部分,学界将其视为中非经济合作的重要内容,并从推动中非关系深入发展的战略高度,指出应加强三者之间的有机互动。

黄梅波教授及其团队多年来从事国际发展援助、中国对外援助领域的研究工作,并取得了大量的研究成果,这为本研究提供了非常重要的帮助。她从南南合作的视角对中国对非援助进行深入阐释,并对中国对非援助的独特性和优越性作出深刻分析:与来自西方国家的官方发展援助相比,中国一直秉持互利共赢的理念开展中非合作,也在该理念的指导下向非洲国家提供援助,实践中将援助与贸易、投资等其他政策工具相结合,通过援助带动中非之间经贸合作的发展,最终实现双方的互利共赢。① 学者崔文星也对中国对非援助与贸易投资的互动关系展开了深入探讨,他指出:在将援助、贸易与投资的结合方面,中国已做了不少有益的探索,指导中国对外援助的核心理念是"大援助",即将援助与其他相关的政策工具结合起来,并据此认为中国与发展中国家之间的合作是南南合作的典型代表,已经超越了单一的援助方式,在更广泛层面实现了多种对外政策工具的有效整合。② 学者白云真从"一带一路"倡议的语境中探讨中国对外援助的转型,倡导"共同发展伙伴关系",提出了将援助与贸易、投资、技术等政策工具与资源相结合的新型援助观,其内涵同时兼顾了传统与非传统的援助形式,而不再局限于援助这一单一领域。③

学者郭宏宇则从"经济外交"的角度,对中国对非援助与贸易投资政策进行了整体分析,提出了实践中加强援助与贸易、投资互动的具体建议:以重点

① 黄梅波、唐露萍:《南南合作与中国对外援助》,《国际经济合作》2013 年第 5 期。
② 崔文星:《2030 年可持续发展议程与中国的南南合作》,《国际瞭望》2016 年第 1 期。
③ 白云真:《"一带一路"倡议与中国对外援助转型》,《世界经济与政治》2015 年第 11 期。

投资增进中国与非洲在经济上的互补性和相互需求程度、以基础设施援助支持非洲国家培育自我发展能力、以资源合作打破西方国家在国际市场上的长期定价权垄断，同时通过加强与非洲国家在民生领域的合作来应对西方国家对中国对非政策的批评指责，并以此促进中国对非经济外交的进一步发展。① 根据这一思路，中国应有效整合对非政策工具，实现援助与贸易、投资的良性互动。学者郑宇提出了“援助、投资、贸易三位一体的发展合作模式”，这既是针对现行国际援助体系的主要缺陷提出的可能解决方案，也是对中国对非援助与贸易投资关系整合互动的深入理论探索。②

也有学者指出：基于中国在利用外援、外资和贸易方面的成功经验，应该将援助、国际投资和对外贸易有机结合，将基于自身的内生性增长能力培育与外界推动的创新动力相结合，揭示了中非合作是区别于传统援助方和受援方的新增长驱动型合作关系，是全新的、效率优先的双赢合作模式，并据此提出了强化援助、贸易、投资整合的对策建议。③ 有学者通过定量分析方法对援助在我国对非投资中所起到的作用进行深入分析，在择取相关控制变量的基础上得出了中国对非援助与中国对非投资具有正向效应的研究结论，这表明中国对非洲国家的援助有利于推动中国的对外直接投资，尤其对于中国投资进入规模较小的东道国，援助能够更好地发挥先导作用，带动企业的对外直接投资，但这种正向效应具有临界点，当中国对非直接投资逐步扩大时，援助拉动投资的边际效应就会呈现递减的趋势。④ 有国外学者从国际发展援助的整体情况出发，将中国和印度、巴西、沙特阿拉伯等国家一起视为“新兴援助国”，并将新兴援助国所带来的国际发展援助领域的新变化称之为“一场沉默的革

① 郭宏宇：《从经济协调的重点领域看中国对非经济外交》，《外交评论》2011 年第 2 期。

② 郑宇：《援助有效性与新型发展合作模式构想》，《世界经济与政治》2017 年第 8 期。

③ 王小林、刘倩倩：《中非合作：提高发展有效性的新方式》，《国际问题研究》2012 年第 5 期。

④ 参见胡兵、丁祥平、邓富华：《中国对非援助能否推动对非投资》，《当代经济研究》2015 年第 1 期。

命”(a silent revolution),进而对中国对非援助的特征进行分析,指出中国对非援助的特征之一即是综合运用援助、贸易和投资政策工具。①

2. 中观层面对中国对非援助与贸易投资互动关系的研究

学界对中国对非援助与贸易投资互动关系的研究既体现在宏观层面的战略规划,也体现在中观层面的地区、国别和行业研究。

有学者聚焦于中国与非洲国家在农业领域的合作,指出中国向非洲国家提供的发展援助与其在非洲开展的商业经贸活动之间具有密切的关联性,甚至会呈现为混合状态,如执行对非援助战略和政策的中国国有企业就同时具有商业性和公益性、发展性的多重主体属性;开展合作的方式和渠道也是多样的,既有政府层面的官方的、正式的合作方式,也重视民间层面的、非正式的合作渠道;政府及相关机构和部门、国有企业和私营企业等多元主体,都会以不同的方式在不同的阶段参与合作进程。② 这些特征为中非合作相关政策工具的整合提供了现实基础。

学者汪文卿、赵忠秀通过使用索洛增长模型及 1991 年至 2011 年的面板数据分析,对中国在撒哈拉以南地区的经济活动对该地区国家经济增长的影响进行了深入研究,对中国对非洲的贸易、投资和援助与非洲经济增长之间的相关性进行了实证分析,并最终得出研究结论:中国对非投资的成效是十分显著的,直接带动了非洲经济的快速发展,而且这种带动作用相较于其他国际行为体而言更加明显。③

学者孙同全、周太东等著的《对外援助规制体系比较研究》一书从主要国

---

① Ngaire Woods,“Whose aid? Whose influence? China,emerging donors and the silent revolution in development assistance”,*International Affairs*,2008(6):1205-1221.

② 徐秀丽、徐莉莉:《国际发展话语的重塑——中国与非洲国家农业合作的方式与反思》,《中国农业大学学报(社会科学版)》2011 年第 4 期。

③ 汪文卿、赵忠秀:《中非合作对撒哈拉以南非洲国家经济增长的影响——贸易、直接投资与援助作用的实证分析》,《国际贸易问题》2014 年第 12 期。

际行为体的对外援助规制体系比较分析的视角,对不同国家的援助与其他政策工具之间的关系(管理权限、机构设置、协调机制等)进行了阐释。庞珣所著的《全球治理中的金砖国家外援合作》也是在比较分析金砖国家对外援助的个性特征基础上,对全球治理中金砖国家在对外援助领域进行深入协调合作的可行性和困难进行分析。上述研究为中国对非援助与贸易投资互动关系研究提供了重要启示。

3. 微观层面对中国对非援助与贸易投资互动关系的研究

微观层面的研究主要聚焦于中非合作的特定领域和特定项目,或是通过案例分析的方式阐释中国对非援助与贸易投资的互动关系。有研究者指出:对外援助作为一种有效的政策工具,已经对中国对外投资和贸易发挥了不可替代的推动和促进作用,并从中国境外经贸合作区建设的视角提出,未来应从加强对境外经贸合作区东道国的宏观政策援助、实施本地化战略、使用援外优惠贷款支持合作区建设等三个主要方面来推动中国在非洲的境外经贸合作区的发展和建设,并针对如何更好发挥对外援助在经贸合作区建设中的作用提出一系列对策建议。① 学者高宇则聚焦于中国对非直接投资(OFDI),通过对2003年至2012年我国对非洲国家直接投资的数据进行建模分析,指出我国对非洲直接投资的政治援助性动因十分显著,这说明我国对非投资与援助之间具有高度相关性,尤其是对非洲基础设施项目的投资与对非援助之间的正相关性十分密切。

很多国内外学者都围绕中国对非援助与贸易投资的互动开展案例研究,通过择取典型案例进行分析,探讨中国对非援助与贸易投资的关系。如学者余南平以中国与刚果(金)的合作为例,指出随着中国公司对海外投资的增加,一个集投资、援助和贸易于一体的国际援助中国模式也在被酝酿和实践,

① 李丹、陈友庚:《对外援助与我国境外经贸合作区建设》,《开放导报》2015年第1期。

这种新的援助模式被称为“市场援助模式”。在该模式中,政府不再扮演核心角色,企业成了主体,通过企业来执行、落实对外援助战略,企业在实现对外援助目标的同时也完成其海外投资,从而以市场为基础开展海外活动,将中国与受援方的经济发展紧密结合起来。实践中,中国与刚果(金)在矿业领域的合作就是对这一新援助模式的有效践行。①

林毅夫教授与王燕教授共同撰写的《超越发展援助——在一个多极世界中重构发展合作理念》一书中列举了多个中国对非援助与贸易投资互动的成功案例,如中国在非洲至少建立了 14 个农业技术示范中心,代表性案例是中国在马里的农业合作项目:最初中国通过成套项目和技术援助提供马里农业发展所需的基础设施和技术经验,后将项目交给马里政府,但由于经营不善,该项目陷入亏损和停滞。后来中马双方成立了一个合资企业,中国进出口银行为该企业提供了优惠贷款,此后中国企业加大投资,为当地创造了超过 1 万个永久性和季节性的就业岗位,实现了双方的互利共赢。

刘鸿武教授、黄梅波教授及其团队所撰写的《中国对外援助与国际责任的战略研究》一书,既从宏观层面阐释了对外援助是中国作为负责任的大国承担国际责任的重要方式,也从微观层面对优化中国对外援助提出具体建议,如优化援助与贸易、投资和经济合作的有机结合,在新建援助项目时,可以由受援国将中国的援助资金贷给受援国企业,中国企业再投入一部分资金成立两国合资的企业等方式,来强化援助与贸易和投资之间的合作关系。② 另外,还有多位经济学专业的研究生从发展经济学的视角围绕援助、贸易和投资的相互关系撰写学位论文,并取得了一定的研究成果。

此外,中国社会科学院西亚非洲研究所每年发布的《非洲黄皮书:非洲发

① 余南平:《一种新的国际援助混合模式?——以华刚公司在刚果金项目为分析视角》,《华东师范大学学报(哲学社会科学版)》2015 年第 1 期。

② 刘鸿武、黄梅波:《中国对外援助与国际责任的战略研究》,中国社会科学出版社 2013 年版,第 440—441 页。

展报告》为本研究提供了重要资料，无论是对非洲政治、经济、安全形势的宏观分析，还是对非洲地区形势、热点问题、市场走势和文献资料的中观和微观研究，都为本书的撰写提供很大帮助。

本研究在现有研究成果的基础上，以构建中非命运共同体为目标指引，从中国对非援助政策出发，聚焦于中国对非援助与贸易投资的互动关系及互动框架体系的构建，以期为新时期中非关系的深入发展、深化合作提供理论参考。在吸取学界现有研究成果的基础上，本研究做了以下三个方面的尝试。

第一，从研究视角上看，本研究将发展经济学与国际关系学相结合，分析探讨了援助对援助方和受援方双方的影响和政策效果。发展经济学更加注重援助对受援方经济社会发展的作用和影响，国际关系研究则更注重对援助方提供援助动机和目标的探析，本研究将这二者有机结合，探讨援助作为重要的政策工具，通过与贸易、投资等其他政策工具的结合，可以实现援助方和受援方的互利共赢，从而为对外援助的理论研究和实践工作提供有用参考。

第二，从研究内容上看，结合当前国际国内形势的发展变化，本研究尝试凝练总结中国新型对外援助观的深刻内涵和表现形式。中国新型对外援助观是包含多个层面和维度的系统体系，其中，构建人类命运共同体是指导中国对外援助的总目标，正确的义利观是中国对外援助秉持的指导理念，“共商共建共享共赢”是推进中国对外援助的基本方针，联合国、二十国集团、金砖国家等国际机构和组织是增强中国对外援助国际影响的重要平台，“一带一路”倡议是推进落实中国对外援助的主要抓手，加强援助与贸易、投资等政策工具的协同整合是优化中国对外援助效果的有效路径。

第三，从研究对策上看，本研究在学习借鉴现有研究成果的基础上，提出了构建中国对非援助与贸易投资互动体系的指导理念、基本原则和保障机制。将有关对外援助的理论探讨与中国对外经济工作的实际相结合，提出了构建中国对非援助与贸易投资互动体系的对策建议：创新发展中国对非经济合作理念，遵循“援助先行、投资推进、贸易强化”的基本互动原则，改革对外援助管理体制,完善相关法律制度保障,建立对外援助、贸易和投资互动的监督、评估和反馈机制、形成与其配套的内外宣传机制,加强对外援助的国际交流与合作,从而为新时期中国对非援助与贸易投资等政策工具的协同联动提供保障。

从研究内容上看,本书主要包括以下几个方面。导论部分对本研究的背景和意义进行梳理介绍。第一章是历史回顾,通过对新中国成立以来中非关系发展历程的梳理,揭示中非关系友好合作、互利共赢的本质和历史传统。第二章聚焦于当前中非关系的新内涵,围绕中非命运共同体理念展开探讨,从历史基础和现实举措等方面分析推动中非关系深入发展的新动力。第三章对中国对非援助的发展历程,以及所取得的成就和面临的挑战进行系统阐释,从战略理念和政策机制方面揭示中国对非援助的独特性和优越性。第四章总结了中国与非洲国家之间的贸易投资合作情况,尤其是对中国对非援助与贸易投资的互动情况进行分析。第五章进行比较借鉴研究,对美日欧等西方发达国家在援助与贸易投资领域的互动情况进行分析,从指导理念、机制设计和政策支持等方面总结其经验教训,从而为中国对非援助与贸易投资互动关系的构建提供参照。第六章是案例分析,通过对中国对非援助与贸易投资互动的三个代表性案例的解读,总结其中蕴含的成功经验和重要启示,为后文的对策分析提供依据。第七章是在前文研究的基础上,提出构建中国对非援助与贸易投资互动体系的指导理念、基本原则和保障机制,从而为未来中非关系的深入发展提供理论参考。最后一部分内容是从三个方面总结本研究的结论。

第一章　中非友好合作的发展历程

在争取民族独立和解放的斗争中，在谋求和平与发展的征程上，中国人民和非洲人民始终相互支持、紧密合作，结下了同呼吸、共命运、心连心的兄弟情谊。

——2013 年 5 月 25 日，习近平主席致贺词庆祝非洲统一组织成立 50 周年非盟特别峰会召开

中非之间的友好合作源远流长。自明朝时期郑和率船队至非洲东部地区算起，中国与非洲国家之间的经济文化交流已长期延续。但近代以来，受制于双方国内发展的态势、面临来自西方国家的殖民主义压迫和侵略等因素，中非之间的交往水平和规模未能得到显著的提升和发展，这种情况一直延续到中华人民共和国成立。

作为世界上最大的发展中国家，中华人民共和国自成立之日起，始终高度重视、积极发展与广大发展中国家之间的友好关系，与非洲国家之间的友好合作更是成为中国对外关系中的重要组成部分。中非之间六十多年的友好合作历程，就是一部平等互利、合作共赢的关系史。从毛泽东主席提出的“三个世界”划分理论到习近平主席提出的“中非命运共同体”，从周恩来总理首次访问非洲国家，到连续多年中国外长每年首次出访都去非洲的外交传统的形成

和延续，中国与非洲国家之间的友好合作不断深化。本部分内容将对新中国成立以来的中非关系进行系统回顾，并从中总结历史经验，以期为新时代中非关系的深入发展，尤其是为加强中国对非援助与贸易投资互动关系的研究提供历史参照。

一、新中国成立初期：中非关系的起步

从新中国成立之初至20世纪50年代末，这是新中国与非洲国家友好合作所经历的第一阶段，也是中非关系的起步阶段。

新中国成立之后，面临着保障安全、站稳脚跟、进行国家建设和发展对外关系的严峻形势。同一时期，非洲国家和人民也在为推翻殖民统治、争取民族独立和解放进行着艰苦的斗争，掀起了声势浩大的非洲民族解放运动：1952年，纳赛尔领导埃及自由军官组织发动政变，推翻了英国控制的傀儡政权，建立了埃及共和国，实现了民族解放和独立；1956年，苏丹、摩洛哥、突尼斯相继获得独立；1957年至1958年，加纳和几内亚实现独立；1960年，17个非洲国家先后获得独立，这一年也被称为“非洲独立年”。1956年至1965年，在非洲摆脱殖民地地位获得独立的有30个国家。① 在此背景下，中非之间开启了全新的交往合作历程。

（一）中非政治交往的开端

受到当时国际形势的影响，这一阶段中非之间的直接政治对话相对较少，政治交往更多是在多边层面展开，在此基础上逐步加强双边政治对话与合作。

1954年4月18日至24日，在印度尼西亚万隆召开的第一次亚非会议（也称万隆会议），是有史以来亚非国家第一次在没有殖民国家参加的情况

① 参见谢益显主编：《中国当代外交史（1949—2009）》，中国青年出版社2009年版，第171页。

下,独立讨论亚非发展中国家前途命运的重要国际会议,尤为重要的是,会议为新中国与非洲国家之间增进了解提供了重要机会和平台。周恩来总理率领的中国代表团在此次会议上阐释了中方所倡导的"和平共处五项原则",表明了中方本着求同存异原则加强与各国之间友好合作的基本立场,让与会的亚非国家对新生的中华人民共和国有了更多的了解,有力地消除了此前存在的误解和疑虑。

在中国代表团和与会各方的积极推动下,会议最终达成了"万隆会议十项原则",内容主要包括:

1. 尊重基本人权、尊重联合国宪章的宗旨和原则。

2. 尊重一切国家的主权和领土完整。

3. 承认一切种族的平等、承认一切大小国家的平等。

4. 不干预或干涉他国内政。

5. 尊重每一国家按照联合国宪章单独地或集体地进行自卫的权利。

6. 不使用集体防御的安排来为任何一个大国的特殊利益服务。

7. 不以侵略行为或侵略威胁或使用武力来侵犯任何国家的领土完整或政治独立。

8. 按照联合国宪章,通过如谈判、调停、仲裁或司法解决等和平方法以及有关方面自己选择的任何其他和平方法来解决一切国际争端。

9. 促进相互的利益和合作。

10. 尊重正义和国际义务。①

这十项原则的确立,为此后中国深入发展与广大亚非拉发展中国家的友好关系奠定了重要基础。周恩来总理曾对其评价说:"亚非会议宣言的十项

---

① 方连庆、王炳元、刘金质主编:《国际关系史(战后卷)》上册,北京大学出版社 2006 年版,第 253 页。

原则是和平共处五项原则的引申和发展。这十项原则又一次替愿意和平相处的国家指出了努力的方向。”①亚非会议上中国代表团与阿拉伯和非洲国家的接触，为此后双方加强往来、建立正式外交关系提供了重要平台，会议通过的十项原则也为中非关系的深入发展提供了遵循和参照。就中非关系而言，这次会议是一座里程碑，它为中国建立和加强同若干非洲国家的事务和外交关系创造了条件，开启了中非关系的大门。②

埃塞俄比亚、利比里亚、利比亚、南非和埃及 5 个非洲国家参加了本次亚非会议。其中，中国代表团与埃及代表团之间的接触、交流最多，也最为深入。周恩来总理和纳赛尔总统在亚非会议前和会议期间，先后在缅甸仰光和印度尼西亚万隆举行了友好会晤。在会晤中，周恩来总理阐述了台湾问题的由来以及中国的立场主张，纳赛尔总统也介绍了阿拉伯国家与以色列分歧的由来以及阿拉伯国家在阿以问题上的立场主张。这是新中国与非洲国家在外交领域的第一次正式接触。

亚非会议后，中国与亚非国家之间的交往明显加强。在这个过程中，双方先从经贸领域的合作入手，再互派代表团进行访问，并设立商务代表处，在先期一定交往基础上建立起正式的外交关系。1956 年 5 月 16 日，埃及政府内阁宣布中华人民共和国为中国的唯一合法政府，断绝同台湾国民党政府的一切官方联系；5 月 30 日，中国和埃及正式发表两国建交联合公报，埃及成为同新中国建立外交关系的第一个非洲国家。

此后，中国先后与摩洛哥、阿尔及利亚、苏丹、几内亚、突尼斯、加纳、马里、索马里、刚果（利）③、乌干达、肯尼亚、布隆迪、刚果（布）、坦桑尼亚、中非共和国、赞比亚和达荷美（今贝宁）建立了外交关系。到了 20 世纪 60 年代中期，

① 周恩来：《在第一届全国人大常委会第 15 次扩大会议上的报告：〈关于亚非会议的报告〉》，《人民日报》1955 年 5 月 17 日。

② 廖心文：《开启和发展中非关系的两个里程碑——兼谈周恩来的历史贡献》，《党的文献》2013 年第 2 期。

③ 即刚果（金）。

中国已经与非洲国家建立起广泛交往，建交的非洲国家也从北非逐步扩展至东非和撒哈拉以南地区的国家。据统计，从 1949 年到 1960 年，非洲 41 个国家和地区的 1000 多位民族解放组织的领导人、爱国知识分子及各界代表都曾到中国进行友好访问。①

（二）中非经贸文化交流的扩大

新中国成立初期，中非之间经贸合作的水平比较低：主要是中国通过间接贸易向埃及等少数国家出口绿茶等物品，1950 年的贸易额只有 1214 万美元。②双方缺少有效交流合作的渠道和平台，这直接限制了中非合作的深入发展。

亚非会议的召开不仅推动了中国与非洲国家之间的政治交往，而且也直接带动了双方之间的经贸合作和文化交流、人员往来。亚非会议之后，随着中国与非洲国家之间的关系日益深入，经贸文化领域的交流合作也得到显著提升，并对中国与非洲国家关系的正常化进程起到推动作用。以中国和埃及为例，双方达成共识，先从贸易领域开始着手合作，互设商务机构，进而逐步实现双边关系的正常化。1955 年 12 月，中国政府驻埃及商务代表处代表赴开罗时，带去了周恩来总理致纳赛尔总统的信，周恩来总理在信中明确指出，两国政府商务代表处的设立，将有利于两国贸易的发展和友好关系的增进。

从经贸合作的范围和规模来看，亚非会议后中国与非洲国家的经贸关系不再局限于北非地区，而是很快扩展到撒哈拉以南的非洲地区，与加纳、几内亚、南非联邦等国的贸易合作规模也发展迅速。到了 1960 年，中国与非洲的进出口贸易总额已达 11057 万美元，比万隆会议召开前增加了近 10 倍，仅在 1957 年中埃的贸易额就达 1200 万英镑。③

① 丁明：《友谊之桥连万里——新中国与非洲关系速写》，《党史文汇》2010 年第 3 期。

② 参见中华人民共和国国务院新闻办公室：《中国与非洲的经贸合作（2010）》，2010 年 12 月 23 日，见 http://www.scio.gov.cn/zfbps/ndhf/2010/Document/832287/832287.htm。

③ Bruce D.Larkin, *China and Africa 1949-1970*, Berkeley: University of California Press, 1971, p.91.转引自沐涛：《再论万隆会议对现代中非关系的开创意义》，《史学集刊》2015 年第 4 期。

在文化交流方面，中非之间的文化往来明显增强。1955 年 5 月，埃及宗教事务部长巴库尔率团访华，先后同中国文化部、高等教育部、科学院等部门的负责人举行了会谈，双方签订了《中华人民共和国政府和阿拉伯埃及共和国政府文化合作会谈纪要》，对中埃两国未来的文化交流达成一些初步协议，这是首次把文化合作列入两国交往与合作的官方议事日程，也是新中国与非洲国家之间签署的第一个文化协定。根据这些协议，1955 年底，埃及新闻工作者代表团应中国新闻工作者联谊会的邀请访华。1956 年 1 月，中国向埃及派遣了新中国首批留学非洲，同时也是首批留学阿拉伯国家的学生，他们在开罗大学、爱资哈尔大学学习阿拉伯语和伊斯兰文化。同时，中国还向这些学校派遣了中文教师，在非洲大陆首次开设汉语课程。①

1960 年 4 月，中国非洲人民友好协会成立，该机构以增进中国人民同非洲各国人民之间的了解和友谊、推动中非交流与合作，维护世界和平、促进共同发展为宗旨，通过举行纪念会、报告会、座谈会、参加双边及多边会议、交换资料等方式开展与非洲国家政府和人民的交流对话，并同非洲对华友好组织、社会团体和各界人士建立联系，在促进中非民间经济、贸易、社会、教育、科技合作、文化交流等方面发挥了重要作用，也带动了中非地方政府间的交流与合作，推动中非之间建立友好城市关系。1962 年 4 月 19 日，中国国内最早成立的一个研究国际问题的学术团体——中国亚非学会成立，其宗旨是促进中国对亚非地区和国家政治、经济、文化、宗教和社会状况的研究，并积极开展国内外的学术交流。上述往来不仅增强了中非之间的文化交流，而且带动了民间层面的人员往来，增强了两国人民对对方历史文化和现状的了解认识，为中非关系深入发展打下了坚实的民意基础。

（三）中国积极支持非洲国家争取民族独立和解放

这一阶段中国与非洲国家之间的交往还集中体现在中国政府和人民对非

① 参见沐涛：《再论万隆会议对现代中非关系的开创意义》，《史学集刊》2015 年第 4 期。

洲人民争取民族解放和独立的正义斗争给予大力支持。1954 年,阿尔及利亚人民举行武装起义,阿拉伯联盟总秘书处照会中国政府,希望中国政府对阿尔及利亚人民的斗争给予支持,中国政府对此积极回应。1956 年 6 月,周恩来总理代表中国政府正式宣布:中国人民站在阿尔及利亚人民一边。① 1958 年 9 月,中国政府正式承认了阿尔及利亚临时政府,并在力所能及范围内为其提供一定的军事援助。同年 12 月,阿尔及利亚军事代表团访华时要求中国给予军援,中国政府同意了阿方的要求。据统计,1958 年至 1963 年,中国共援助阿尔及利亚枪炮 15 万余件,其中包括美式武器 3 万余件。②

中国政府对埃及政府收回苏伊士运河的斗争也给予了大力支持。中国政府宣布对埃及提供 2000 万瑞士法郎的外汇赠款助其渡过难关;对英、法的侵略行径予以强烈谴责,正告它们“任何侵犯埃及主权及实行武装干涉的行为,中国人民都不能置若罔闻”。中国人民也对埃及人民的正义斗争给予了强烈声援:北京 50 万人、中国各地 1 亿多人连续 3 天举行声势浩大的示威游行,抗议英、法侵略埃及。③ 1956 年 11 月 10 日,周恩来总理致电纳赛尔总统,表示中国正在采取各种措施支援埃及政府和人民的英勇斗争。埃方对中国方面鲜明、坚决、有力的支持态度十分感谢,纳赛尔总统在复电中诚挚地说:“你的来信深深地感动了我和埃及人民。你们对于我们为维护自由和独立而进行的斗争所给予的支持,加强了我们对自己的正义事业的信心……”④

20 世纪 50 年代末 60 年代初,中国政府在支持非洲人民反抗殖民主义和帝国主义压迫的同时,也旗帜鲜明地反对种族主义,对任何种族歧视、种族迫害的行径都给予坚决反对和批评。针对南非国内存在的严重种族歧视和压迫问题,中方一直予以高度关注,并对南非人民反抗种族歧视的斗争给予坚定支

① 参见韩念龙主编:《当代中国外交》,中国社会科学出版社 1988 年版,第 129—130 页。
② 参见徐伟忠:《中国参与非洲的安全合作及其发展趋势》,《西亚非洲》2010 年第 11 期。
③ 参见尹承德:《周恩来:中非友谊的开拓者和奠基人》,《党史博览》2014 年第 7 期。
④ 陆苗耕:《周恩来与非洲领导人的深情》,《党史纵横》2008 年第 2 期。

持。1952年,周恩来总理写信给南非印度人大会会议联合书记加查里亚和密斯特里:“我代表中国人民完全支持南非的非白色人种(包括印度人民及其他亚洲人民)反对种族歧视和民族压迫政策与争取基本权利的正义斗争。”① 1955年,周恩来总理在给南非人民代表大会的复电中说:“亚非会议严正地谴责了殖民主义和种族歧视。中国人民将同亚非各国和全世界人民一道,继续支持南非人民所进行的正义斗争。”②

整体来看,这一阶段作为中非之间开始接触、增进了解的重要阶段,为此后中非关系的深入发展打下重要基础。逐步深入的交流合作不仅让中非双方对彼此的制度模式、发展理念、政策立场和基本国情有了一定了解,而且在经贸合作、寻求和维护民族独立方面取得一定共识,为双方消除误解、增进互信、加强合作做了充分准备,直接推动中非关系在20世纪60年代进入了深化发展的新阶段。

二、20世纪六七十年代:中非关系的深化

经历了新中国成立初期时中非关系的接触、扩大和升级后,进入20世纪60年代后,中非关系就开始了全面深化、深入发展的重要阶段。20世纪60年代以后,国际形势进一步发生变化,中国外交的方针政策也随之发展调整,面对美国和苏联两个超级大国的霸权主义威胁,中国与亚非拉发展中国家之间的友好合作进一步拓展,中非关系也进入了新的阶段,这主要表现在以下几个方面。

第一,中非双方在反对帝国主义、殖民主义的侵略扩张行径中形成广泛共识,并相互支持。针对以美国为首的帝国主义国家在刚果进行的侵略活动,

---

① 《中华人民共和国对外关系文件集》第2集,世界知识出版社1958年版,第56页。

② 参见谢益显主编:《中国当代外交史(1949—2009)》,中国青年出版社2009年版,第174页。

1964 年 11 月 28 日，毛泽东同志发表了《支持刚果（利）人民反对美国侵略的声明》，表达了中国政府坚决支持非洲人民反帝反侵略斗争的立场。声明指出："美国一直企图控制刚果。它利用联合国军在刚果做尽了坏事。现在，它又同比利时、英国结成一伙，对刚果进行直接的武装干涉。美帝国主义是全世界人民的共同敌人。刚果人民的正义斗争不是孤立的。全中国人民支持你们。全世界人民团结起来，打败美国侵略者及其一切走狗！"①

为了支持南非人民反对种族歧视和压迫所做的斗争，中国政府自 1960 年 7 月起，就断绝了与南非殖民当局的所有经贸关系。1963 年 3 月 16 日，中国人民在北京举行了群众大会，支持和声援南罗得西亚人民反对白人种族主义统治和争取民族独立的斗争。为了响应非洲独立国家首脑会议提出的谴责南非殖民当局暴行并对南非政府进行外交和经济抵制的号召，1963 年 7 月 15 日，新华社经中国政府授权发表重要声明：中国政府将"继续不同南非殖民当局发生任何经济贸易关系，不论是直接的，或者是间接的。中国政府对南非殖民当局进行外交的经济制裁，支持南非人民正义斗争的立场，是坚定不移的"②。

第二，中国与非洲国家之间的友好合作全面加强。1963 年 12 月 14 日至 1964 年 2 月 4 日，周恩来总理应阿拉伯联合共和国（今埃及）、阿尔及利亚、摩洛哥、突尼斯、加纳、马里、几内亚、苏丹、埃塞俄比亚、索马里十国国家元首、政府首脑的邀请，率中国政府代表团对这些国家进行了正式友好访问。这是中国国家领导人第一次访问非洲，对中非关系具有极大的推动作用，并对未来中非关系的发展产生深远影响。在访问过程中，周恩来总理向非洲政要和人民阐释了中国政府和人民愿意在和平共处五项原则指导下与非洲国家发展友好关系的真诚意愿，以及中国积极支持非洲人民获得民族独立、实现民族发展的

---

① 参见谢益显主编：《当代中国外交史（1949—2009）》，中国青年出版社 2009 年版，第 173 页。

② 参见《新华通讯社受权发表关于中华人民共和国政府继续不同南非殖民当局发生任何经济贸易关系的声明》，《中华人民共和国国务院公报》1963 年第 13 期。

根本立场,并提出了中国同阿拉伯国家和非洲国家发展相互关系的五项原则,基本主张包括:支持非洲和阿拉伯各国人民反对帝国主义和新老殖民主义、争取和维护民族独立的斗争;支持非洲和阿拉伯各国政府奉行和平中立的不结盟政策;支持非洲和阿拉伯各国人民用自己选择的方式实现统一和团结的愿望;支持非洲和阿拉伯国家通过和平协商解决彼此之间的争端;主张非洲国家和阿拉伯国家的主权应当得到一切其他国家的尊重,反对来自任何方面的侵略和干涉。[①] 这五项原则是对和平共处五项原则的延伸和扩展,对此后中国与阿拉伯国家和非洲国家之间关系的深入发展起到重要推动作用。

此后,中国又与几内亚、加纳、刚果(布)、马里、坦桑尼亚等非洲国家签署友好条约,在政治、经济、文化和国际事务中全面加强合作。到 1971 年 10 月,与中国建交的非洲国家已经达到了 25 个,中非友好合作的水平和规模都得到了明显提升。

在这一阶段,中非关系深入发展的一个标志性事件是中华人民共和国恢复在联合国的合法席位,这与非洲国家的大力支持是分不开的。伴随着越来越多的非洲国家获得民族独立和解放,联合国的成员构成和力量对比情况也随之发生深刻变化:1945 年联合国成立时有 51 个成员国,其中来自亚洲和非洲的成员国只有 13 个,非洲国家更是只有 4 个。到了 60 年代末,联合国的成员国增加到 107 个,非洲成员国的数量也增加到了 40 个。这些非洲国家绝大多数已经与新中国建立正式的外交关系,对中国在国际事务中的重要地位作用充分认可,对中国恢复联合国合法席位的主张积极支持。共同遭遇、相同目标和深厚情谊把中国同非洲国家紧紧地连结在一起,并在联合国内逐步形成一股以非洲国家为主的支持中国恢复在联合国合法权益的强大力量,同反对恢复中国在联合国合法权益的美国等国家展开了较量。[②] 在这样的背景下,

---

① 陆苗耕:《周恩来访问非洲十国》,《百年潮》2015 年第 2 期。

② 参见吴妙发:《非洲支持中国恢复在联合国合法权益斗争始末》,《党史纵横》2006 年第 10 期。

1971 年 10 月 25 日，联合国大会第 1976 次会议以 76 票赞成、35 票反对、17 票弃权的压倒多数，通过了阿尔巴尼亚、阿尔及利亚等 23 个国家提出的要求"恢复中华人民共和国在联合国的一切合法权利，立即把蒋介石集团的代表从联合国一切机构中驱逐出去"的提案，这就是联合国历史上著名的 2758 号决议。非洲的 42 个国家中，有 26 个国家都赞成恢复中国在联合国的合法席位，为该决议投了赞成票。对此，毛泽东主席形象地指出："这是非洲黑人朋友把我们抬进去的。"①

恢复在联合国的合法席位后，作为安理会常任理事国中唯一的发展中国家代表，中国积极维护亚非拉发展中国家的正当权益，在每一届联大会议上，中国代表团都会明确表态支持非洲国家反对殖民主义、争取民族解放的斗争和努力，推动了中国与非洲国家之间关系的进一步深化。1974 年在第 29 届联大会议上，中国代表团发言指出："在非洲，我们坚决支持莫桑比克、安哥拉、津巴布韦、纳米比亚、阿扎尼亚等地人民反对殖民主义和种族主义的正义斗争。"②

第三，中国对非援助的领域、规模和水平得到显著提升。从 20 世纪 60 年代开始，在加强与非洲国家经济技术合作的同时，中国也开始向非洲国家不断提供援助，以帮助其实现社会经济领域的建设和发展，进而实现真正的民族独立。这是中国所秉持的国际主义和人道主义理念的直接体现，也是中国自觉履行国际道义责任的重要方式。中国援助的非洲国家包括肯尼亚、坦桑尼亚、刚果、中非、乌干达、毛里塔尼亚、赞比亚、苏丹等国，通过向这些国家提供经济技术援助，中国与非洲国家建立了经济合作关系。到 1970 年，接受中国援助的国家达到 31 个，经济技术援助支出和成套项目援助比 1950 年至 1963 年分别增加了 144%和 210%。③ 从援助规模看，1950 年到 1976 年，中国共向 60 个

① 翁明：《临行点将——"乔老爷"首次率团赴联大》，载符浩、李同成主编：《经天纬地——外交官在联合国》，中国华侨出版社 1995 年版，第 9 页。

② 参见谢益显主编：《当代中国外交史（1949—2009）》，中国青年出版社 2009 年版，第 282—283 页。

③ 石林主编：《当代中国的对外经济合作》，中国社会科学出版社 1989 年版，第 55 页。

受援国提供了 444.75 亿元人民币的援助，援建了近千个成套项目，提供了大量的物资、技术等援助。①

1965 年，坦桑尼亚总统尼雷尔首次访华，并在会谈期间委婉地表达了请求中国帮助援建坦赞铁路的愿望。出于打破美苏霸权垄断、支援非洲民族解放运动的战略考量，②中国领导人表示初步同意。1967 年 9 月 5 日，中国、坦桑尼亚、赞比亚三国政府在北京签订了“关于修建坦桑尼亚—赞比亚铁路的协定”，坦赞铁路项目正式启动。在美苏冷战的时代背景下，中国援建的坦赞铁路更是被赋予了独立、自由、反种族主义的政治意涵。③

坦赞铁路东起坦桑尼亚的达累斯萨拉姆，西到赞比亚中部地区的卡皮里姆波希，全长 1860.5 公里，由中国专家和工程技术人员进行勘测、考察、设计并帮助坦、赞两国政府组织施工。作为中国最大的援外成套项目之一，坦赞铁路的修建是中非友好关系的直接见证，是中国对非援助的标志性项目，中国政府和人民为坦赞铁路的建设提供了大量的人力物力和技术支持。经过前期的论证和准备后，坦赞铁路建设工程于 1970 年 10 月正式开工，在经过 6 年多的建设后于 1976 年 7 月全线竣工。坦赞铁路的建设工程十分庞大：全线共建桥梁 320 座，总计长 16520 米；隧道 22 座，总计长 8898 米；兴建车站 93 个；建设房屋总面积 37.6 万平方米。从勘探到竣工的 10 个年头里，中国政府提供无息贷款 9.88 亿元人民币，共发运各种设备材料近 100 万吨，先后派遣工程技术人员近 5 万人次，高峰时期在现场施工的中国员工多达 1.6 万人。④ 中国政府不仅帮助坦赞两国设计施工完成坦赞铁路的建设，而且在铁路建成后，仍承担了向其派遣专家组，对其工作人员进行技术培训和管理培训等工作，以保障坦赞铁路能够顺利运营。

---

① 叶如根主编：《方毅传》，人民出版社 2008 年版，第 379 页。

② 薛琳：《坦赞铁路的决策与建设历程研究——兼谈周恩来的历史贡献》，《非洲研究》2015 年第 2 期。

③ 参见谢宜泽：《中国工程“走出去”：从坦赞铁路到亚吉模式》，《非洲研究》2018 年第 2 期。

④ 刘善文：《老照片见证中国援建坦赞铁路的岁月》，《党史文苑》2017 年第 12 期。

尤为重要的是,中国对非援助的政策体系、规范制度也在这一阶段逐步得到确立。中国对非援助是没有任何政治条件的,是在不干涉非洲国家内政、尊重其主权平等的基础上提供援助、加强合作。中国始终坚持和平共处五项原则,尊重各受援国自主选择发展道路和模式的权利,相信各国能够探索出适合本国国情的发展道路,绝不把提供援助作为干涉他国内政、谋求政治特权的手段。1956 年,毛泽东主席在接见埃及驻中国大使时明确表示:“埃及做了一件非常好的事情,全中国人民都支持你们。我们的帮助没有任何条件。你们有什么需要,只要我们能力所及,一定帮助。中国政府和人民将尽一切可能支持埃及人民维护苏伊士运河主权的英勇斗争,并且相信在这一斗争中埃及人民一定会取得最后胜利。”①中国所秉持的平等、尊重对非原则也赢得了非洲国家的广泛认可。坦桑尼亚总统尼雷尔曾说:“无论是在中国给予我国的巨大的经济和技术援助中,还是我们在国际会议的交往中,中国从来没有一丝一毫要左右我们的政策或损害我们国家主权和尊严的企图。”②

在援助形式和内容上,除经济技术援助外,医疗卫生援助、粮食援助和农业技术援助也是这一时期中非合作的重要内容。应阿尔及利亚政府的请求,1963 年中国向阿尔及利亚派遣第一支援非医疗队,以帮助其应对因常年战乱而导致的医疗困境。此后,医疗援助就成为中国对外援助的重要组成部分,并在帮助非洲人民抗击疫情、提升医疗卫生水平方面取得显著的援助成效。数据显示,从 1963 年到 2017 年,中国先后向 69 个发展中国家派遣了援外医疗队,累计派出医疗队员 2.5 万人次,治疗患者 2.8 亿人次。截至 2017 年 6 月,中国共有 1300 多名医疗队员和公共卫生专家在全球 51 个国家工作,在华培养了 2 万多名受援国际医疗卫生管理和技术人才。③ 现阶段,中国在 51 个国

---

① 陆苗耕:《毛泽东的非洲情结》,《湘潮》2010 年第 3 期。

② 《坦桑尼亚总统尼雷尔在李先念主席举行的宴会上的讲话》,《人民日报》1985 年 8 月 20 日。

③ 中华人民共和国国务院新闻办公室:《中国健康事业的发展与人权进步》,2017 年 9 月 29 日,见 http://www.scio.gov.cn/ztk/dtzt/36048/37159/37161/Document/1565175/1565175.htm。

家派有 52 支医疗队，其中在非洲的 42 个国家中就派有 43 支医疗队，有力地带动了中非在医疗卫生领域的合作。

中国对非农业援助最早始于 1959 年首次向几内亚提供无偿的粮食援助，并于 1961 年向马里派遣了 7 名农业专家试种茶树和甘蔗，①这是中国向外派遣的第一批农业技术专家，开启了中非在农业技术领域的合作。1964 年，毛泽东主席提出了“两个中间地带”理论，中共中央决定将对外农业技术援助列入农业部门的重要议程，并逐步形成机制化的对外农业技术援助项目。② 20 世纪 60—70 年代，中国在非洲援建了很多大型农场和农业技术推广站，至 80 年代总共兴建了 87 个农业项目，耕种面积达 4. 34 万公顷。其中比较有名的有坦桑尼亚的姆巴拉利农场和鲁伏农场、乌干达奇奔巴农场和多禾农场、刚果（布）的贡贝农场、扎伊尔的恩吉利实验农场、加纳的水稻和棉花农场、马里的甘蔗种植园以及毛里塔尼亚的姆颇利农场等。另外，中国还援助非洲国家建设了 16 个水利项目，惠及 7. 1 万公顷土地。③

1964 年访问加纳时，周恩来总理与加纳总统恩克鲁玛举行了三次正式会谈和两次单独会谈。会谈中周恩来总理第一次提出并阐述了中国对外援助的八项原则，并于 1964 年 1 月 15 日在加纳首都阿克拉回答加纳通讯社记者提问时首次公开宣布，其内容主要包括：

1. 中国政府一贯根据平等互利的原则对外提供援助，从来不把这种援助看作是单方面的赐予，而认为援助是相互的。

2. 中国政府在对外提供援助的时候，严格尊重受援国的主权，绝不附带任何条件，绝不要求任何特权。

3. 中国政府以无息或低息贷款的方式提供经济援助，在需要的

① 参见王成安：《中国援助非洲 50 年概述》，载李安山主编：《中国非洲研究评论（2011）》，北京大学出版社 2012 年版，第 152 页。

② 蒋华杰：《农技援非（1971—1983）：中国援非模式与成效的个案研究》，《外交评论》2013 年第 1 期。

③ 郧文聚：《中非合作开发农业的战略选择》，《中国软科学》1998 年第 12 期。

时候，延长还款期限以尽量减少受援国的负担。

4. 中国政府对外提供援助的目的，不是造成受援国对中国的依赖，而是帮助受援国逐步走上自力更生、经济上独立发展的道路。

5. 中国政府帮助受援国建设的项目，力求投资少，收效快，使受援国政府能增加收入，积累资金。

6. 中国政府提供自己所能生产的、质量最好的设备和物资，并且根据国际市场的价格议价。如果中国政府所提供的设备和物资不合乎商定规格和质量，中国保证退换。

7. 中国政府对外提供任何一种技术援助的时候，保证做到使受援国的人员充分掌握这种技术。

8. 中国政府派到受援国帮助进行建设的专家，同受援国自己的专家享受同样的物质待遇，不容许有任何特殊要求和享受。①

中方提出的对外援助八项原则推动了此后中国对非援助工作的顺利进行，有助于中国对非援助的有效开展，也集中体现了中国在发展与非洲国家关系时所遵循的平等、互利、共赢等基本原则和立场。

中国在对非援助中一直秉持"授人以鱼，不如授人以渔"的理念，注重对受援国独立自主发展能力的培训和支持，尤其是为受援国培养了大量的技术人才和管理人才，技术合作也成为中国帮助受援国增强自主发展能力的重要合作方式。技术合作涉及领域广泛，包括工业生产和管理，农业种植养殖，编织、刺绣等手工业生产，文化教育，体育训练，医疗卫生，沼气、小水电等清洁能源开发，地质普查勘探，经济规划等。② 1970 年 6 月 24 日，毛泽东主席在会见苏丹政府友好代表团时指出："物质援助，要到了手，见了效，那才算数。不到

① 中华人民共和国国务院新闻办公室：《中国的对外援助（2011）》，人民出版社 2011 年版，第 31—32 页。

② 中华人民共和国国务院新闻办公室：《中国的对外援助（2011）》，人民出版社 2011 年版，第 11—12 页。

手，工厂没有建立起来，那不能算数。你们自己的工程技术人员、科学家没有培养出来，也不算数，中国人就不走掉。”①在农业技术援助中，中国政府还为非洲国家组织了一系列的农业技术学习班，邀请非洲技术和管理人员到中国观摩或参加栽培技术、动植物保护、水利和农业企业管理等方面的研讨班，也会派遣中国教员到非洲，在农田现场提供技术指导或为当地民众开办藤编、农具维修之类的培训课程。② 通过这些方式和途径，对非援助的效果得到显著提升。

三、20世纪八九十年代：中非关系的提升

从20世纪80年代初至90年代末，是中非合作快速发展、显著提升的重要阶段。尤为重要的是，这一时期的中非合作凸显了平等互利、合作共赢的伙伴关系性质，这是中非合作的新阶段。

之所以出现上述变化，与当时的国际环境，以及中非双方的国内形势均有直接关系：从国际形势看，20世纪80年代以来美苏两个超级大国之间的竞争态势趋向缓和，两大阵营对立的两极格局在90年代初解体，国际格局进入了调整转换的新阶段，各国的国际战略、对外政策也都据此作出调整变化。中国方面，中共中央在1978年召开的十一届三中全会上做出了改革开放的重大战略决策。在新的形势下，为争取和平、寻求建立更均衡的对外关系，中国政府开始把反对霸权主义、维护世界和平，加强同第三世界的团结合作，作为新时期基本的外交政策。非洲方面，经过了几十年反对殖民主义、争取民族独立的斗争后，绝大多数非洲国家都已经获得了政治上的独立，但依旧面临着发展经济、建设国家的艰巨任务。在这样的背景下，这一阶段的中非合作在领域、规

① 中共中央文献研究室：《毛泽东年谱》第6卷，中央文献出版社2013年版，第304页。

② 参见唐晓阳：《中国对非洲农业援助形式的演变及其效果》，《世界经济与政治》2013年第5期。

模和水平上都达到了新的高度，并在政治、经贸和援助等领域取得了新的合作成果。

（一）政治领域的合作对话不断加深

20世纪70年代末80年代初，中国所面临的国际国内形势都发生深刻变化，以邓小平同志为核心的党中央领导集体做出了把党和国家的工作重点转移到社会主义现代化建设上来和实行改革开放的战略决策。此后，坚定不移地推进改革开放和现代化建设，便成为"今后一个相当长的时期内全国人民压倒一切的中心任务"和"决定祖国命运的千秋大业"。[①] 在此背景下，外交工作的主要任务和方针理念也随之调整变化："我国对外工作的首要任务是争取和平，为我国的社会主义现代化建设服务。"[②]因此，这一阶段的中国外交将维护和平作为首要任务："我们把争取和平作为对外政策的首要任务。争取和平是世界人民的要求，也是我们搞建设的需要。没有和平环境，搞什么建设！"[③]1980年初，邓小平同志在《目前的形势和任务》的讲话中指出："我们的对外政策，就本国来说，是要寻求一个和平的环境来实现四个现代化。"[④]在这一历史阶段，推进现代化建设、实现四个现代化建设目标，是国家工作的中心，也是开展外交工作时必须服从的大局，因为现代化建设"是我们解决国际问题、国内问题的最主要的条件。一切决定于我们自己的事情干得好不好……在国际事务中反对霸权主义，台湾归回祖国，实现祖国统一，归根到底，都要求我们的经济建设搞好"[⑤]。在国家工作中心转移的大背景下，邓小平同志明确表示："我国将长期实行对外开放，愿意在和平共处五项原则的基础上，同世

① 《邓小平文选》第2卷，人民出版社1994年版，第208—209页。
② 《邓小平外交思想学习纲要》，世界知识出版社2000年版，第10页。
③ 《邓小平文选》第3卷，人民出版社1993年版，第116—117页。
④ 《邓小平文选》第2卷，人民出版社1994年版，第241页。
⑤ 《邓小平文选》第2卷，人民出版社1994年版，第240页。

界一切国家建立、发展外交关系和经济文化关系。”①他认为,“必须大胆吸收和借鉴人类社会创造的一切文明成果,吸收和借鉴当今世界各国包括资本主义发达国家的一切反映现代社会化生产规律的先进经营方式、管理方法”②,为此要“对世界所有国家开放,对各种类型的国家开放”③。

1985 年 6 月 4 日,邓小平同志在中央军委扩大会议上明确阐述了中国对国际形势的判断和对外政策的两大战略转变:“第一个转变,是对战争与和平问题的认识……这几年我们仔细地观察了形势……世界战争的危险还是存在的,但是世界和平力量的增长超过战争力量的增长……在较长时间内不发生大规模的世界战争是有可能的,维护世界和平是有希望的。”④“第二个转变,是我们的对外政策。过去有一段时间,针对苏联霸权主义的威胁,我们搞了‘一条线’的战略……现在我们改变了这个战略,这是一个重大的转变。”⑤

在上述背景下,中国坚持和平共处五项原则,进一步深化与非洲国家的友好合作关系。政治上主要体现为中国继续支持非洲国家争取独立和南非人民反对种族歧视和压迫的斗争。1978 年 9 月,联合国安理会通过《关于成立联合国过渡时期援助团协助纳米比亚特别代表工作》的决议,即 435 号决议,要求终止南非统治,通过联合国监督下的公民投票实现纳米比亚独立。⑥ 此后,中国一直对纳米比亚独立给予坚定支持,并要求南非当局落实实施联合国大会和安理会的相关决议,尽早结束对纳米比亚的占领。1986 年在关于纳米比亚问题的第 14 届特别联大会议上,中方重申了中国坚决支持南部非洲人民的正义斗争,1990 年中方派代表团参加纳米比亚独立庆典并签署中纳建交联合公报,⑦这

---

① 《邓小平文选》第 2 卷,人民出版社 1994 年版,第 70 页。
② 《邓小平文选》第 3 卷,人民出版社 1993 年版,第 373 页。
③ 《邓小平文选》第 3 卷,人民出版社 1993 年版,第 237 页。
④ 《邓小平文选》第 3 卷,人民出版社 1993 年版,第 126—127 页。
⑤ 《邓小平文选》第 3 卷,人民出版社 1993 年版,第 127—128 页。
⑥ 参见孙巧成:《纳米比亚走向独立》,《世界知识》1989 年第 8 期。
⑦ 参见刘鸿武、林晨:《中非关系 70 年与中国外交的成长》,《西亚非洲》2019 年第 4 期。

些都是中非友好合作的生动写照。

20 世纪 80 年代以来，伴随着中国改革开放的历史进程不断深入，中非关系在传承友好历史传统的基础上，也迎来了新的发展。在“和平与发展”这一时代主题的引领下，中国进一步明确自己作为发展中国家、属于第三世界一员的身份定位，并将与第三世界国家的团结合作，作为我国外交工作的基本立足点，与非洲国家之间的关系也越发深入。有学者指出，20 世纪 80 年代中期“是中国建国 40 年来与非洲国家关系最好的时期”：1982 年至 1985 年，非洲有 29 个国家的首脑访问中国，中国国家主席李先念也于 1987 年访问了埃及等三个非洲国家。[①]

尤其是经历了 20 世纪 80 年代末 90 年代初国际格局的深刻调整后，当中国面临来自西方国家的敌意和制裁时，非洲国家给予了中国大力支持：1989 年 8 月，时任中国外交部长钱其琛先后应邀出访了 8 个非洲国家，对中国外交打破西方制裁起到重要作用。同一时期，顶着西方外交压力到中国访问的第一位外国元首、政府首脑和外长也都来自非洲国家。对此，非洲国家表示“他们之所以在这个时候访问中国，就是要向全世界表明，非洲国家是中国的真正朋友，即便是在中国最困难的时候也是如此。过去中国帮助了他们，因此，在中国最需要支持的时候，他们会不遗余力地表达对中国的声援”[②]。也是自 1991 年起，中国外交就形成了外交部长新年首访目的地都是非洲国家的传统，多年来从未改变，直接体现了中国对非洲国家的高度重视，以及深入发展中非友好关系的真诚意愿。

20 世纪 90 年代中期以后，中国对非合作的意愿和力度都得到明显提升，加大对非工作力度旨在满足“三个需求”：其一是增强中国国际地位的需要；其二是充分利用“两种资源、两个市场”，加快中国现代化建设的需要；其三是

---

① 参见李安山：《论中非合作论坛的起源——兼谈对中国非洲战略的思考》，《外交评论》2012 年第 3 期。

② 参见钱其琛：《外交十记》，世界知识出版社 2003 年版，第 255—257 页。

遏制台湾当局的“务实外交”，巩固外交阵地的需要。① 这一时期的中非关系，在发展双边友好合作的同时，也加强了在国际事务中的协调与合作：1990 年至 2004 年，西方国家先后在联合国人权会议上 11 次提出“中国人权状况”的反华提案，但都没能通过，非洲国家在这一议题上给予了中国有力支持。以 1997 年的联合国人权会议为例，支持中国向联合国大会提出的“不采取行动”动议中的 27 票，有 17 票来自非洲国家。非洲国家对中国的支持体现在很多方面，如在中国申办奥运会、世博会等议题上也都给予大力支持。与此同时，中国也积极支持非洲国家在国际舞台上联合自强、通过和平协商解决国与国之间的争端、推动地区和平与发展、积极参与国际事务和为建立公正合理的国际政治经济新秩序而进行的努力。1996 年，在联合国秘书长人选问题上，中国始终坚持下任秘书长必须来自非洲这一公正立场。

（二）经贸合作规模和水平不断提升

改革开放初期至 20 世纪 80 年代后期，这一阶段中国与非洲国家的经贸合作主要是保持既有的合作水平和规模。究其原因，与中国国内工作重心的转移和当时的国际经济形势具有直接关系。但与此同时，中国与非洲国家的贸易合作也取得新的进展：1991 年中非双边贸易额为 14.25 亿美元，比 1980 年的 11.98 亿美元增长 18.9%，其中中国出口为 10 亿美元，进口为 4.25 亿美元，与 1980 年相比，出口、进口分别增长 19.9% 和 16.7%。② 截至 1993 年，中国已同 50 个非洲国家建立了贸易合作关系。

到了 20 世纪 90 年代中期，党中央在深刻分析国际国内政治经济形势的基础上作出一项重大战略决策，即“走出去”战略。改革开放十几年

① 张宏明：《改革开放以来中非关系快速发展的内在逻辑与成功经验》，《当代世界》2018 年第 7 期。

② 傅政罗：《采取灵活贸易方式　增进中非经贸合作》，《西亚非洲》1993 年第 1 期。

之后，中国特色社会主义市场经济快速发展，也面临各种新形势新困难新挑战，如产业结构调整优化升级、就业和人口资源环境的压力明显增大；对外开放的程度和规模不断扩展，但也面临着进一步提升对外开放水平的新课题。在此背景下，党中央有效统筹两个大局，于1993年11月在十四届三中全会上提出了“充分利用国际国内两个市场、两种资源”的概念，此后该理念不断深化，推动越来越多的中国企业走出去到国外投资办厂，开拓国外投资市场。党的十六大报告明确指出：“实施‘走出去’战略是对外开放新阶段的重大举措。坚持‘引进来’和‘走出去’相结合，全面提高对外开放水平。”“走出去”战略的提出，弥补了我国经济发展过程中国内资源和市场的不足，在更广阔的空间里进行经济结构调整和资源优化配置，更好地参与经济全球化趋势下的国际竞争，不断增强我国经济发展的动力和后劲，促进了我国经济的长远发展，也对中国与非洲国家的经贸合作产生巨大推动作用。

中国对非洲国家的投资始于20世纪80年代，初期的投资规模普遍较小，且主要集中于基础设施建设和农业等传统合作领域。1995年下半年，中国开始推行政府贴息优惠贷款，中国企业对非投资规模逐步扩大，投资的领域也不断拓宽，投资方式更是日趋多样。1996年底，中国同16个非洲国家签订优惠贷款框架协议。1998年，中国企业在非洲11个国家和地区都开展了带料加工业务，总投资额已经超过2200万美元。到1999年6月底，经外经贸部批准或备案的在非洲设立的国有中资企业已有401家，协议投资总额为6.71亿美元，中方协议投资额4.12亿美元。其中贸易性企业90家，中方投资金额为2400万美元；生产加工性企业167家，中方投资金额1.8亿美元；资源开发性企业40家，中方投资金额为9700万美元。①

能源合作也是中非经贸合作的重要内容。1992年，中国开始从安哥拉、

① 闵森：《中国对非洲投资的现状、潜力和对策》，《国际经济合作》2000年第9期。

利比亚进口石油。当时的进口量仅为 50 万吨，占进口总量的 4.4%。第二年猛增至 213 万吨，占进口总量的 14%。[1] 1995 年，中国与苏丹国家元首在北京举行会晤，双方秉承相互尊重、平等互利的原则，拉开了中苏石油合作的大幕。两国的能源合作不仅帮助苏丹建立了石油工业体系、推动苏丹石油经济的快速发展，也带动了中国与其他非洲国家之间的能源合作不断扩大。

（三）中国对非援助进一步扩大

随着中国自身经济发展水平和规模的提升，中国对非援助也进入新的阶段。1982 年，中国宣布了同非洲国家开展经济技术合作的四项原则：1. 中国同非洲国家进行经济技术合作，遵循团结友好、平等互利的原则，尊重对方的主权，不干涉对方的内政，不附带任何政治条件，不要求任何特权。2. 中国同非洲国家进行经济技术合作，从双方的实际需要和可能条件出发，发挥各自的长处和潜力，力求投资少、工期短、收效快，并能取得良好的经济效益。3. 中国同非洲国家进行经济技术合作，方式可以多种多样，因地制宜，包括提供技术服务、培训技术和管理人员、进行科学技术交流、承建工程、合作生产、合资经营等。中国方面对所承担的合作项目负责守约、保质、重义。中国方面派出的专家和技术人员，不要求特殊的待遇。4. 中国同非洲国家进行经济技术合作，目的在于取长补短，互相帮助，以利于增强双方自力更生的能力和促进各自民族经济的发展。[2] 这四项原则是对 20 世纪 60 年代确立的中国对外援助八项原则的继承和发展，既延续了中国与非洲国家开展经济技术合作的优良传统，也结合当时的形势进行了必要的创新，更加凸显中非关系互利合作的本质，也更加符合新形势下中非关系深入发展的现实需要。

---

① 常正乐：《中国石油的非洲之路》，2018 年 9 月 4 日，见 http://www.sohu.com/a/251931540_505855。

② 参见钱国安：《我国同非洲国家开展经济技术合作的四项原则》，《国际贸易》1984 年第 5 期。

1984年,中国对外经济贸易部发布《关于巩固建成经援成套项目成果的意见》,提出在援助项目建成后加强与受援国方面的技术合作,并且根据受援国的现实需要,参与中国援建项目的经营管理。这直接推动了中国对非援助形式的发展创新:中国对非援助不再局限于以往的单方面经济技术援助,而是更加注重对受援国的技术培训和人才培训,为实现援助效果的可持续性提供重要助力。20世纪80年代,中国援建的突尼斯麦热尔德—崩角水渠,实现了突尼斯农业灌溉的西水东调,就是这一时期中国对非援助的典型工程。①

自20世纪90年代以来,伴随从计划经济体制向社会主义市场经济体制转变的改革进程不断深入,中国对外援助的机制体制、资金来源方式和援助方式也进一步深化改革。1993年,中国政府利用发展中国家已偿还的部分无息贷款资金设立了援外合资合作项目基金,这是专门用于支持我国企业利用受援国当地资源和我国设备、技术,与受援国企业在受援国经营有市场、有效益并以生产性为主的中小型合资合作项目(以下简称援外合资合作项目)的专项资金,推动了新时期中国对外援助方式的创新和援助效果的改善。为了加强援外合资合作项目基金的财务管理,促进援外与投资、贸易及其他互利合作方式相结合,国务院还批准了《援外合资合作项目基金管理办法》,对外贸易经济合作部、财政部也联合印发了《援外合资合作项目基金管理办法实施细则》,进一步完善了我国对外援助的管理机制和相关规定。

从1995年开始,中国大力推行政府贴息优惠贷款和援外项目实行合资合作等方式,将对外援助资金和银行贷款相结合,实现援助、贸易和投资等方面的互动双赢,更加注重帮助非洲受援国实现自身发展能力的提升,实现了从"授人以鱼"到"授人以渔"的援助理念和模式的转变。1995年10月,中共中央在改革援外工作的会议上提出:考虑到越来越多的发展中国家迫切希望吸引更多的外国企业投资,以便增加收入和就业,更快地发展起来,中国将鼓励

① 李婉明:《中突友谊的长河——麦热尔德—崩角水渠》,《国际经济合作》1986年第6期。

中国企业以合资经营、合作经营的方式，参与受援国的发展事业。因为这将“有利于政府援外资金与企业资金相结合，扩大资金来源和项目规模，巩固项目成果，提高援助效益”①。同年，朱镕基、钱其琛和李岚清三位副总理先后访问了18个非洲国家，并向非洲宣传政府贴息优惠贷款援助方式和援外项目合作合资方式，正式开启了中国对非援助的新时期。这一阶段的中国对非援助更加重视支持受援国能力建设，为了实现这一目标，中国不断扩大援外技术培训规模，受援国官员来华培训逐渐成为援外人力资源开发合作的重要内容：自1981年起，中国就已经同联合国开发计划署合作，为发展中国家在华举办了多个领域的实用技术培训班。自1998年起，中国政府还开始举办官员研修班，培训的部门、领域和规模都迅速扩大。

整体看来，这一时期的中非合作进入了新的发展阶段，政治上的协调互信日益加深，经济合作的规模领域日益扩展，对非援助的形式内容更加多样。尤为重要的是，中非之间上述合作成果的取得，为接下来的深化合作打下了重要基础，2000年成立的中非合作论坛就是在中非友好合作传统基础上的新发展。

四、21世纪的中非友好合作：从“新型战略伙伴关系”到“全面战略合作伙伴关系”

进入21世纪以来，中非关系迎来了更加广阔的发展前景。中非合作论坛的成立，以及此后举行的七次部长级会议和三次首脑峰会，推动中非关系实现了从“新型战略伙伴关系”到“全面战略合作伙伴关系”的提升深化，这是中非关系在过去基础上达到历史新高度、获得全面发展的新时期，也是中非合作实现提升与发展的新的战略机遇期。

---

① 参见王昶：《中国高层谋略·外交卷》，陕西师范大学出版社2001年版，第168—169页。

（一）中非合作论坛的成立

进入 21 世纪后，维护和平、谋求稳定、促进发展成为各国人民的共同愿望。中非双方也都对进一步深入发展友好合作关系表现出强烈愿望。在此背景下，根据部分非洲国家的建议，中国政府倡议召开中非合作论坛北京 2000 年部长级会议，并得到了广大非洲国家的积极响应。

2000 年 10 月 10 日至 12 日，中非合作论坛—北京 2000 年部长级会议召开，这标志着中非合作论坛正式成立。会议的议题主要包括两个："面向 21 世纪应如何推动建立国际政治经济新秩序"和"如何在新形势下进一步加强中非在经贸领域的合作"。会议据此举行了四个专题研讨会，分别涉及中非投资与贸易，中国与非洲国家的改革经验交流，消除贫困与农业可持续发展，教育、科技与卫生合作等领域。这充分体现了新时期中非加强合作、促进发展的共同目标和诉求。

时任中国国家主席江泽民和国务院总理朱镕基分别出席了会议的开幕式和闭幕式并发表重要讲话。非洲方面也对本次论坛高度重视，非洲统一组织的"三驾马车"，即前任主席阿尔及利亚总统布特弗利卡、现任主席多哥总统埃亚德马、候任主席赞比亚总统奇卢巴以及坦桑尼亚总统姆卡帕均出席开幕式并发表讲话，非洲统一组织秘书长萨利姆在闭幕式上发表致辞。此外，中国和 44 个非洲国家的 80 余名部长、17 个国际和地区组织的代表及部分中非企业界人士也都出席了本次会议。①

经过与会各方的充分讨论协商，会议通过了《中非合作论坛北京宣言》和《中非经济和社会发展合作纲领》两个重要文件，为中国与非洲国家发展长期稳定、平等互利的新型伙伴关系确定了方向。以此为基础，双方达成了一系列加强合作、实现共同发展的重要举措：确立了中非在未来发展中遵循的合作原

---

① 中非合作论坛：《第一届部长级会议》，2000 年 10 月 12 日，见 https://www.focac.org/chn/ljhy/dyjbzjhy/hyqk12009/t155389.htm。

则——平等互利、形式与内容多样化、注重实效、实现共同发展、以友好方式消除分歧；为了解决中非贸易平衡问题，中方鼓励中国企业根据市场需求和条件，优先进口非洲产品，努力办好在非洲的“中国投资开发贸易促进中心”，并为非洲国家在中国设立类似的中心提供便利，以使这些中心在帮助双方企业交往和沟通中有效发挥桥梁作用；与非洲国家的商会和行业组织联合成立“中国—非洲工商联合会”，从而建立起与非洲企业的对话和协商机制，促进双方经济合作与贸易，在中国设立“中国—非洲产品展示展销中心”，促进双向贸易，便于非洲产品进入中国市场；作为发展中国家和净债务国，中方仍表示愿帮助非洲国家减轻债务，并承诺在未来两年内，减免非洲重债贫穷国和最不发达国家 100 亿元人民币债务，并在教育、科技文化、医疗卫生、旅游等多个领域达成广泛的合作共识。①

《中非经济和社会发展合作纲领》还确定了此后中非合作的相关安排和机制设计。2001 年 7 月，中非合作论坛部长级磋商会议在赞比亚首都卢萨卡举行，与会各方讨论并通过了《中非合作论坛后续机制程序》，2002 年 4 月，该后续机制程序正式生效。根据这一程序规定，中非合作论坛的后续机制主要建立在三个级别上：部长级会议每三年举行一届；高官级后续会议及为部长级会议作准备的高官预备会分别在部长级会议前一年及前数日各举行一次；非洲驻华使节与中方后续行动委员会秘书处每年至少举行两次会议。在这三个级别的后续机制中，部长级会议发挥的作用最为显著。此后连续召开的七次部长级会议有力地推动了中非合作的深入发展。作为新时期推动中非强化合作、共同发展的重要机制平台，中非合作论坛以“平等磋商、增进了解、扩大共识、加强友谊、促进合作”为宗旨，参与到论坛合作机制中的非洲国家涵盖了中国、与中国建交的 53 个非洲国家以及非洲联盟委员会，是目前为止参与成

① 参见《中非合作论坛北京宣言》，2000 年 10 月 12 日，见 https://www.focac.org/chn/zywx/zywj/t155560.htm。《中非经济和社会发展合作纲领》，2000 年 10 月 12 日，见 https://www.focac.org/chn/zywx/zywj/t155561.htm。

员最为广泛的中非合作平台。

随着中非合作论坛的影响力显著提升,中非之间新的合作平台也不断涌现,如中非民间论坛、中非青年领导人论坛、中非部长级卫生合作发展研讨会、中非媒体合作论坛、中非减贫与发展会议、中非合作论坛—法律论坛、中非地方政府合作论坛、中非智库论坛等中非合作论坛分论坛陆续成立,多渠道、多领域、多形式、全方位地推动中非合作不断升级。

(二)部长级会议推动中非合作不断升级

根据中非合作论坛的后续机制安排,2003 年至 2018 年,中非双方又先后举行了六次部长级会议,以此为平台,中国与非洲国家进行了广泛讨论、深入交流,并达成多项合作共识,为新时期中非关系的深入发展提供了有力保障和支撑。

2003 年 12 月 15 日至 16 日,中非合作论坛第二届部长级会议在埃塞俄比亚首都亚的斯亚贝巴举行。本次会议的主题是"务实合作、面向行动",主要是将中非友好合作的共同愿望转化为切实有效的合作行动,落实《中非合作论坛北京宣言》和《中非经济和社会发展合作纲领》确定的原则和目标,推动中非的务实合作。中国国务院总理温家宝和埃塞俄比亚总理梅莱斯·泽纳维以及其他非洲国家的 6 位总统、3 位副总统、2 位总理、1 位议长,以及非盟委员会主席阿尔法·乌马尔·科纳雷、联合国秘书长代表出席开幕式,并发表讲话。① 中国和 44 个非洲国家负责外交和国际经济合作事务的 70 名部长及部分国际和非洲地区组织的代表也都参加了本次会议。温家宝总理在会议开幕式上的讲话中提出了发展中非友好合作关系的四点建议:相互支持,推动传统友好关系继续发展;加强磋商,促进国际关系民主化;协调立场,共同应对全球化挑战;深化合作,开创中非友好关系新局面。② 这为中非合作指明了前进方

① 《中非合作论坛第二届部长级会议》,2003 年 12 月 16 日,见 https://www.focac.org/chn/ljhy/dejbzjhy/hyqk22009/t155403.htm。

② 参见温家宝:《继往开来,全面推进中非友好合作——在中非合作论坛第二届部长级会议开幕式上的讲话》,2003 年 12 月 15 日,见 https://www.focac.org/chn/zywx/zyjh/t155584.htm。

向，也明确了当前及未来中非合作的重点和主要内容。

第二届部长级会议通过了《中非合作论坛—亚的斯亚贝巴行动计划（2004—2006）》，中国政府在其中提出旨在加强中非合作、实现共同发展的多项承诺：将在中非合作论坛框架下，继续增加对非援助；加强中非人力资源开发合作，计划三年为非洲培训各类人才1万人；开放市场，对非洲最不发达国家部分商品进入中国市场给予免关税待遇；拓展旅游合作，增列埃塞俄比亚、肯尼亚、坦桑尼亚、赞比亚、毛里求斯、塞舌尔、津巴布韦、突尼斯8个非洲国家为“中国公民自费出国旅游目的地”国；举办以非洲为主宾洲的“相约北京”国际艺术节和“中国文化非洲行”活动；增加民间交流，倡议2004年在中国举行“中非青年联欢节”。①

2009年11月8日至9日，中非合作论坛第四届部长级会议在埃及城市沙姆沙伊赫举行。本次会议召开的背景是2008年爆发的国际金融危机影响正在逐步凸显，所引发的世界经济衰退仍未过去，以粮食安全、能源问题、气候变化、重大疾病防控为代表的全球性问题日益突出，世界政治、经济等领域不稳定、不确定因素明显增多。金融危机对发展中国家造成的影响在持续蔓延，在很大程度上增加了非洲国家如期实现联合国千年发展目标的困难。这既对中非合作提出了新的要求，也进一步凸显了中非互利合作的时代主题，因此本次会议将主题确定为“深化中非新型战略伙伴关系，谋求可持续发展”。

时任中国国务院总理温家宝、埃及总统穆巴拉克以及其他非洲国家的9位总统、3位总理、3位副总统、1位议长和非盟委员会主席让·平出席开幕式并发表讲话。会议审议了中方关于论坛北京峰会后续行动落实情况的报告，通过了《中非合作论坛沙姆沙伊赫宣言》和《中非合作论坛—沙姆沙伊赫行动计划（2010—2012）》两个文件，规划了此后3年中非在政治、经济、社会、人文等各领域的合作。温家宝总理在开幕式上代表中国政府宣布了对非合作新八

① 参见《中非合作论坛—亚的斯亚贝巴行动计划（2004—2006）》，2003年12月16日，见https://www.focac.org/chn/zywx/zywj/t155562.htm。

项举措,涉及农业、环境保护、促进投资、减免债务、扩大市场准入、应对气候变化、医疗、教育等各方面,主要内容为:

1. 中方决定为非洲援建太阳能、沼气、小水电等100个清洁能源项目。

2. 倡议启动"中非科技伙伴计划",实施100个中非联合科技研究示范项目,接收100名非洲博士后来华进行科研工作。

3. 增加非洲融资能力,向非洲国家提供100亿美元优惠性质贷款;支持中国金融机构设立金额为10亿美元的非洲中小企业发展专项贷款。对非洲与中国建交的重债穷国和最不发达国家,免除截至2009年底对华到期未还的政府无息贷款债务。

4. 扩大对非产品开放市场,逐步给予非洲与中国建交的最不发达国家95%的产品免关税待遇,2010年内首先对60%的产品实施免关税。

5. 进一步加强农业合作,为非洲国家援建的农业示范中心增至20个,向非洲派遣50个农业技术组,为非洲国家培训2000名农业技术人才,提高非洲实现粮食安全的能力。

6. 深化医疗卫生合作,为援非30所医院和30个疟疾防治中心提供价值5亿元人民币的医疗设备和抗疟物资,为非洲培训3000名医护人员。

7. 加强人力资源开发和教育合作,为非洲国家援助50所中非友好学校,培训1500名校长和教师;到2012年,向非洲提供的中国政府奖学金名额将增至5500名;今后3年为非洲培训各类人才总计2万名。

8. 扩大人文交流,倡议实施"中非联合研究交流计划",促进学者、智库交往合作,交流发展经验。①

---

① 温家宝:《全面推进中非新型战略伙伴关系——在中非合作论坛第四届部长级会议开幕式上的讲话》,2009年11月8日,见https://www.focac.org/chn/zywx/zyjh/t1570096.htm。

这八项新举措的提出，为中非接下来的合作提供平台和助力，有助于中非携手应对因2008年金融危机带来的严峻挑战。

中非合作论坛第五届部长级会议于2012年7月19日至20日在北京举行。本次会议的主题为"继往开来，开创中非新型战略伙伴关系新局面"，这是中非合作进入新阶段过程中的一次重要会议，有力地推动了中非新型战略伙伴关系的建立。会上，中国和51个非洲国家进行了深入交流，通过了《中非合作论坛第五届部长级会议北京宣言》和《中非合作论坛第五届部长级会议—北京行动计划（2013—2015）》两个成果文件，为未来3年中非各领域合作绘制了美好蓝图。胡锦涛主席在开幕式上发表了题为《开创中非新型战略伙伴关系新局面》的重要讲话，中方承诺，中国政府未来3年将在5个重点领域支持非洲和平与发展事业，这5个重点领域分别是扩大投资和融资领域合作、继续扩大对非援助、支持非洲一体化建设、增进中非民间友好、促进非洲和平稳定，以推进中非新型战略伙伴关系的深入发展。为了实现这一目标，中国还承诺在力所能及范围内向非洲国家提供援助：中国将向非洲国家提供200亿美元贷款额度，重点支持非洲基础设施、农业、制造业和中小企业发展；为非洲培训3万名各类人才，提供政府奖学金名额18000个；派遣1500名医疗队员；中国将同非方建立非洲跨国跨区域基础设施建设合作伙伴关系；中国倡议开展"中非民间友好行动"；在华设立"中非新闻交流中心"；继续实施"中非联合研究交流计划"；中国将发起"中非和平安全合作伙伴倡议"，增加为非盟培训和平安全事务官员和维和人员数量等。①

（三）中非合作论坛峰会引领中非合作进入新阶段

根据中非合作的现实需要，第三届、第六届和第七届中非合作论坛部长级会议均升级为峰会，相较于部长级会议，峰会的与会代表规格更高，讨论的问

---

① 胡锦涛：《开创中非新型战略伙伴关系新局面——在中非合作论坛第五届部长级会议开幕式上的讲话》，2012年7月19日，见 https://www.focac.org/chn/zywx/zyjh/t953168.htm。

题更加深入，达成的共识更加广泛，制定的举措更具力度。因此三届峰会的举行，为中非关系的升级、拓展提供了有效助力，引领中非合作在新形势下不断取得新进展。

2006 年 11 月 3 日至 5 日，中非合作论坛北京峰会暨第三届部长级会议在北京召开。2006 年是新中国与非洲国家建立正式外交关系五十周年，本次会议也是部长级会议首次被提升为峰会，对新时期中非关系的发展具有重要意义。中非双方均对会议高度重视，53 个非洲国家中有 48 个国家派出代表团参加，其中有 42 个国家元首亲自带队参会，非洲联盟委员会主席科纳雷以及相关地区和国际组织的代表也都出席会议。峰会通过了《中非合作论坛北京峰会宣言》和《中非合作论坛—北京行动计划（2007—2009）》两个重要文件，对以友谊、和平、合作、发展为基础的中非新型战略伙伴关系进行了前景规划。胡锦涛主席在开幕式的讲话中指出，为进一步发展中非新型战略伙伴关系，中国愿同非洲国家在政治、经济、文化、发展和国际合作等五大领域加强对话，共同应对全球性危机和挑战。

会上，中国政府宣布加强中非合作、支持非洲发展的八项举措，包括增加对非援助、提供优惠贷款和优惠出口买方信贷、设立中非发展基金、援建非盟会议中心、免债、免关税、建立经贸合作区、加强人力资源开发以及教育、医疗等领域的合作，中方将在政治、经济、社会发展等多个领域加大对非援助力度，促进非洲大陆的发展。为了减轻非洲国家的债务负担，中国政府宣布免除同中国有外交关系的所有非洲重债穷国和最不发达国家截至 2005 年底到期的无息贷款债务，并在随后一年时间内，陆续同非洲 32 个重债穷国和最不发达国家签署了免债议定书，共计免除债务 150 笔。① 会议期间，中国政府发布了第一份《中国对非洲政策文件》，文件宣示了中国对非政策的目标及举措，为今后一段时期双方在各领域的合作作出规划，以推动中非关系长期稳定发展、

① 胡锦涛：《在中非合作论坛北京峰会开幕式上的讲话》，2006 年 11 月 4 日，见 https://www.fmprc.gov.cn/zflt/chn/ltda/bjfhbzjhy/zyjh32009/t584768.htm。

互利合作不断迈上新的台阶。

2015 年 12 月 4 日至 5 日，中非合作论坛约翰内斯堡峰会暨第六届部长级会议在南非约翰内斯堡的桑顿会议中心举办，本次峰会的主题是“中非携手并进：合作共赢、共同发展”。中国国家主席习近平同南非总统祖马，非盟轮值主席、津巴布韦总统穆加贝等共 50 位非洲国家的国家元首、政府首脑和代表团团长以及非盟委员会主席祖马女士出席开幕式。习近平主席在开幕式上发表了题为《开启中非合作共赢、共同发展的新时代》的致辞，全面阐述了中国发展对非关系的政策理念，提出要把中非关系提升为全面战略合作伙伴关系，携手迈向合作共赢、共同发展的新时代。为了实现这一目标，中非应做强和夯实“五大支柱”：坚持政治上平等互信、坚持经济上合作共赢、坚持文明上交流互鉴、坚持安全上守望相助、坚持国际事务中团结协作，并提出了未来 3 年中方同非方重点实施的“十大合作计划”，助力中非开启合作共赢、共同发展的新时代。① 会议审议通过了《中非合作论坛约翰内斯堡峰会宣言》和《中非合作论坛—约翰内斯堡行动计划（2016—2018）》两个重要文件，阐述了双方对中非关系以及重大国际和地区问题的看法和主张，并对未来 3 年中非各领域的合作作出了全面规划。

本次峰会期间，中国政府还发布了第二份《中国对非洲政策文件》，文件对过去 10 年中非合作所取得的重要进展进行系统回顾，并对中非合作的本质、原则等问题作出深刻阐释，为未来中非合作的重点领域作出规划，对新时期中非关系的发展具有重要推动和指导作用。

2018 年 9 月 3 日至 4 日，中非合作论坛北京峰会举行，本次峰会的主题为“合作共赢，携手构建更加紧密的中非命运共同体”。与中国建立外交关系的 53 个非洲国家都参与了本次峰会，非盟委员会主席也率团与会，联合国秘书长作为特邀嘉宾、27 个国际和非洲地区组织作为观察员也出席了峰会的有

---

① 参见《习近平谈治国理政》第 2 卷，外文出版社 2017 年版，第 456—460 页。

关活动。会议举办期间,与会各方重点探讨加强中非在共建“一带一路”、落实联合国“2030 年可持续发展议程”、非盟《2063 年议程》等领域的合作。习近平主席出席开幕式并发表题为《携手共命运 同心促发展》的主旨讲话,强调中非要携起手来,共同打造责任共担、合作共赢、幸福共享、文化共兴、安全共筑、和谐共生的中非命运共同体,重点实施好产业促进、设施联通、贸易便利、绿色发展、能力建设、健康卫生、人文交流、和平安全的“八大行动”。① 为推动“八大行动”顺利实施,中国愿以政府援助、金融机构和企业投融资等多种方式,向非洲提供 600 亿美元支持。会议通过《关于构建更加紧密的中非命运共同体的北京宣言》和《中非合作论坛—北京行动计划(2019—2021)》两个成果文件,为中非携手打造命运共同体提供积极助力。

在中非关系的历史发展进程中,平等互利、共同发展是贯穿中非关系全过程的指导思想,也是中非友好合作不断深入发展的根本保障。无论是在反对殖民压迫、争取民族独立和解放的革命年代,还是在加强自身建设、实现独立发展的建设时期,中国与非洲国家总是坚持真诚友好、平等相待,并取得了中非合作的累累硕果。这为新时期中非深化全面战略合作伙伴关系、携手共筑更加紧密的中非命运共同体打下了坚实基础,也为推动国际社会加强合作、构建人类命运共同体树立了光辉典范。

① 习近平:《携手共命运 同心促发展——在二〇一八年中非合作论坛北京峰会开幕式上的主旨讲话》,《人民日报》2018 年 9 月 4 日。

第二章　新时代中非关系的新命题

中国是世界上最大的发展中国家，非洲是发展中国家最集中的大陆，中非早已结成休戚与共的命运共同体。我们愿同非洲人民心往一处想、劲往一处使，共筑更加紧密的中非命运共同体，为推动构建人类命运共同体树立典范。

——2018 年 9 月 3 日，习近平主席在 2018 年中非合作论坛北京峰会开幕式上的主旨讲话

中非友好合作的历史传统随着国际国内形势的发展变化而不断深化，并被赋予新的时代内涵。进入 21 世纪以来，尤其是 2008 年全球性金融危机爆发后，国际格局和力量对比均发生深刻变化，包括中国和非洲国家在内的广大发展中国家的国际地位显著提升，这为中非合作提供了新的历史机遇，也提出了新的要求和挑战。在此背景下，中国倡议在中非友好合作的历史基础上携手构建中非命运共同体，并获得了非洲国家的积极响应和支持，双方为此出台了一系列重要合作倡议，提出了很多有效举措和行动，从而推动新时期的中非合作不断扩大深化。

一、中非命运共同体理念的提出和内涵

自20世纪50年代以来，中非在政治、经济、文化、安全和国际事务等领域均进行了深入的友好合作，中非双方的共同努力及其形成的丰富成果，为继续推进中非关系打下了坚实基础、积累了宝贵经验。在此基础上，现阶段的中非合作进入了新阶段：中国方面，快速发展的中国已经是世界第二大经济体，成为带动世界经济增长的重要引擎，作为一个负责任的大国，中国愿意与非洲国家通过加强合作促进共同发展；非洲方面，作为当今世界经济增长最快的地区之一，非洲国家的国际地位迅速提升，并面临着前所未有的发展机遇。中非之间加强合作的意愿更加强烈，合作的平台机制更加健全，合作的领域规模不断扩大，都将对方视为最重要的合作伙伴，将对方的发展视为自身的发展机遇，由此中非关系进入了全新的历史阶段。为了推动中非合作向着更加坚实、紧密的方向发展，也为了通过中非合作实现双方的互利共赢、共同发展繁荣，中国在非洲国家的支持下提出了携手构建中非命运共同体的重要主张。

（一）中非命运共同体理念的提出

2013年3月25日，习近平主席在担任国家主席后首次访问非洲时，在坦桑尼亚首都达累斯萨拉姆发表的题为《永远做可靠朋友和真诚伙伴》的重要演讲中，首次提出了“中非命运共同体”的表述：“中非从来都是命运共同体，共同的历史遭遇、共同的发展任务、共同的战略利益把我们紧紧联系在一起。我们都把对方的发展视为自己的机遇，都在积极通过加强合作促进共同发展繁荣。”①这是中非命运共同体理念首次被提出，此后中方又对该理念进行深

① 《习近平谈治国理政》，外文出版社2014年版，第305页。

刻阐释，并获得了非洲国家的积极响应。

2015 年 12 月 1 日，习近平主席在致 2015 中非媒体领袖峰会的贺信中指出：中非是休戚与共的命运共同体，中非友好合作有助于增进 24 亿人民的福祉。在追求和平与发展的道路上，中非要做永远的可靠朋友和真诚伙伴。中非携手共进，有助于构建以合作共赢为核心的新型国际关系，促进全球治理体系朝着更加公正更加合理方向发展。①

2018 年 7 月，习近平主席应邀对塞内加尔、卢旺达和南非等非洲国家进行国事访问，在南非约翰内斯堡出席金砖国家领导人第十次会晤，过境毛里求斯并进行友好访问。其间，习近平主席与非洲领导人多次围绕构建中非命运共同体问题展开深入交流。7 月 21 日，习近平主席在同塞内加尔总统萨勒的会谈中指出："中非长期友好，命运休戚与共。双方是发展道路上的真诚伙伴，是国际事务中的天然同盟军。中国的发展将给非洲带来更多机遇，非洲的发展也将为中国发展增添动力。中方将继续秉持真实亲诚对非政策理念和正确义利观，推动构建更加紧密的中非命运共同体，实现中非合作共赢、共同发展。"②7 月 23 日，习近平主席同卢旺达总统卡加梅举行会谈并指出："几十年来，中非始终真诚友好、团结合作，是休戚与共的命运共同体和合作共赢的利益共同体。发展同非洲国家团结合作是中国对外政策重要基础，也是中方长期、坚定的战略选择。"③7 月 24 日，习近平主席在参加金砖峰会期间，和南非总统拉马福萨在比勒陀利亚一道出席中南科学家高级别对话会开幕式，在致辞中再次指出，中国和非洲历来是休戚与共的命运共同体和合作共赢的利益共同体。

2018 年中非合作论坛北京峰会通过了《关于构建更加紧密的中非命运共

① 习近平：《致 2015 中非媒体领袖峰会的贺信》，2015 年 12 月 1 日，见 http://www.xinhuanet.com//politics/2015-12/01/c_1117322895.htm。

② 汪晓东、杜尚泽、胡泽曦：《习近平同塞内加尔总统萨勒举行会谈》，《人民日报》2018 年 7 月 23 日。

③ 李满、杜尚泽、李锋：《习近平同卢旺达总统卡加梅会谈》，《人民日报》2018 年 7 月 24 日。

同体的北京宣言》，宣言指出：中非历来是命运共同体。中国是最大的发展中国家，非洲是发展中国家最集中的大陆。基于共同历史遭遇、发展任务和政治诉求，中非人民同呼吸、共命运，结下深厚友谊。一致承诺，加强集体对话，增进传统友谊，深化务实合作，携手打造更加紧密的中非命运共同体。①

中非命运共同体理念的提出，是对中非友好合作历史传统的弘扬和继承，是对中非平等互利、合作共赢的南南合作范式的发展和创新，是新时期推动中非关系实现更加紧密、更高水平合作的强大助推力，是中非互利合作在新形势下的新发展。与此同时，也要从当前的时代背景和国际形势出发，把中非命运共同体纳入人类命运共同体的宏观体系中来理解认识其重要意义：中非命运共同体是人类命运共同体的重要组成部分，更是构建人类命运共同体的积极践行者。中非携手构建更加紧密的中非命运共同体，将不断推进完善人类命运共同体建设的理论和实践，为推动构建人类命运共同体积累经验，凝聚共识，发挥引领和示范作用。②

（二）中非命运共同体的内涵

在2018年中非合作论坛北京峰会上，习近平主席作了题为《携手共命运　同心促发展》的主旨讲话，对“中非命运共同体”的内涵进行了深刻系统的阐释，指出中非命运共同体是“责任共担”“合作共赢”“幸福共享”“文化共兴”“安全共筑”“和谐共生”的命运共同体。③ 这不仅明确了中非命运共同体的内涵，而且指明了未来中非深化合作的方向和目标，对中非命运共同体的构建具有重要指导意义。

第一，中非命运共同体是“责任共担”的共同体。“责任共担”意味着中非

---

① 《关于构建更加紧密的中非命运共同体的北京宣言》，《人民日报》2018年9月5日。

② 参见王毅：《共筑中非命运共同体，开启团结合作新征程——写在2018年中非合作论坛北京峰会召开之际》，《人民日报》2018年8月30日。

③ 参见习近平：《携手共命运　同心促发展——在二〇一八年中非合作论坛北京峰会开幕式上的主旨讲话》，《人民日报》2018年9月4日。

要共同承担在国际事务中的责任,要为推动国际政治经济体系和全球治理体系向着更加公平公正的方向变革而共同努力,要在现有合作机制基础上进一步加强政策沟通、战略对接、互信协调和相互支持,尤其是要加强在涉及彼此核心利益和重大关切问题上的相互理解和支持,在事关发展中国家和国际社会共同利益的重大国际和地区问题上密切协作配合,维护中非和广大发展中国家共同利益,这是中非命运共同体建设的方向指引。尽管现阶段国际社会中出现了自我中心主义、单边主义和保护主义等倾向,但中国仍应以负责任的历史担当,同世界各国携手构建人类命运共同体,拓展友好合作。① 近年来出台的一系列中非合作新举措,集中体现了中国将以更大的勇气和更坚定的决心来进一步加强中非友好团结合作,通过携手构建中非更加紧密的命运共同体来共同应对国际挑战。

第二,中非命运共同体是"合作共赢"的共同体。"合作共赢"是中非友好合作一贯遵循的基本原则,也是未来指导中非合作发展深化的基本遵循,更是中非命运共同体建设的目标引领。中非命运共同体的构建涉及多方面的内容,需以中非合作目标规划设计、统筹安排、系统协调为引导,以包括贸易与市场共同体、投资与产业共同体、责任与安全共同体、利益与共同价值共同体在内的中非合作共同体为重点来构建。② 无论以何种形式展开合作,中非都应以合作共赢为目标,在"真实亲诚"理念和正确义利观的指导下,通过发展战略和目标的对接,实现双方的共同发展,走出一条特色鲜明的中非合作共赢之路。2018 年 3 月 29 日,习近平主席在人民大会堂同纳米比亚总统根哥布举行会谈时指出,中方将继续秉持正确义利观和真实亲诚对非政策理念,把中国发展同助力非洲发展紧密结合起来,实现合作共赢、共同发展,特别是让非洲各国通过中非合作增强自主可持续发展能力。③

① 贺文萍:《以更大的战略定力构建中非命运共同体》,《人民论坛》2018 年第 26 期。
② 保建云:《"一带一路"与中非命运共同体》,《人民论坛》2018 年第 26 期。
③ 参见李伟红:《习近平同纳米比亚总统根哥布会谈》,《人民日报》2018 年 3 月 30 日。

第三,中非命运共同体是“幸福共享”的共同体。要夯实中非命运共同体的民意基础,使中非合作让双方民众能获得更多利益和实惠,感受到因为中非合作而给自己生活带来的实实在在的改善提升,增强民众的获得感,这是中非友好合作的根基和血脉,也是构建中非命运共同体的落脚点和归宿。回顾中非关系的历史可以发现,中非传统友好关系深深扎根于人民之中,中非人民之间的深厚情谊是推动中非关系不断深化的不竭动力,新时期的中非合作也必将着眼于满足人民需求、增进人民福祉这一目标。2012 年,时任国家副主席习近平在第二届中非民间论坛开幕式上的主旨讲话中指出:“中非人民交往日益密切,各领域务实合作方兴未艾,合作机制不断完善。无论国际形势如何变化,中非人民始终坚定地站在一起,中非人民友好交往永远是中非关系发展的牢固基石。”①2015 年,在中非合作论坛约翰内斯堡峰会上,中方承诺将在非洲实施 200 个“幸福生活工程”和以妇女儿童为主要受益者的减贫项目;将参与非洲疾控中心等公共卫生防控体系和能力建设;支持中非各 20 所医院开展示范合作,加强专业科室建设,继续派遣医疗队员、开展“光明行”、妇幼保健在内的医疗援助,为非洲提供一批复方青蒿素抗疟药品;将为中非发展基金和非洲中小企业发展专项贷款各增资 50 亿美元等多项合作举措。② 这些措施的制定出台都是以实现中非人民的“幸福共享”为目标,为中非命运共同体的构建提供了有力的民意支持。

第四,中非命运共同体是“文化共兴”的共同体。文化和文明的交流是国家间交往的重要内容,也是中非关系的重要组成部分。从 20 世纪 50 年代起,中非就将文化文明交流对话作为加强相互关系的重要方式,并以此推动中非更深层次的合作。进入中非关系的新阶段,加强人文交流,增进文明交流互鉴,能够为中非合作提供深厚的精神滋养,“文化共兴”是要强化中非命运与

---

① 习近平:《推进中非新型战略伙伴关系新发展——在第二届中非民间论坛开幕式上的主旨讲话》,2012 年 7 月 10 日,见 http://www.gov.cn/ldhd/2012-07/10/content_2180243.htm。

② 参见《习近平谈治国理政》第 2 卷,外文出版社 2017 年版,第 459—460 页。

共的精神滋养与联结，提升中非合作的文化魅力和软实力。① 习近平主席曾指出："我们要加强中非两大文明交流互鉴，着力加强青年、妇女、智库、媒体、高校等各界人员往来，促进文化融通、政策贯通、人心相通，推动共同进步，让中非人民世代友好。"②加强文化交流与合作，一直贯穿于中非合作的全过程，尤其是自2000年中非合作论坛建立以来，中非围绕文化交流合作进行了机制创新、平台建设，并举办了一系列文化交流活动：2012年6月在北京举行的"中非合作论坛—文化部长论坛"形成了"文化聚焦"创新机制，从战略高度和长远角度强调了进一步加强文化交流与合作、加强双方相互理解，推动中非新型战略伙伴关系迈上新台阶。2015年12月，中非合作论坛约翰内斯堡峰会暨第六届部长级会议上提出中非人文合作计划，有力地强化了中非文化交流的广度和深度。在这些合作计划和机制的支持下，中方还出台一系列举措，推动中非文化交流合作深入进行：中方将为非洲援建5所文化中心，为非洲1万个村落实施收看卫星电视项目；为非洲提供2000个学历学位教育名额和3万个政府奖学金名额；每年组织200名非洲学者访华和500名非洲青年研修；每年培训1000名非洲新闻领域从业人员；支持开通更多中非直航航班，促进中非旅游合作。③ 这一系列举措，必将对中非人文交流起到显著的促进作用，为中非命运共同体的构建提供文化助力。

第五，中非命运共同体是"安全共筑"的共同体。只有加强安全合作，才能为中非合作提供和平稳定的有利环境，这是构建中非命运共同体的安全保障。回顾中非关系的历史可以看出，中国在与非洲国家发展友好关系时一直坚持"五不"原则，即：不干预非洲国家探索符合国情的发展道路，不干涉非洲内政，不把自己的意志强加于人，不在对非援助中附加任何政治条件，不在对

---

① 曾爱平：《中非合作新主张新举措　助力共筑中非命运共同体》，2018年9月14日，见http://www.xinhuanet.com/world/2018-09/14/c_129952837.htm。

② 《习近平谈治国理政》第2卷，外文出版社2017年版，第457页。

③ 参见《习近平谈治国理政》第2卷，外文出版社2017年版，第459页。

非投资融资中谋取政治私利。所以在很长一个时期内,中国都积极支持非洲国家获得民族独立和解放的斗争,但并未直接介入非洲国家的安全问题。进入21世纪以来,国际安全形势发生显著变化,以恐怖主义、大规模杀伤性武器扩散、金融危机、严重自然灾害、气候变化、能源资源安全、粮食安全、公共卫生安全等为代表的非传统安全问题日益严重,中非加强安全合作的迫切性和重要性也越来越凸显。在此背景下,中国主张以共同、综合、合作、可持续的新安全观为指导,坚定支持非洲国家和非洲联盟等地区组织以非洲方式解决非洲安全问题,主张解决安全问题要标本兼治、综合施策,支持非洲落实"消弭枪声的非洲"倡议。为了帮助非洲国家提升安全能力,中方向非盟提供了6000万美元无偿援助,支持非洲常备军和危机应对快速反应部队建设和运作。关于中非安全合作的前景,中方也明确表态,将继续参与联合国在非洲的维和行动,支持非洲国家加强国防、反恐、防暴、海关监管、移民管控等方面能力建设。①

第六,中非命运共同体是"和谐共生"的共同体。这要求在中非命运共同体的建设中应尊重自然规律、积极保护环境,从而实现人与自然的和谐共处,这是构建中非命运共同体的生态目标。② 为了构建人与自然和谐共生的美好家园,中非双方应坚持绿色、低碳、循环、可持续的发展方式,加强在应对气候变化、应用清洁能源、防控荒漠化和水土流失、保护野生动植物等生态环保领域交流合作。为了实现这一目标,中非双方在约翰内斯堡峰会上确立了"中非绿色发展合作计划",按照该计划,中方将支持非洲增强绿色、低碳、可持续发展能力,支持非洲实施100个清洁能源和野生动植物保护项目、环境友好型农业项目和智慧型城市建设项目。③ "八大行动"不但有效落实了此前中非达成的合作意向,也规划了未来中非合作的重点和方向,这体现出中国坚持把中

① 参见《习近平谈治国理政》第2卷,外文出版社2017年版,第459—460页。

② 曾爱平:《中非合作新主张新举措 助力共筑中非命运共同体》,2018年9月14日,见http://www.xinhuanet.com//world/2018-09/14/c_129952837.htm。

③ 参见《习近平谈治国理政》第2卷,外文出版社2017年版,第458页。

非人民利益放在首位，为中非人民福祉而推进合作，让合作成果惠及中非人民的原则，为未来中非合作描绘了务实而高效的“路线图”。①

中非命运共同体理念的提出，为当前以及未来的中非关系指明了方向，赋予了中非关系以新的时代内涵，对新时期中非关系的深入发展具有重要指导意义：它将中非的历史命运与现实命运交织在一起，确认了中非友好的历史传统，点明了双方的价值观认同，拉近了双方关系，成为中国对非话语体系的重要内容和发展中非关系的感情纽带。②

二、构建中非命运共同体的历史基础和现实举措

自20世纪50年代起，中国就与非洲国家建立了真诚相待、平等合作的互利关系，这种友好合作一直延续至今。正如习近平主席指出的那样：20世纪五六十年代，毛泽东、周恩来等新中国第一代领导人和非洲老一辈政治家共同开启了中非关系新纪元。从那时起，中非人民在反殖反帝、争取民族独立和解放的斗争中，在发展振兴的道路上，相互支持、真诚合作，结下了同呼吸、共命运、心连心的兄弟情谊，这为新时期中非携手打造更为紧密的命运共同体提供了坚实的历史支撑。中非合作论坛成立以来，中方为加强合作提出系列举措，为中非命运共同体的构建提供了有力支持，也让中非命运共同体从合作畅想转化为切实行动。

（一）构建中非命运共同体的历史基础

近代以来，中国和非洲国家的历史遭遇具有极高的相似性和共通性：都经

① 光明日报评论员：《充实中非合作时代内涵——三论深入学习习近平主席在中非合作论坛北京峰会开幕式主旨讲话》，《光明日报》2018年9月6日。

② 张颖：《首脑外交视域下的中非关系》，时事出版社2017年版，第146页。

历了来自殖民主义、帝国主义和霸权主义的侵略和压迫，都为获得民族解放和民族独立进行了艰苦卓绝的斗争，都在独立自主原则的指导下探索适合自己国情和传统的发展道路、发展模式，都主张提升广大发展中国家在国际事务中的地位和作用，并共同致力于推动世界和平、发展、合作的时代浪潮，也都积极推动现有的国际政治经济秩序向着更加公平公正的方向发展。这些共通之处为中非之间的友好合作打下坚实基础。

20世纪中后期，毛泽东同志在接见非洲朋友时曾多次指出："我们与你们的情况差不多，比较接近，所以我们同你们谈得来，没有感到我欺侮你，你欺侮我"；"我们之间相互平等，讲真话，不是表面一套，背后一套，……我们之间是兄弟关系，不是老子对儿子的关系"。[①] 在谈到中国与非洲国家的合作时，周恩来总理曾说："由于同样的原因而受到的灾难和为了同样的目的而进行的斗争，使我们亚非各国人民容易互相了解，并在长期以来就深切地互相同情和关怀。"[②]

自20世纪60年代初期起，根据当时国际形势的发展变化，毛泽东同志提出了"两个中间地带"的重要思想，其核心内容是：

> 1. 当今世界有两个中间地带，即亚洲、非洲、拉丁美洲是第一个中间地带；欧洲、北美加拿大、大洋洲是第二个中间地带。
>
> 2. 整个亚洲、非洲、拉丁美洲的人民都反对美帝国主义。欧洲、北美、大洋洲也有许多人反对美帝国主义。
>
> 3. 帝国主义国家内部也不是铁板一块，而是存在多种矛盾，有的帝国主义者也反对美帝国主义。[③]

在"两个中间地带"思想的指导下，中国进一步强化了与非洲国家的交流

① 黎家松主编：《中华人民共和国外交大事记》，世界知识出版社2001年版，第432、438页。

② 中华人民共和国外交部、中共中央文献研究室编：《周恩来外交文选》，中央文献出版社1990年版，第113页。

③ 参见《毛泽东文集》第8卷，人民出版社1999年版，第345页。

合作，主张中非加强合作，共同反对霸权主义和强权政治，维护自身和平发展的正当权益。

到了20世纪70年代，国际形势进一步变化，中非关系所面临的国际环境和国内环境也都随之变化。在此背景下，中非合作迎来了新的契机。1974年2月22日，毛泽东同志在会见赞比亚总统卡翁达时指出："美国、苏联是第一世界。中间派，日本、欧洲、澳大利亚、加拿大，是第二世界……亚洲除了日本，都是第三世界。整个非洲都是第三世界，拉丁美洲也是第三世界。"①这一讲话为加强中非关系指明了方向：中国与非洲国家同属第三世界，具有共同的发展诉求和目标，中非之间的合作有助于建立反对霸权主义的国际统一战线，推动国际秩序向着更加公平公正的方向发展。

1974年4月，邓小平同志代表中国政府出席联合国大会第六届特别会议，他在会上系统地阐明了中国关于建立国际政治经济新秩序的主张。他在发言中明确揭示了世界范围内原料和发展问题的本质："原料和发展问题的实质，是发展中国家维护国家主权，发展民族经济，反对帝国主义特别是超级大国的掠夺和控制的问题。殖民主义、帝国主义特别是超级大国的掠夺和剥削，使得贫国愈贫，富国愈富，贫国和富国的差距越来越大。许多亚非拉国家在取得政治上的独立之后，殖民主义、帝国主义依然在不同程度上控制着这些国家的经济命脉，旧的经济结构并没有根本改变。帝国主义、特别是超级大国采用了新殖民主义形式，变本加厉地继续对发展中国家进行剥削和掠夺。它们向发展中国家输出资本，通过'跨国公司'这样的国际垄断组织，建立'国中之国'，在经济上进行掠夺，在政治上进行干涉……第三世界国家强烈要求改变目前这种极不平等的国际经济关系，并且提出了许多合理的改革建议。中国政府和中国人民热烈赞同并坚决支持第三世界国家提出的一切正义主张。"②这一建立国际政治经济新秩序的主张与非洲国家对战后国际秩序的发

① 《毛泽东文集》第8卷，人民出版社1999年版，第441—442页。

② 《邓小平在联大第六届特别会议上的发言》，《人民日报》1974年4月11日。

展诉求是一致的，与“七十七国集团”和“不结盟运动”等代表广大发展中国家发声的国际组织和机构的主张是一致的，代表了亚非拉发展中国家共同的诉求和利益主张，这也是中国不断深化与非洲国家友好合作关系的现实基础。在与会国家的共同努力下，本次联大特别会议通过了《建立新的国际经济秩序宣言》和《发展中国家经济合作行动纲领》等重要文件，为建立新的、公正合理的国际经济秩序确立了一系列目标原则，有力地支持了亚非拉发展中国家实现独立和发展目标的斗争。

从当时的国际格局和时代主题看，非洲人民争取民族独立和解放的斗争对西方国家近代以来形成的殖民体系形成严重冲击，并最终将其摧毁。这与中国所倡导的推翻帝国主义和殖民主义、建立公平公正的国际政治经济新秩序的主张是一致的，这与马克思、列宁所指出的无产阶级革命的目标也是一致的。因此可以说，中国对非洲国家的革命斗争和经济建设的支持，与维护中国的国家利益在根本上是一致的。1950 年 6 月 27 日，毛泽东同志在接见援越军事顾问团时指出：“帮助被压迫民族和国家的解放斗争，这是国际主义的问题，是共产党人的义务。世界上还有许多受压迫、被侵略的国家，他们在帝国主义的铁蹄下，我们不仅仅是同情他们，还要伸出双手去援助他们。”①他在听取援越军事顾问团负责人罗贵波的汇报时强调：“革命取得胜利的中国人民有义务帮助尚未获得解放的国家的人民，这是国际主义。越南正在进行抗法战争，孤立无援，困难很大，他们要求我们提供援助和帮助，我们有义务援助和帮助他们。”②

二战后非洲民族独立浪潮的迅猛发展，让毛泽东同志相信“非洲有一个很大的反对帝国主义和殖民主义的风暴”③。因此，中国对非洲国家和人民的

① 霍海丹：《中国军事顾问团援越抗法实录：当事人的回忆》，中共党史出版社 2002 年版，第 190 页。

② 霍海丹：《中国军事顾问团援越抗法实录：当事人的回忆》，中共党史出版社 2002 年版，第 8 页。

③ 《毛泽东文集》第 8 卷，人民出版社 1999 年版，第 384 页。

革命运动性质形成了科学判断和认识：十月革命胜利后，包括非洲在内的民族解放运动虽然还属于资产阶级民主革命范畴，但已"不再是资本主义革命的一部分，而是社会主义革命的一部分了……我们不能低估这个力量，也不能认为这个力量只是辅助的力量"①。中国基于这一认识，作出了积极支持非洲国家和人民正义斗争的战略决策。1964年，周恩来总理在访问非洲国家的行程结束后，曾对中国对外援助的重要意义进行阐释："我们对亚非国家的援助，对于我们同帝国主义、修正主义争夺中间地带具有重要意义。这是很重要的一环，这是物质援助，没有物质也不行。"②也是基于这一认识，当坦桑尼亚和赞比亚两个非洲国家在20世纪60年代向中国政府请求援助建设坦赞铁路时，中国政府在自身经济建设压力很大的情况下，依旧向非洲国家伸出了援手。周恩来总理对此曾经说过，坦桑尼亚和赞比亚"两个姐妹国家还被帝国主义、殖民主义、种族主义包围着。它们共同认识到没有周围国家的独立解放就不会有它们自己真正的独立解放。修通这条把它们连接起来的铁路运输线，可以使它们摆脱帝国主义、殖民主义、种族主义的控制和讹诈，还可以使世界反帝、反殖国家更有效地支援非洲南部、中部和西部为独立、解放而斗争的自由战士……我们是从支援非洲民族解放运动的高度来看待修建坦赞铁路问题。援助他们也就是援助我们自己"③。

中非之间的友好合作也与中非双方所面临的国际国内环境和外交战略具有直接关系。新中国成立之初，面临着西方国家的敌对和制裁，国际形势十分严峻。正是通过与广大亚非拉发展中国家之间的平等友好合作，中国外交才迅速站稳脚跟，并获得了广泛的国际认可。通过与非洲国家之间的友好合作，中国的国际影响力和国际地位都得到显著提升，在中国与非洲国家开展经贸

---

① 中华人民共和国外交部、中共中央文献研究室编：《周恩来外交文选》，中央文献出版社1990年版，第35—36页。

② 《周恩来关于访问亚非欧十四国报告》，转引自廖心文：《开启和发展中非关系的两个里程碑——兼谈周恩来的历史贡献》，《党的文献》2013年第2期。

③ 尹家民：《援建坦赞铁路内幕》，《党史博览》1999年第12期。

人文合作,以及向非洲国家提供经济技术援助的过程中,非洲国家也获得了实现自身发展的重要支持。中国政府和人民尽了自己最大努力向第三世界国家提供无私援助,这些援助赢得了广大第三世界国家的信任,使中国的国际地位、国际威望得到空前提升。[①] 所以发展深化与非洲国家之间的友好合作,是符合中非双方的利益诉求的:中国帮助兄弟国家反对帝国主义和殖民主义的奴役和压迫,兄弟国家帮助中国打破西方对新中国的围堵和孤立。[②]

需要注意的一点是,无论是在中非合作的哪个阶段,或者具体合作方式是什么样的,中非都是秉持着平等互利、合作共赢的原则来发展双边和多边关系的。在中非合作的起步阶段,中国的对非战略和政策更多是从政治、道义层面出发,经济因素的考量较少,但随着中非关系的不断深入,政治上相互平等、经济上互利合作、道义上互相支持,就成了贯穿中非关系的主线。分析解读中国与非洲国家之间的合作,不能用西方国际关系理论中的"利益至上"的观点来衡量评价,经济利益不应该成为衡量中非关系的唯一或者最重要的因素。因为中国始终秉持着相互尊重的原则,兼顾道义和利益,以实现双方的合作共赢为目标。在中非合作中,中国确实有自己的战略考量,正如有学者指出:无须否认,中国对非外交有自己的战略利益诉求,比如寻求非洲的政治支持、获取战略资源、扩大在非洲的商品与投资市场等,但中国对非洲外交自始便有超越国家利益层面的理想、使命和抱负,这一点经常被西方人士忽视、怀疑甚至是否定。[③]

在西方国家不断涌现批评指责中国在非洲进行"新殖民主义"论调的同时,近些年来,中国国内也出现一些认为中国在中非关系中"吃亏"的观点。这两种观点看似不同,但究其根本,都是未能正确认识中非关系合作共赢的本质,没有理解中国所倡导的正确义利观,从而导致对中非关系做出的片面理解

---

① 肖鹏:《毛泽东的对外援助思想及其实践》,《上海党史与党建》2016 年第 11 期。
② 周弘:《中国援外六十年的回顾与展望》,《外交评论》2010 年第 5 期。
③ 罗建波:《中非关系与中国的世界责任》,《世界经济与政治》2013 年第 9 期。

和认识。只有从根本上深刻认识中非合作的历史与现实，准确把握中非关系的本质和原则，全面理解中非合作的动力和诉求，才能正确认识六十多年来中非友好合作的历史必然性和现实重要性。正如习近平主席在南非约翰内斯堡出席中非合作论坛峰会欢迎宴会时指出的那样：中非相距遥远，但相似的历史遭遇、渴望共同发展的理念，使中非人民具有天然的亲近感。中非友好是历史的选择，是双方几代领导人精心培育和中非人民共同努力、不断传承的结果，是我们共同的宝贵财富。维护好、发展好中非世代友好，是我们的共同责任，是中非人民的共同期待。①

（二）构建中非命运共同体的现实举措

为了推进中非携手构建更加紧密的命运共同体，中非先后确定了加强合作的“十大合作计划”和“八大行动”，通过这些举措和措施的制定实施，中非命运共同体的构建有了充足的动力和支撑。

“十大合作计划”是2015年中非合作论坛约翰内斯堡峰会上确立的推动中非合作的战略规划，主要内容包括：中非工业化合作计划、中非农业现代化合作计划、中非基础设施合作计划、中非金融合作计划、中非绿色发展合作计划、中非贸易和投资便利化合作计划、中非减贫惠民合作计划、中非公共卫生合作计划、中非人文合作计划和中非和平与安全合作计划，全方位地涵盖了中非合作的重要领域，着力支持非洲破解基础设施滞后、人才不足、资金短缺三大发展瓶颈，携手非洲加快工业化和农业现代化进程，实现自主可持续发展，这为中非命运共同体的构建提供了重要助力。习近平总书记指出：“为确保‘十大合作计划’顺利实施，中方决定提供总额600亿美元的资金支持，包括：提供50亿美元的无偿援助和无息贷款；提供350亿美元的优惠性质贷款及出口信贷额度，并提高优惠贷款优惠度；为中非发展基金和非洲中小企业发展专

---

① 陈赞、邓玉山、杨依军：《习近平和彭丽媛出席中非合作论坛峰会欢迎宴会》，2015年12月4日，见http://www.xinhuanet.com//world/2015-12/04/c_1117350155.htm。

项贷款各增资50亿美元;设立首批资金100亿美元的'中非产能合作基金'。"①

"八大行动"是在2018年中非合作论坛北京峰会上确立的在未来3年和今后一段时间重点实施的合作举措,主要包括以下八个方面的内容:实施产业促进行动、实施设施联通行动、实施贸易便利行动、实施绿色发展行动、实施能力建设行动、实施健康卫生行动、实施人文交流行动和实施和平安全行动。为推动"八大行动"顺利实施,中国以政府援助、金融机构和企业投融资等方式,向非洲提供了600亿美元的支持,主要包括:提供150亿美元的无偿援助、无息贷款和优惠贷款;提供200亿美元的信贷资金额度;支持设立100亿美元的中非开发性金融专项资金和50亿美元的自非洲进口贸易融资专项资金;推动中国企业未来3年对非洲投资不少于100亿美元。同时,免除与中国有外交关系的非洲最不发达国家、重债穷国、内陆发展中国家、小岛屿发展中国家截至2018年底到期未偿还政府间无息贷款债务。② "八大行动"是在充分总结中非合作成功经验、充分考虑非洲发展急迫所需、充分评估中非合作战略机遇与外部环境风险的基础上提出的,充分表明了中国对非合作政策既具有高度的稳定性和连续性,又并非一成不变,而是随着时代发展不断丰富拓展,③必将推动中非命运共同体的有效构建。

三、"一带一路"倡议推动构建中非命运共同体④

为加强国际交流合作,习近平主席于2013年先后提出了建设"丝绸之路

① 《习近平谈治国理政》第2卷,外文出版社2017年版,第460页。

② 参见习近平:《携手共命运 同心促发展——在二〇一八年中非合作论坛北京峰会开幕式上的主旨讲话》,《人民日报》2018年9月4日。

③ 参见刘鸿武:《2018年北京峰会推动中非命运共同体建设迈向新高度》,《非洲研究》2018年第2期。

④ 本部分内容是在《"一带一路"倡议下中非合作前景探析》(发表于《区域与全球发展》2018年第2期)一文的基础上经修改而成。

经济带”和“21 世纪海上丝绸之路经济带”的战略构想，为中国与沿线国家之间的友好合作带来新的历史机遇，并取得显著成果。在“一带一路”倡议提出后，非洲国家积极响应和参与，截至 2018 年底，已经有 37 个非洲国家及非洲联盟与中国签署了共建“一带一路”政府间谅解备忘录。随着非洲国家在“一带一路”倡议中的定位日益明晰，“一带一路”倡议必将推动中非关系实现新的发展，这主要体现在中非合作范围的扩展、合作规模和水平的提升、合作方式的创新等方面。未来中非合作将在“一带一路”倡议下获得更加广阔的发展前景，在由点及面、层层推进的过程中逐步实现与原有的中非合作战略规划的有效对接和融合，以及与其他国际合作机制、平台间的良性互动，推动构建中非命运共同体。

中非命运共同体不是一句空泛的口头倡议，而是中非实实在在的合作，“一带一路”倡议为双方的合作提供了有力抓手和重要平台。“一带一路”倡议作为中国为全球和地区经济治理提供的最大公共产品和发展合作平台，有效地推动了中国与沿线国家之间的互利合作，在政策沟通、设施联通、贸易畅通、资金融通、民心相通等方面取得显著成果。非洲国家同样是“一带一路”倡议中的重要合作伙伴，在传承以往中非友好合作传统的基础上，“一带一路”倡议为中非合作提供了新的平台，推动双方实现发展战略理念的有效对接，并在合作范围、水平和规模方面得到显著提升，同时也带动了新时期中非合作内涵的进一步丰富和合作方式的发展创新，推动中非合作进入新的历史阶段。

（一）“一带一路”倡议为中非实现发展战略和理念对接提供新平台

中非友好合作关系已经走过六十多年，这期间无论国际风云如何变幻，中非始终是风雨同舟的好朋友、休戚与共的好伙伴、肝胆相照的好兄弟。① 中非

① 中华人民共和国中央人民政府：《中国对非洲政策文件》，2015 年 12 月 5 日，见 http://www.xinhuanet.com/2015-12/05/c_1117363276.htm。

双方秉持平等、互利、合作的宗旨，坚持和平共处五项基本原则，推动中非关系的深入发展。

第一，中非友好合作具有悠久的历史传统和坚实的现实基础。中非在政治、经济、文化交流和发展合作领域均取得重要成果：政治上高度互信，中非同属发展中国家和地区，具有相似的历史遭遇和共同的发展诉求，长期在国际事务中相互支持，为维护地区和国际和平与安全作出重要贡献。1971 年第 26 届联合国大会，中华人民共和国在非洲国家的大力支持下恢复了在联合国的合法席位，中国作为联合国安理会常任理事国也积极支持非洲国家的发展诉求和主张。经济上深入合作，中非经济具有较强的互补性，2000 年中非合作论坛成立以来中非经贸合作屡创新高：贸易合作方面，1950 年，中非双边贸易额仅为 1214 万美元，1960 年达 1 亿美元，1980 年超过 10 亿美元，2000 年突破 100 亿美元，2008 年超过 1000 亿美元，①2012 年，中国与非洲贸易总额达到 1984.9 亿美元，而且随着中非贸易额的不断增长，中非贸易占中国和非洲对外贸易的比重也有所上升，②自 2009 年起，中国已连续成为非洲第一大贸易伙伴国。在文化和人员交流领域，中非人员每年往来近 300 万人次，合作范围则涵盖了教育、医疗、人力资源培训、体育、旅游等多个领域。在发展合作领域，中国持续增加对非洲发展的援助，在帮助非洲国家实现独立、可持续发展的同时实现双方的互利共赢、共同发展。应该说，在“一带一路”倡议正式提出和建设之前，中非就已经在基础设施建设、经贸合作、人文交流等领域展开了密切合作，并取得丰硕成果，这为新时期中非关系的深入发展打下重要基础，也为“一带一路”倡议在非洲国家的推广提供了成功的实践证明。

从现实层面看，中国与非洲之间的互补性非常强，具有很大的合作空间：

---

① 参见中华人民共和国国务院新闻办公室：《中国与非洲的经贸合作（2010）》，2010 年 12 月 23 日，见 http://www.scio.gov.cn/zfbps/ndhf/2010/Document/832287/832287.htm。

② 参见中华人民共和国国务院新闻办公室：《中国与非洲的经贸合作（2013）》，2013 年 8 月 29 日，见 http://www.scio.gov.cn/zfbps/ndhf/2013/Document/1344913/1344913.htm。

非洲拥有自然资源、人口红利、市场潜力等后发优势，中国具备资金、技术、市场、企业、人才和成功发展经验等相对发展优势，中非合作发展互有优势、互有需要，迎来了发展梯次战略对接的历史性机遇。① 这为中非合作的发展升级提供了重要的现实条件。

第二，非洲国家在“一带一路”倡议中的重要地位。在中非友好合作的基础上，“一带一路”倡议的提出则为新时期中非关系的发展提供了新的机遇。正如2018年中非合作论坛北京峰会通过的《关于构建更加紧密的中非命运共同体的北京宣言》指出的那样：“非洲是‘一带一路’历史和自然延伸，是重要参与方。中非共建‘一带一路’将为非洲发展提供更多资源和手段，拓展更广阔的市场和空间，提供更多元化的发展前景。”②

从地缘位置看，东部和南部非洲国家是海上丝绸之路的历史和自然延伸，中国明代著名航海家郑和曾率船队七次下西洋，其中四次曾抵达现在的东非沿岸，开启了中非之间的文化、经贸交流，因此非洲是“一带一路”的重要节点，也是中国向西推进“一带一路”建设的重要方向和落脚点。③ 其中，吉布提、埃及、埃塞俄比亚、肯尼亚、摩洛哥、马达加斯加等非洲国家均在“一带一路”合作框架中具有重要战略位置。

从现实需求看，拥有丰富资源、巨大市场潜力和强劲基础设施建设需求的非洲国家具有参与“一带一路”倡议的强烈现实需求和广阔空间，而“一带一路”倡议可以切实推动中非在基础设施建设、产业结构调整升级等方面的合作。这使得中非具有在“一带一路”倡议下深化合作的现实可行性，并能够在“一带一路”倡议落实过程中起到重要的示范作用。

从合作范围看，“一带一路”倡议将涵盖所有非洲国家。2017年5月，

---

① 林松添：《十九大指引中非合作新时代》，《中国投资》2017年第22期。

② 《关于构建更加紧密的中非命运共同体的北京宣言》，《人民日报》2018年9月5日。

③ 杨郁卉：《非洲是建设“一带一路”的重要方向和落脚点——访外交部非洲司司长林松添》，《天津日报》2017年8月29日。

习近平主席在“一带一路”国际高峰论坛开幕式的主旨发言中指出：“一带一路”建设植根于丝绸之路的历史土壤，重点面向亚欧非大陆，同时向所有朋友开放。不论来自亚洲、欧洲，还是非洲、美洲，都是“一带一路”建设国际合作的伙伴。① 这意味着“一带一路”高峰论坛正式接纳全非洲国家为国际合作伙伴，习近平主席的讲话不仅消除了许多非洲国家搭不上“一带一路”建设快车的担心，而且为密切中非贸易联系、设施联通、产业合作指明了方向。②

第三，“一带一路”倡议为中非实现发展战略理念的对接提供重要平台。之所以说“一带一路”倡议为当前以及未来的中非关系带来新的机遇，是因为该倡议推动中非实现发展战略和理念的有效对接。

从中国方面看，当前中国正处于全面建成小康社会决胜阶段、中国特色社会主义进入新时代的关键时期。国内层面，中国经济进入“新常态”，在保持中高速增长态势的同时不断深化供给侧结构性改革，经济结构不断优化，国内生产总值突破 90 万亿元，稳居世界第二；国际层面，中国经济对世界经济增长贡献率超过 30%，以“一带一路”建设为重点，坚持“引进来”和“走出去”并重，遵循“共商、共建、共享”原则，形成陆海内外联动、东西双向互济的全面开放新格局，并不断创新对外贸易投资方式，促进国际产能合作，形成面向全球的贸易、投融资、生产、服务网络，加快培育国际经济合作和竞争新优势。党的十九大报告明确指出：中国坚持对外开放的基本国策，坚持打开国门搞建设，积极促进“一带一路”国际合作，努力实现政策沟通、设施联通、贸易畅通、资金融通、民心相通，打造国际合作新平台，增添共同发展新动力。③ 在此背景下，中国人民坚持创新、协调、绿色、开放、共享的五大发展理念，为实现中华民族伟大复兴的中国梦、全面建成小康社会、进而建成社会主义现代化强国的目

① 参见《习近平谈治国理政》第 2 卷，外文出版社 2017 年版，第 516 页。

② 姚桂梅：《“一带一路”建设下的中非产能合作》，《当代世界》2017 年第 7 期。

③ 中共中央党史和文献研究院编：《十九大以来重要文献选编 · 上》，中央文献出版社 2019 年版，第 42 页。

标努力奋斗。

从非洲方面看，非洲国家也正处于快速发展的战略机遇期，并先后制定了《非洲发展议程》(*Common African Position on the Post—2015 Development Agenda*)和《2063年议程》(*Agenda 2063：The Africa We Want*)两个重要文件，明确其发展目标和战略规划。其中，《非洲发展议程》是非洲联盟于2014年2月达成的共同立场，根据该文件，未来非洲国家的发展将主要聚焦于6个方面：经济结构转型与包容性增长；科技创新；以人为本的发展；环境可持续性、自然资源管理及灾害风险管理；和平与安全；融资与伙伴关系。①《2063年议程》的雏形是2013年5月非洲联盟第21届首脑会议提出的“2063年愿景”发展战略，并于2015年1月正式在非盟首脑会议上获得通过，这是一份有关非洲未来发展的长远规划，文件从七个方面规划了未来非洲的发展前景和非洲人民的发展诉求：

1. 以包容性增长和可持续发展为基础的繁荣的非洲。

2. 一个建立在泛非主义理念和非洲复兴愿景基础上的政治团结、一体化的大陆。

3. 一个做到良治、民主、尊重人权、正义和法治的非洲。

4. 一个和平而安全的非洲。

5. 具有强烈的文化认同感、共同的传统、共同的价值观和道德理念的非洲。

6. 一个坚持以人为本，依靠非洲人民，特别是妇女和青年的潜力实现发展，并关爱儿童的非洲。

7. 一个强大、团结和有影响力的全球参与者和合作伙伴的非洲。②

---

① African Union, *Common Africa Position (CAP) on the Post— 2015 Development Agenda*, Addis Ababa, Ethiopia, March 2014, pp.7-21.

② African Union Commission, *Agenda 2063：The Africa We Want*, Final Edition, April 2015, p.2.

由此可见,中非双方在发展目标、诉求、战略、理念、路径和平台等方面均存在广泛的相同和相通之处,这意味着双方可以实现发展战略、理念和政策上的对接,也能够把快速发展、繁荣富强的发展诉求转化为互利合作、共同发展的有效实践,从而为新时期中非“全面战略合作伙伴关系”的深入发展注入新的活力。

(二)“一带一路”倡议为中非合作带来新机遇

“一带一路”倡议的提出和实施,为中非合作提供了新的平台,也助推了中非关系的升级和发展,这主要体现在以下三个方面:

首先,“一带一路”倡议推动中非合作范围的扩展。回顾中非友好合作历史可以发现,中非合作的范围在不断拓展:从 20 世纪 50 年代的农业、基础设施建设合作为主到改革开放后的贸易、投资、人文教育合作,再到 21 世纪的金融合作、产能合作,中非合作所涉及的领域十分多样。“一带一路”倡议的核心内容是通过政策沟通、设施联通、贸易畅通、资金融通、民心相通五个方面打造国际合作的新平台,这无疑会有效拓展中非合作的范围。

以政策沟通为例,中非双方在双边和多边层面都保持着非常畅通的政策沟通,尤其是 2000 年中非合作论坛成立后,每三年举行一次的部长级会议,为中国与非洲国家以及非洲联盟之间的交流对话提供了重要平台。在论坛“平等互利、平等磋商、增进了解、扩大共识、加强友谊、促进合作”宗旨的指引下,中非经过平等对话先后达成了《中非合作论坛北京峰会宣言》《中非合作论坛沙姆沙伊赫宣言》《中非合作论坛约翰内斯堡峰会宣言》等系列文件和相应的行动计划,中国政府还先后于 2006 年和 2015 年发布了两份《中国对非洲政策文件》。这些机制平台和政策文件保证了中非之间政策沟通的有效性。

在此基础上,“一带一路”倡议则为中非之间的政策沟通提供了新的平台,夯实了中非政策沟通的政治基础,也有效地拓宽了政策沟通的领域和渠道。“一带一路”倡议中的政策沟通是开展各方面务实合作的基础,也是共建

“一带一路”的重要保障,中国政府高度重视与沿线国家之间的政策沟通。2017 年 5 月 14 日举行的“一带一路”国际合作高峰论坛高级别会议举行了六场平行主题会议,其中“政策沟通”平行主题会议的主题是“政策沟通和发展战略对接——创新机制、共谋发展”,与会各方全面阐述了政策沟通和发展战略对接的深刻内涵和深远意义,分享了双边、多边开展政策沟通和发展战略对接的实践经验,围绕加强发展战略、发展规划、机制与平台以及具体项目四个层面的对接工作展开了深入交流,并签署了 32 个双边、多边合作文件以及企业合作项目,涉及 18 个国家和 8 个国际组织。① 多样的沟通机制、多层次的沟通设计为中非之间的政策沟通提供了新的平台,既涵盖了宏观层面的顶层设计,也涉及中观层面的发展规划和机制平台,更包括微观层面的项目对接,这为有针对性地进行有效的政策沟通,进而达成发展合作共识提供了基础和保障。

“一带一路”沿线各国政治特点不同、发展方式各异、文化传统存在较大差异,即使同样是非洲国家,在发展水平、资源禀赋等方面也存在较大不同,这就对政策沟通提出了更高的要求。要真正实现“一带一路”倡议下中国与非洲国家的互利共赢,实现联动发展,首要在于政策沟通,各国可以就经济发展战略和对策进行充分交流,本着求同存异原则,协商制定推进区域合作的规划和措施,在政策和法律上为区域经济融合“开绿灯”。②

在经贸合作方面,此前中非经贸合作的结构和形式相对比较单一,贸易、投资合作主要集中于传统的基础设施建设、能源开发、农业等领域,近期的中非经贸合作已出现了从以政府援助为主向企业投资和融资合作为主转型,从一般商品贸易向产能合作和加工贸易升级,从工程承包向投资和金融合作升级的良好势头。③ 此外,“一带一路”倡议积极传承和弘扬丝绸之路友

① 安蓓、郭宇靖:《“一带一路”国际合作高峰论坛“政策沟通”平行主题会议签署 32 个合作协议》,2017 年 5 月 14 日,见 http://www.xinhuanet.com/2017-05/14/c_1120970716.htm。

② 欧晓理:《政策沟通:为“一带一路”唱出共鸣》,《求是》2017 年第 11 期。

③ 贺文萍:《“一带一路”建设中的非洲参与和非洲机遇》,2017 年 4 月 13 日,见 http://opinion.china.com.cn/opinion_30_162730.html。

好合作精神，主张同“一带一路”沿线国家和地区广泛开展文教合作、旅游合作、卫生医疗合作、科技合作、青年合作、党政合作和民间合作，这既为“一带一路”建设奠定了坚实的民意基础，也推动了新时期中非合作范围的明显扩展。

其次，“一带一路”倡议带动中非合作规模和水平的提升。如前文所述，中非合作已经取得显著成果，尤其是近年来中非在贸易、投资、基础设施建设、人文交流领域的合作日益深入，“一带一路”倡议则在一定程度上又推动了中非友好合作的规模扩大和水平提升。

以贸易畅通为例，贸易畅通是推进“一带一路”建设的重要内容，具有广阔的合作空间。“一带一路”倡议积极致力于加强贸易合作、反对贸易保护主义、消除贸易壁垒，为沿线国家之间的经贸合作创造良好环境和政策支持。中国商务部发布的相关数据显示：2017 年，我国企业共对“一带一路”沿线的 59 个国家非金融类直接投资 143.6 亿美元，占同期总额的 12%，较上年提升了 3.5 个百分点；对“一带一路”沿线国家实施并购 62 起，投资额 88 亿美元，同比增长 32.5%；对外承包工程方面，我国企业在“一带一路”沿线的 61 个国家新签对外承包工程项目合同 7217 份，新签合同额 1443.2 亿美元，占同期我国对外承包工程新签合同额的 54.4%，同比增长 14.5%。① 具体到中非贸易合作，目前中国已成为非洲最大贸易伙伴国，非洲成为中国重要的进口来源地、第二大海外工程承包市场和第四大投资目的地。

“一带一路”倡议同样推动了中非经贸合作的升级，中非双方不再局限于传统的合作领域，而是通过贸易、投资、基础设施、发展能力培育等方式展开全面合作，教育、金融、旅游等领域的合作也在逐步提升，形成了当前多层次、宽领域、高水平的中非经贸合作新格局。2017 年 9 月，“‘一带一路’中非合作发

① 中华人民共和国商务部对外投资和经济合作司：《2017 年我对“一带一路”沿线国家投资合作情况》，2018 年 1 月 16 日，见 http://fec.mofcom.gov.cn/article/fwydyl/tjsj/201801/20180102699450.shtml。

展论坛”在北京举行，与会各方围绕“一带一路”倡议下中非合作前景展开深入交流，探讨未来中非合作的新领域和新方式：

1. 建设中非友谊城（小镇），建有工业制造园区，商贸保税物流园区，文化旅游园区，教育医疗生活社区。

2. 互联网电子商务、非洲家家亮工程、让没有电的家庭利用太阳也有电用。

3. 投资风力发电和太阳能发电项目。

4. 投资新能源汽车生产项目。

5. 低空飞机制造和建设飞机场项目。

6. 中非农业合作，涉及农业机械、农业技术、农业开发等领域。①

这既指明了未来中非经贸合作的方向，也直接体现了中非经贸合作水平的提升。

在资金融通方面，多数非洲国家在发展过程中都面临着资金短缺的难题。2008 年金融危机爆发后，非洲国家从西方国家和国际机构获取的发展援助和贷款有所减少，这对中非之间的融资合作提出了更高的要求，同时也为双方实现资金融通提供了广阔空间。实现资金融通是保证“一带一路”建设顺利进行的重要支撑，一系列新成立的国际多边金融机构为“一带一路”的融资合作提供了重要支持：亚洲基础设施投资银行于 2016 年 6 月 25 日批准了首批四个项目总计 5.09 亿美元的贷款；2014 年末成立的丝路基金也积极为沿线国家提供融资服务，截至 2016 年 6 月 30 日，该机构已经宣布了三单项目投资；2015 年 7 月正式营业的金砖国家新开发银行是金砖国家创新金融发展的重要机构，主要聚焦于第三世界的发展问题，截至 2017 年 11 月，该机构已批准了 13 个项目，另有多个项目正在筹备中，项目覆盖了机场、铁路、城市发展、生态系统、能源节约、供水系统、桥梁、高速公路和乡村公路、环境保护、司法制度

① 王秦、邸天成：《“一带一路”中非合作发展论坛在北京隆重举行》，2017 年 9 月 20 日，见 http://www.chinareports.org.cn/djbd/2017/0920/2319.html。

改革、机场、电力传输等领域。[①] 可以预见,这些新的融资机制必将为中非之间的融资合作注入新的活力,为非洲国家解决融资难题、实现可持续发展提供有力支持。

最后,“一带一路”倡议推动中非合作方式的创新。“一带一路”倡议对中非关系的推动不仅体现在范围扩展、规模和水平提升等方面,还体现在合作方式的创新上。以中非经贸合作为例,此前中非合作更多是以传统的货物贸易为主,技术转让和服务贸易相对较少,“一带一路”倡议则推动了中非经贸合作方式的不断创新,积极倡导在沿线国家建设自由贸易区、产业园区,带动当地经济的持续发展,实现双方互利共赢。统计数据显示,截至 2015 年底,中国企业在非洲投资建设的经贸园区超过 20 个,入园企业 360 余家,涵盖能源、矿产、轻工、建材、纺织服装、机械、家用电器等多个领域,累计投资额近 50 亿美元,总产值约 130 亿美元,初步形成产业集聚效应。[②] 通过帮助非洲国家建立产业园区,大大提升了园区内通关一体化、贸易便利化程度,有助于实现非洲国家之间以及非洲国家与其他国家之间的贸易畅通,也为中非经贸合作的创新发展提供了有力保障。

“一带一路”倡议将政策沟通、设施联通、贸易畅通、资金融通、民心相通五个方面协同配合,形成了中非合作的新合力,推动中非合作水平得到整体提升。在“一带一路”倡议中,基础设施建设是基础和前提,目前很多非洲国家都还受困于基础设施落后导致的发展困境,中国通过“一带一路”倡议帮助非洲国家开展基础设施建设,中非“三网一化”(铁路、公路、区域航空三大网络及工业化)合作,特别是非洲铁路网的建设,为非洲大陆实现设施联通、贸易畅通、资金融通和民心相通提供了现实基础,也为中非合作提供了新的机遇。

---

① 姜业庆:《时报聚焦第九届金砖国家峰会丨金砖国家金融合作空间巨大》,《中国经济时报》2017 年 7 月 31 日。

② 中华人民共和国商务部:《党的十八大以来中国与西亚非洲地区经贸合作成就》,2017 年 10 月 17 日,见 http://www.mofcom.gov.cn/article/ae/ai/201710/20171002656824.shtml。

以中国与吉布提的合作为例，吉布提地处非洲东北部、亚丁湾西岸，吉布提港位于连接印度洋与红海的曼德海峡主航道旁，这里是全球最繁忙的水域之一，全球40%的石油运输从这里经过，是非洲之角最重要的出海口，港口经济占其国内生产总值的80%。2013年2月，中国招商局集团参与吉布提港口公司改制，收购其23.5%的股份，成为该港第二大股东，为改变吉布提老港日渐饱和的状况，通过利用中国进出口银行的优惠贷款，投资5.8亿美元修建了新的现代化的多哈雷多功能码头，①这不仅直接提升了吉布提港在国际航运中的竞争力，而且带动了自贸区、港口、铁路、供水等系列配套项目的建设，推动了吉布提经济的持续发展。

在加强非洲基础设施建设的同时，中国也逐步推进与非洲国家在贸易、金融、人文交流等领域的密切合作，并继续在力所能及范围内向非洲国家提供援助，这就形成了中国对非政策的合力，实现了相关政策工具之间的良性互动，有助于合作效果的优化提升。2015年12月4日，习近平主席出席中非合作论坛约翰内斯堡峰会开幕式并发表致辞指出，为推进中非全面战略合作伙伴关系建设，中方愿在未来3年同非方重点实施"十大合作计划"，这些合作计划能够与"一带一路"倡议实现有效对接，以此带动非洲的工业化发展，实现减贫和发展的"非洲梦"；也有助于中国企业"走出去"，统筹利用国际国内两个市场，实现民族复兴的"中国梦"，从而为中非携手构建更加紧密的命运共同体提供有力支持。

（三）"一带一路"倡议下中非合作前景展望

中非友好合作具有悠久的历史传统和坚实的现实基础，这决定了中非合作必然具有广阔的发展空间。2015年12月，习近平主席在中非合作论坛约翰内斯堡峰会发表致辞时提议，将中非新型战略伙伴关系提升为"全面战略

① 李志伟、李逸达：《"吉布提的未来正与中国一同书写"（行走一带一路）》，《人民日报》2017年5月10日。

合作伙伴关系”,“一带一路”倡议的提出和实施则为中非全面战略合作伙伴关系的落实提供了现实基础和重要保障。

第一,“一带一路”倡议应与原有的中非合作战略规划有效对接和融合。中非关系具有友好合作的历史传统和比较健全的合作机制,尤其是中非合作论坛确立的系列合作方针和行动计划为中非关系深入发展提供重要保障。“一带一路”倡议的实施不是要取代现有的中非合作机制,而是要与现有的中非合作机制实现有效对接和融合,从而更加有效地推动中非关系在新的历史条件下取得新发展。

未来在“一带一路”倡议下,中国仍将继续秉持正确的义利观,坚持“真实亲诚”的对非基本方针,遵循共商共建共享原则,夯实中非全面战略伙伴关系的五大支柱:“坚持政治上平等互信”“坚持经济上合作共赢”“坚持文明上交流互鉴”“坚持安全上守望相助”“坚持国际事务中团结协作”,围绕着政策沟通、设施联通、贸易畅通、资金融通、民心相通五项核心内容,推动中非关系的新发展,这是未来中非合作的基本方向和主要内容。

第二,“一带一路”倡议下的中非合作需采取由点及面、层层推进的方式有序展开。这主要基于当前非洲国家的发展现实和“一带一路”相关政策落实的需要:一方面,54 个非洲国家在发展模式、历史文化、发展水平和诉求等方面均存在明显差异,这意味着尽管非洲国家都已经被“一带一路”倡议接纳为国际合作伙伴,但“一带一路”倡议在非洲的落实不应该是“一刀切”式的,而应在尊重非洲国家自身发展意愿的基础上,根据其自身的禀赋优势,通过政策沟通有针对性地开展中非合作。例如:与位于东部非洲、具有航运和港口优势的吉布提、埃塞俄比亚和肯尼亚等国的合作应突出这些国家自身优势,通过基础设施援建实现贸易和资金的融通;与安哥拉、刚果(金)等资源丰富但基础设施落后、发展资金缺口较大的国家则应侧重产能合作,通过基础设施建设和产业园区、自贸区建设等方式实现中非经贸合作的新发展。因此,中非在“一带一路”倡议下的合作应该遵循整体布局、重点突出、协调互动、循序渐进的思路展开，避免出现整体冒进的情况。现阶段，“一带一路”倡议在非洲中东部及东南部国家的建设已经结出早期硕果：中国承建的蒙内（蒙巴萨至内罗毕）、阿卡（阿布贾至卡杜纳）和亚吉（亚的斯亚贝巴至吉布提）三条现代化铁路相继开通，设施联通建设成效显著，为改善当地交通状况发挥了重要作用，中国企业还在铁路沿线建立工业园区，极大带动了当地经济发展和民众就业。①

另一方面，“政策沟通、设施联通、贸易畅通、资金融通、民心相通”是“一带一路”倡议的核心内容，也是未来中非合作的重点方向，但考虑到非洲国家发展的切实情况，这五方面的合作同样应该有序进行，实现彼此之间的协同配合，而不是同时推进这五个方面的合作。对任何行为主体和任何形式的国际合作而言，政策沟通都是首要的，在“一带一路”倡议的落实过程中，只有实现发展战略、目标、规划、机制平台和具体项目的有效对接，才能保证中非合作朝着互利共赢、共同发展的方向发展。对多数非洲国家来说，基础设施落后都是影响制约其发展的重要因素，因此现阶段中非合作的重点应是加强基础设施建设领域的合作，这是非洲国家实现工业化、获得可持续发展能力的基础和前提，同时基础设施领域的合作也可以带动中国装备、技术、资金乃至标准、规范和发展理念进入非洲，对于中国企业、技术、管理理念“走出去”具有重要意义。在此基础上，中国与非洲国家应进一步谋求经贸合作水平的提升、贸易结构的优化和合作方式的创新，并加强在民众层面的交流对话，加大在社会发展、民生领域的投资合作力度，最终达到贸易畅通、资金融通、民心相通的目标。

第三，“一带一路”倡议下的中非合作应在双边和多边层面同时推进。近年来，非洲国家加强区域一体化的意愿日益强烈，非洲联盟力图在洲际层面推动非洲国家的合作和共同发展。因此，要在“一带一路”倡议下推进中非合

① 王寅：《携手共筑更加紧密的中非命运共同体》，《红旗论坛》2018 年第 17 期。

作，就需要同时在双边层面和多边层面与非洲国家和非洲联盟共同进行政策沟通，制定发展合作规划进而实现互利共赢。

此外，随着非洲的快速发展和战略地位的提升，国际社会对非洲的关注程度和合作意愿也显著增加：美日欧等西方传统发达国家，印度、巴西等新兴国家纷纷加大对非援助和经贸合作的力度，先后与非洲国家召开峰会，探讨合作前景。以印度为例，近年来印度对非援助力度明显增加，印非之间的经贸合作规模和水平也达到了新的高度，为了加强与非洲国家的对话合作，印度已经先后于 2008 年、2011 年和 2015 年召开三次印非峰会，以推动印非关系的深入发展。尽管习近平主席多次强调"一带一路"建设秉持的是共商、共建、共享原则，不是封闭的，而是开放包容的；不是中国一家的独奏，而是沿线国家的合唱，①"一带一路"建设也的确具有开放性和包容性，但实践中"一带一路"倡议下的中非合作仍将不可避免地面临与其他国际行为体以及国际机制进行交流合作和良性互动的议题。这为中非合作提供了更广阔的国际合作空间，但也使得中非合作将面临更加复杂多样的国际环境。

在全球经济可持续增长乏力、逆全球化和反全球化思潮愈盛的时代背景下，"一带一路"作为中国政府为加强地区和国际交流合作而倡导的新合作倡议，指明了未来中非合作的方向和目标，为中非全面战略合作伙伴关系的落实提供了新的历史机遇，为中非命运共同体的构建提供重要的实践平台和抓手。正如《关于构建更加紧密的中非命运共同体的北京宣言》指出的那样：我们一致同意将"一带一路"同联合国"2030 年可持续发展议程"、非盟《2063 年议程》和非洲各国发展战略紧密对接，加强政策沟通、设施联通、贸易畅通、资金融通、民心相通，促进双方"一带一路"产能合作，加强双方在非洲基础设施和工业化发展领域的规划合作，为中非合作共赢、共同发展注入新动力。②

---

① 习近平：《迈向命运共同体，开创亚洲新未来——在博鳌亚洲论坛 2015 年年会上的主旨演讲》，《人民日报》2015 年 3 月 29 日。

② 《关于构建更加紧密的中非命运共同体的北京宣言》，《人民日报》2018 年 9 月 5 日。

中非关系具有深厚的历史基础,也有强烈的现实需求和有力的支持保障,如何在新的时代背景下实现中非关系的新发展,推动中非携手构建更加紧密的命运共同体,这是一个十分宏大的问题,涉及中非关系的所有方面。有鉴于此,本研究接下来将以中非在经济合作中强化援助与贸易投资的互动关系为主要研究对象,系统探讨为什么要实现中国对非援助与贸易投资的互动、如何实现这一互动等问题,从而为中非关系的发展和中非命运共同体的构建提供理论参考。

第三章　中国的对非援助

今后，无论国际风云如何变幻，中国都会一如既往做非洲和平稳定、繁荣发展、联合自强、平等参与国际事务的支持者和促进者。中非合作是全方位合作。中国重视同所有非洲国家发展友好关系，无论大小、强弱、贫富。不管是资源富集国还是资源贫瘠国，中国都平等相待，积极开展互利共赢的务实合作。

——2013 年 3 月 19 日，习近平主席在北京接受金砖国家媒体联合采访

六十多年来，中非友好合作关系不仅经受住了岁月的考验，而且在各个历史阶段都得到巩固和深化。目前，已有 53 个非洲国家与中国建立外交关系，非洲国家也是中国重要的政治、经济、文化合作伙伴。回顾中非关系的发展历程，援助是中非友好合作的重要内容，多年来中国秉持互利合作、共同发展的理念和原则，在力所能及范围内向非洲国家提供援助，推动中非关系的深入发展。本章内容聚焦于中国的对非援助，总结分析其所取得的显著成果、所面临的机遇挑战，并通过解读 PPP（Public Private Partnership）模式在国际发展援助中的应用情况，为新时期中国对非援助的发展创新提供理念和路径参考。

一、中国对非援助的显著成果

提供对外援助是一国履行国际责任、国际义务、国际道德，推动世界和谐均衡发展的重要体现，也是提升一国国际形象的有效途径。[①] 经过半个多世纪的发展，中国对非援助已经形成了一套非常成熟的理念和机制，并在中非关系发展过程中发挥了重要作用，取得了重要成果。与此同时，中国对非援助也因国际国内形势的变化而面临诸多新的挑战和难题，这对中国对非援助提出了新的要求，值得密切关注。

中国对非援助始于20世纪50年代，已经取得非常丰硕的成果，这主要表现在中国对非援助推动非洲国家与中国的合作共赢、加强南南对话与合作、完善国际发展合作模式和路径等方面。

第一，中国对非援助在推动中非合作共赢、互利发展方面成果显著。多年来，中国坚持通过无偿援助、无息贷款、优惠贷款、成套项目、一般物资、技术合作、人力资源开发、援外医疗队、紧急人道主义援助、债务减免等多种方式向非洲国家提供力所能及的援助。以债务减免为例，为进一步减轻经济困难国家的债务负担，自2000年起，中国政府已经先后8次宣布免除了已经与中国正式建交的重债穷国和最不发达国家所承担的、对华到期无息贷款债务。截至2009年底，中国已经先后与非洲、亚洲、拉丁美洲、加勒比和大洋洲50个最不发达国家和重债穷国签署免债议定书，所免除的到期债务总额达到了255.8亿元人民币。[②] 在积极减免债务的同时，中国同样积极致力于以实际行动帮助非洲破解基础设施建设落后制约发展的难题，通过向非洲国

① 参见贺文萍、袁武：《中非关系中的话语权建设：经验、挑战与启示》，中国社会科学出版社2017年版，第77页。

② 中华人民共和国国务院新闻办公室：《中国的对外援助(2011)》，人民出版社2011年版，第15—16页。

家提供援助和融资服务的方式帮助其建设铁路、公路,并为其提供现代化的交通工具。[①] 此外,中国十分重视与非洲国家在人才培养、人力资源培训领域的援助合作,为非洲国家提供了大量发展过程中所急需的各类人才:2010 年至 2012 年,中国在国内举办了 1951 期培训班,其中包括官员研修班、技术人员培训班、在职学历教育项目等,为其他发展中国家培训人员 49148 名。[②]

中非间的互利合作获得了非洲国家政府和人民的高度肯定,他们十分认可中国向非洲国家所提供的援助,并认为中国援助为促进其经济社会发展和提高人民生活水平作出了巨大贡献,十分赞赏中国政府所采用的不附带任何条件的援助模式,对中国政府和企业在援助工作中表现出的真诚友好的态度和务实高效的工作作风给予了高度评价,认为中国是真正可靠的朋友,希望把中非合作推向新的高度。[③] 2008 年,塞内加尔总统阿卜杜拉耶 · 瓦德在《金融时报》上撰文驳斥西方援助者对中国援助和投资项目的批评指责:"相比较缓慢有时又带有后殖民主义色彩的欧洲投资者、援助组织和非政府组织的方式,中国的方式更能适应我们的需求。通过直接援助、减让贷款和优惠合同,中国已经帮助非洲国家在创纪录的时间内建立起来了基础设施项目,包括桥梁、公路、学校、医院、大巴、立法大厦、体育馆和机场……我发现那些我们与世界银行要讨论 5 年的合同,与中国谈判只需要 3 个月的时间。我信奉良治和法治,但是,当官僚作风和毫无意义的繁文缛节阻碍我们的行动能力,当贫困持续而国际组织阻碍了发展时,非洲领导人有责任选择更快捷的解决方案。"[④]有学者通过数据分析发现非洲公众对中国对非援助的评价较高,尽管

---

① 袁炳忠:《述评:2015,开启中非合作全面发展新时代》,2015 年 12 月 28 日,见 http://news.xinhuanet.com/world/2015-12/28/c_1117598332.htm。

② 中华人民共和国国务院新闻办公室:《中国的对外援助(2014)》,人民出版社 2014 年版,第 6 页。

③ 参见王晨燕:《国际社会对非洲的发展援助》,载张宏明主编:《非洲发展报告 NO.14(2011—2012):新世纪中非合作关系的回顾与展望》,社会科学文献出版社 2012 年版,第 320 页。

④ Abdoulaye Wade,"Time for the West to Practice What It Preaches",*Financial Times*,23 January 2008.

存在较大的国别差异。究其原因，正是因为中国的对非援助支持非洲发展中国家减少贫困和改善民生，才得到了非洲公众普遍的支持，特别是中国对非援助帮助受援国提升教育水平、支持教育资源均衡和公平发展、改善教学条件等措施不仅给非洲国家和人民带来直接帮助，也带动非洲民众形成对中国援助的积极评价和认识。①

第二，中国对非援助为加强南南合作，推动发展中国家共同发展提供了新的合作范式。以援助为切入点，带动发展中国家间的互助合作，是新时期南南合作的重要路径，这一合作模式为发展中国家之间的互助合作提供了新的参考。作为发展中国家，中国对非洲的援助关系摆脱了非洲与传统殖民者之间的依附和不平等关系的束缚和困扰，成为发展中南方国家共同谋求经济发展时代进步的重要选择。② 近年来，中国经济虽取得了快速发展，但人均收入仍然不高，中国仍是世界上最大的发展中国家，所以中非之间的合作仍属南南合作的范畴，而不同于西方发达国家对发展中国家的援助。以中非为代表的广大发展中国家具有相同的历史遭遇，在现阶段面临着相似的发展任务和诉求，同时在经济发展方面也具有较强的相似性和互补性，这为广大发展中国家间的互助合作提供了重要基础。中国始终以自身的发展成果为基础，在力所能及范围内加强与非洲国家之间的互利合作，尤其是在民生、基础设施建设等方面的合作，从而以实际行动支持非洲国家的发展和建设进程。

2015 年 9 月 26 日，联合国发展峰会在纽约联合国总部举行，引起世界范围的高度关注。习近平主席出席会议并发表重要讲话，宣布了一系列中国援助发展中国家的新规划。随后，习近平主席和时任联合国秘书长潘基文共同主持了南南合作圆桌会，来自发展中国家的多位国家元首和国际组织的代表

---

① 参见韩冬临、黄臻尔：《非洲公众如何评价中国的对非援助》，《世界经济与政治》2016 年第 6 期。

② 胡美、刘鸿武：《中国援非五十年与中国南南合作理念的成长》，《国际问题研究》2012 年第 1 期。

参加了会议,中方在会上宣布了一系列新举措以推动新时期中非关系的深入发展:为帮助发展中国家发展经济、改善民生,未来5年中国将向发展中国家提供100个减贫项目、100个农业合作项目、100个促贸援助项目、100个生态保护和应对气候变化项目、100所医院和诊所、100所学校和职业培训中心。① 正是通过这些实实在在的行动,中非建立了互利合作共赢的发展合作新范式。

2015年12月4日,以"中非携手并进:合作共赢、共同发展"为主题的中非合作论坛峰会在南非约翰内斯堡举行。习近平主席出席开幕式并发表致辞,在对中非友好合作所取得的重要成果给予充分肯定、对未来中非关系深入发展表达坚定信心的基础上,又提出了推进中非全面战略合作伙伴关系的"十大合作计划"。这十项合作计划涵盖了工业、农业、基础设施建设、金融、贸易投资、减贫惠民、公共卫生、人文、和平与安全等领域,对未来非洲国家的发展以及中非合作前景带来重要影响。"十大合作计划"的提出,既明确了未来中非合作的战略方向,也为有效落实中非全面战略合作伙伴关系提供了现实基础。② 这些举措既彰显了中非平等互利、合作共赢的指导理念,也为未来中非关系的深入发展提供了重要而广泛的合作平台。

第三,中国对非援助政策、理念、方式的独特性为国际发展合作提供了新的范式参考。第二次世界大战结束后,西方国家向广大亚非拉发展中国家提供了多种形式的发展援助,并在此基础上形成了由其主导的国际发展合作理论和实践范式。但从援助效果来看,上述援助并未能从根本上解决发展中国家的发展问题,以非洲国家为例,其依旧面临一系列的难题和挑战。

相比较而言,作为世界上最大的发展中国家,中国对非援助的数额虽然相对有限,但援助效果十分显著。造成这一差异的根本原因在于中国对非援助

① 陈贽、王丰丰、孟娜:《习近平在南南合作圆桌会上发表讲话》,2015年9月27日,见http://www.xinhuanet.com//world/2015-09/27/c_1116689451.htm。

② 参见《习近平谈治国理政》第2卷,外文出版社2017年版,第457—460页。

所具有的平等、互利、不附加任何政治条件的根本特征。2013 年 3 月 25 日，由中国政府援建、中国福建建工集团承建的坦桑尼亚“尼雷尔国际会议中心”举行建成交接仪式，习近平主席出席仪式并发表了重要演讲，深情回顾总结了中非友好合作的历史进程和宝贵经验，阐释了中方在与非洲国家交往时所遵循的“真”“实”“亲”“诚”的基本立场和方针。讲话再次重申了中国对非援助的基本原则和理念，承诺“随着中国经济实力和综合国力不断提高，中国将继续为非洲发展提供应有的、不附加任何政治条件的帮助”①。2014 年 5 月 8 日，第 24 届世界经济论坛非洲峰会在尼日利亚首都阿布贾举行，李克强总理出席会议并致辞，再次强调中非合作一定要秉持“非洲需要、非洲同意、非洲参与”的原则，并郑重承诺中国对非援助将继续遵循不干涉非洲国家内政、不附加任何政治条件、不向非洲国家提出任何强人所难要求的基本方针，以此推动新时期中非关系的深入发展。②

中非在援助领域的互利合作打破了西方发达国家在该领域的长期垄断，也为国际发展合作提供了新的范式参考，推进了国际发展合作模式的多样化，进而提升了援助效率，改善了援助效果，推动了国际发展合作的深入发展。这主要体现在两个方面：

1. 援助理念方面。中国倡导援助方与受援方之间的平等互利合作，这是与发达国家不同的新援助理念，为国际发展合作注入了新的活力：中国认为援非不是单方面的赐予，而是双方的相互援助。③

正如习近平主席在中非合作论坛约翰内斯堡峰会开幕式上的致辞中强调的：对中非双方而言，其友好合作的基石就是高度的政治互信。我们要尊重各自国家和人民所选择的发展道路，不把自己的意志强加给对方。在事关双方

① 《习近平谈治国理政》，外文出版社 2014 年版，第 308 页。

② 参见李克强：《共同推动非洲发展迈上新台阶——在第 24 届世界经济论坛非洲峰会上的致辞》，2014 年 5 月 9 日，见 http://www.xinhuanet.com//world/2014-05/09/c_1110605193.htm。

③ 胡美、刘鸿武：《意识形态先行还是民生改善优先？——冷战后西方“民主援非”与中国“民生援非”政策之比较》，《世界经济与政治》2009 年第 10 期。

核心利益和重大关切问题上，中非要坚持相互理解、相互支持，共同维护公平正义。因此中国一直主张在正确的义利观指导下推进中非之间友好合作关系的深入发展，而中非关系最大的“义”，就是用中国发展助力非洲的发展，用中国的发展成果惠及更多的非洲人民，最终实现双方的互利共赢和共同发展。①以中国为代表的新兴援助方通过倡导新的援助理念、创制新的援助机制和规则等方式，在给国际发展合作规则带来冲击的同时，也积极促进了原有国际发展规则的改革和调整，从长远看，这种影响是非常深远的。

2. 援助效果方面。中国对非援助取得了西方发达国家援助所没有取得的良好效果，这不仅为其他援助方提供了实例参照，而且促使西方发达国家调整其援非政策，从而推动了国际关系向平等、公正、合理的方向发展。以欧盟对非援助为例，欧盟是国际社会主要援助方，对非援助由来已久，已经形成了具有自身特色的援助体系，但近年来，欧盟方面开始积极借鉴中国等新兴国家对非援助的成功经验和做法，以改善其对非援助的政策效果。2005 年 12 月，欧盟理事会通过了题为《欧盟对非洲战略：走向战略伙伴关系》的对非洲战略文件，这是欧盟首次在将非洲视为平等的政治伙伴的基础上，从战略高度出台针对非洲整体的一份综合和长期性的政策文件，为其未来的对非洲政策提出了全面和长期的指导框架。2007 年 6 月，欧盟委员会通过了《从开罗到里斯本：欧盟—非洲战略伙伴关系》的文件，希望通过对话，推动欧非关系新格局的形成。② 2007 年 12 月 8 日至 9 日，第二届欧盟—非洲国家首脑会议在里斯本举行，会议通过了《欧盟—非洲战略伙伴关系》，以及实施该战略的《行动计划》两项重要文件。此次峰会是在欧非关系史上首次正式提出在欧非两个大陆之间建立平等战略伙伴关系，相比于以往的援非政策，欧盟方面此次更加强调援助方和受援方的平等责任和“治理伙伴关系”，这为欧盟加强对非援助的平等

① 参见《习近平谈治国理政》第 2 卷，外文出版社 2017 年版，第 456—457 页。

② Commission of the European Communities, “From Cairo to Lisbon: The EU-Africa Strategic Partnership”, Brussels, June 27, 2007.

性提供了有力推动。此后，欧非双方又举办了三次峰会，分别于2010年、2014年和2017年举行，系列峰会的召开为欧非之间建立更加平等的双边和多边合作关系提供基础，有助于非洲国际地位和话语权的提升。

二、中国对非援助面临的新要求、新挑战

中国对非援助在取得上述成果的同时，也面临着国际国内形势发展变化所带来的一系列新要求和新挑战，涵盖了中非双方的心理诉求、援助发展的现实需要等多个层面，正确认识这些问题和挑战是实现中国对非援助创新发展的重要前提和基础。

首先，从自身方面看，中国对非援助面临着管理水平提升、管理机制健全、管理效率强化和管理效果改进等现实要求。随着中非关系的深入发展，中国对非援助的任务日益艰巨，这既体现为援助规模不断增大，也体现为援助效率提升和援助效果改善，以及援助水平提高和援助范围扩展等方面的要求都更加强烈。但目前中国对外援助体系和管理机制正处在改革完善的过程中，还有进一步优化改进的空间。

尤其是在新的援助管理机构——国家国际发展合作署组建之后，将为中国对外援助管理机制改革深化带来重大机遇。2018年3月17日，第十三届全国人民代表大会第一次会议通过了《国务院机构改革方案》，决定将商务部对外援助工作有关职责、外交部对外援助协调等职责整合，组建国家国际发展合作署，作为国务院直属机构。与此同时，对外援助的具体执行工作仍由有关部门按分工承担。[①] 作为新的负责援助管理的机构，国家国际发展合作署应如何实现与其他援助参与部门的协同，把涉及制定对外援助政策与计划的商务部、外交部、财政部，外援工作管理的十多个中央部委和机构及地方省市商

---

① 《国务院机构改革方案》，《人民日报》2018年3月18日。

务部门、驻外使领馆等统筹起来，解决庞杂的结构给效率提升和综合规划、有效实施、质量管理及效果评估等带来的巨大困难，①形成对外援助的“一盘棋”，避免“条块分割”，从而有效提升中国对非援助的管理水平、完善援助管理机制、提高援助管理效率，是当前中国在对非援助中必须解决的重要问题。

中国现行援助体系面临的另一个重大挑战是如何建立一套与援助内容相符的宣传机制。长期以来，中国对非援助一直坚持“少说多做”原则，在积极落实对非援助承诺的同时，未能对中国的对非援助工作进行有效的宣传，从而导致当前国际社会对中国的援助政策缺少真正的了解，进而造成一些误解和批评。国内民众同样缺少对中国对外援助的系统了解，近一段时间，中国对非援助成为网民关注的话题之一，其中不乏批评和质疑的声音。如有网民认为，中国自己还是发展中国家，自身还有很多重要的社会民生问题需要解决，在这种情况下还向非洲国家提供援助“是打肿脸充胖子”②。消除这种因为缺少了解而造成的误解和批评，加强对国内民众的宣传，可以增强我们的援助动力，进而为援助工作创造良好的国内舆论环境，这是当前中国对非援助工作面临的一个重要任务。

其次，中国对非援助面临的一个重要问题是中国经济迅速发展与对外援助能力相对有限之间的矛盾。任何一个国家都只有在实现自身发展的前提下才能进行对外援助，中国也不例外。改革开放 40 多年来，中国经济获得了快速发展，2018 年全年国内生产总值突破 90 万亿元，综合国力显著增强，但从发展水平上讲中国仍属发展中国家，依旧面临着底子薄、人口多、人均收入低等问题。中国共产党第十九次全国代表大会指出，中国要在 2020 年全面建成小康社会、要在 21 世纪中叶建成富强、民主、文明、和谐、美丽的社会主义现代

① 参见苗绿：《国家国际发展合作署：“一盘棋”思维优化援外战略布局》，《紫光阁》2018 年第 4 期。

② 《中国对非援助是感恩甚于“打肿脸充胖子”》，2011 年 10 月 28 日，见 http://world.people.com.cn/GB/16060997.html。

化强国，上述战略目标的实现意味着中国承担着十分艰巨的政治、经济、社会文化等重大发展任务，也决定了中国对非援助会不可避免地受到自身经济发展的限制。尽管近年来中国在不断提升对非援助的水平，但国际社会，包括部分非洲国家都集中关注中国取得的重大经济成就，忽视了中国在自身发展过程中所面临的重大挑战和艰巨任务，从而对中国的援助能力有了误读，进而对中国的援助力度有了更高的要求和希望。

从非洲国家层面看，中国对非援助面临的一个现实问题是：如何有效协调中国援助能力相对有限与非洲国家对中国援助期待日益提升之间的矛盾，进而将中国对非援助与非洲国家的发展诉求有效结合起来，推动中非互利共赢。有学者指出：非洲国家对中非关系的认知正在逐渐发生着变化，如果说在进入21世纪之前的中非关系有着相当深厚的历史和感情基础，那么今天中非关系的历史和感情基础正逐渐消逝。① 这种说法并不是危言耸听，而是反映了非洲国家对中国以及中非关系认知的新变化，在考察新时期中非关系时不能忽视这一重要变化。有一些调查数据也在一定程度上反映了非洲民众对其与中国之间关系认识的微妙变化：2007年至2014年，皮尤研究中心展开的全球态度调查结果显示，受访非洲九国的公众在五年间对于中国经济快速发展对本国发展有利的认知好感度处于逐步下降趋势。②

如前文所述，作为一个发展中国家，中国对外援助的能力是有限的，但与此相对应的是，非洲国家近年来对中国援助的期望值越来越高，这二者之间的差异已经成为影响中非关系深入发展的重要因素。经过自身努力和国际社会的支持，很多非洲国家过去数十年间在政治、经济和社会发展方面均已取得重要成就，从而导致其援助诉求有所变化，这主要体现在以下几个方面：第一，非洲国家对中国援助的数量需求显著增加。随着中国成为世界第二大经济体，

---

① 张春：《中非关系国际贡献论》，上海人民出版社2013年版，第25页。

② Katie Simmons,"U.S.,China Compete to Woo Africa",August 4,2014,http://www.pewresearch.org/fact-tank/2014/08/04/u-s-china-compete-to-woo-africa.

非洲国家希望中国方面能够提供更多的援助,尤其是自 2008 年起,在美欧等西方发达国家受经济危机影响实行财政紧缩政策、短期内无法进一步扩大对非援助规模的情况下,非洲国家开始对中国的援助,尤其是中国的优惠贷款有了更多需求。第二,非洲国家对中国援助质量和水平的要求日益提升。中国对非援助的传统重点领域主要是基础设施建设、交通、农业和医疗卫生等,但随着自身发展水平的提高,非洲国家开始对一些新兴领域的援助有更多、更高的渴求,如非洲国家希望加强中非在金融服务、人力资源培训、教育科技、环境保护等领域的密切合作,也希望中国加大在民生领域的援助力度。第三,非洲国家已不满足于单纯获取援助,而是希望通过援助带动中国与非洲国家之间的贸易和投资合作,尤其是对非直接投资,从而解决非洲经济发展中的融资难题。早在 2008 年,时任尼日利亚外长奥乔·马杜埃奎就曾明确表示,非洲需要更多的贸易和投资,而不是援助。①

最后,从国际层面看,中国对非援助面临着来自国际社会,尤其是西方国家的批评指责,承受严重的国际舆论压力,这意味着中国对非援助面临着保持自身特色与加强国际交流合作之间的矛盾。二战后,欧美等西方国家向新独立的非洲国家提供了超过一万亿美元的援助,并逐渐形成了由其主导的国际发展援助模式。近年来中非关系深入发展,中国对非援助取得良好效果,这引来了美欧等国家的关注、忧虑和指责。西方国家认为,中国对非援助不附加任何政治条件,不干涉受援国国内经济、政治和社会改革情况,并"支持镇压性政府",从而为非洲的"独裁政府"提供了资金支持,"抵消反抗腐败和提倡良治的努力";"中国在国际事务中扮演不负责任的角色","(中国对非援助)挑战了现有的国际发展合作模式"。② 有西方学者明确指出,中国对非援助的显

---

① "Nigeria:We Need Investment, Not Aid - FG", 2008 - 08 - 12, http://allafrica.com/stories/200808120791.html.

② Bernt Berger,"China's Engagement in Africa:Can the EU Sit Back?", *South African Journal of International Affairs*, Vol.13, Issue 1, 2006, p.115; Penny Davies, *China and the End of Poverty in Africa-towards Mutual Benefit?* Sundbyberg, Sweden: Diakonia, August 2007, p.17.

著增长,“已经引起了中国政府与华盛顿、巴黎和东京关系的紧张”①。中国与安哥拉在能源领域开展合作的“安哥拉模式”更是饱受西方国家的批评,最终导致中国与安哥拉的合作计划几经调整变化。

此外,西方国家和媒体指责中国对非援助、加强与非洲国家经贸合作的终极目标是掠夺非洲的资源,以满足自身发展需求,“是为了追求私利的战略”,称这种合作最终会破坏受援国的发展。② 在此背景下,如何加强国际交流与合作,对西方国家的批评指责予以有力回应,对受援方民众的担忧给予及时澄清,让越来越多的人理解中国对非援助互利共赢的本质,成为中国援非工作面临的一个紧迫问题。

除中国外,俄罗斯、巴西、印度等新兴国家同样加大了对非洲的关注力度。以印度为例,印度已主持召开三届印度—非洲论坛峰会(2008 年、2011 年、2015 年)。2011 年,时任印度总理辛格在第二届印非峰会开幕式上表示,印度将为非洲国家提供 7 亿美元的援助,这些资金将主要用于为非洲国家提供培训项目,并支持非洲国家建立多个研究机构,如食品加工中心、综合纺织中心和气象预报中心等;加强两国在教育领域的合作,增加享受印度政府奖学金的非洲学生名额;扩大接受“印度技术与经济合作项目”培训的非洲工人名额等。③ 随着中非及印非关系的深入发展,中印两国在非洲事务上的互动开始受到越来越多的关注,西方媒体包括部分印度媒体开始大肆渲染“中印在非洲的竞争”,认为两国将为争夺非洲的能源和市场展开激烈的竞争,称印非关系的深入发展将推动印度取代中国在非洲的影响力。部分印度媒体还将印非峰会定义为印度“和中国争夺影响力”的会议:2011 年 5 月 19 日,印度《经济

---

① Carol Lancaster,“The Chinese Aid System”, Center for Global Developemnt, June 2007, http://www.cgdev.org.

② Bernt Berger,“China's Engagement in Africa: Can the EU Sit Back?”, *South African Journal of International Affairs*, Vol.13, Issue 1, 2006, p.119.

③ 《印度对非援助注重“软硬兼施”——第二届印非峰会首日综述》,2013 年 5 月 25 日,见 http://news.xinhuanet.com/2011-05/25/c_13892692.htm。

时报》评论称,印度近年来之所以增加对非洲的投资,其根本目的就是为了“抗衡中国对非洲日益增长的影响力”,评论还引述印度商务部门官员的话,对中国对非援助大肆加以批评,将中国对非援助描述为具有“帝国主义性质”,并明确表态“印度不能学中国”,进而宣扬印度对非政策所具有的“平等性”和“优越性”。[①] 这就使得中国对非援助也面临着如何加强与新兴发展中国家之间的沟通与对话,进而实现双方在非洲的共存与合作。

中国对非援助的发展变化既体现在实践层面,也体现在中非双方的心理认知层面:对中国来说,非洲不再是一个等待援助的受援对象,而是一个发展道路上的同行者和发展伙伴,因此新时期的中国对非援助必须突破传统援助关系中的“灌输”和“恩赐”模式,而是着眼于中非平等伙伴关系的构建。[②] 在此背景下,对非援助作为推动中非关系深入发展的重要政策工具,必须适应国内外形势的最新变化,在现有成果的基础上,有效应对所面临的问题和挑战,并从理念和政策层面进行援助改革和创新,这是未来决定中非关系发展前景的重要因素。

三、PPP 模式在国际发展援助中的应用及前景[③]

直译为“公共资本和私人资本合作”的 PPP(Public Private Partnership)模式作为一个专业术语源于美国,最初专指公共与私人部门联合为教育项目筹资,在 20 世纪 50 年代,扩展到为公共事业筹资,60 年代又扩展到城市改造的公私合资企业。[④] 由于 PPP 能够通过引入市场竞争机制和多元化投资有效

① 郭西山:《印媒称非洲进入“印度时间”》,《环球时报》2011 年 5 月 20 日。

② 胡美:《中国对非援助编年研究(1956—2015)》,中央编译出版社 2017 年版,第 3 页。

③ 本部分内容是在《PPP 模式在国际发展援助中的应用及前景展望》(发表于《区域与全球发展》2019 年第 2 期)一文的基础上经修改而成。

④ 李明哲:《国外 PPP 发展动态述评》,《建筑经济》2014 年第 1 期。

缓解财政压力并提高项目建设和运营的效率,[①]在世界范围内得到了广泛的应用。在国际发展援助事务中,英国、德国、美国等西方国家在20世纪90年代就将PPP模式作为改善发展援助效果,改进发展援助管理的重要手段和方法。尤其是2011年9月,经合组织发展援助委员会第四次高级别会议在韩国釜山召开后,私营部门在发展援助中的地位和作用得到高度重视。[②]

本部分内容将围绕PPP模式在西方发达国家向发展中国家提供官方发展援助中的应用情况,探讨该模式在发展援助领域的优势及不足,并对其在未来国际发展合作中的应用前景进行展望,以期为实现中国对非援助与贸易投资互动提供参考。

(一)典型案例:PPP模式在国际发展援助中的应用

世界银行将PPP定义为正式的合同关系,主要指公共实体或机构与私营实体之间通过长期的合同安排,以私人方面承担重大风险和管理责任的方式提供公共资产或服务。由此可见,PPP模式的关键在于将私营资本引入公共服务领域,通过私营资本与政府机构之间的合作,在充分发挥各自比较优势的基础上风险共担、利益共享,从而实现更优的合作效果。正因具备上述特征,PPP模式已经成为西方国家高度重视的融资和管理模式,并在国际发展援助领域不断探索该模式的新应用,以发挥其在加强发展援助机构与私营资本合作、提高援助管理效率、改进援助效果等方面的独特作用。本研究择取其中的两个典型案例进行介绍,以便更加全面了解PPP模式在国际发展援助中的应用情况。

---

① 樊千、邱晖:《PPP的本质、产生动因及演化发展动力机制》,《商业研究》2015年第5期。

② 参见Penny Davies,"The Role of the Private Sector in the Context of Aid Effectiveness:Consultative Findings Document",Consultative Findings Document Final Report,2 February 2011,prepared for the OECD Development Assistance Committee Working Party on Aid Effectiveness prior to the Fourth High-Level Forum on Aid Effectiveness in Busan,Korea,http://www.oecd.org/dac/effectiveness/47088121.pdf。

案例一：美国国际开发署与杜邦先锋(DuPont Pioneer)在农业领域的合作①

从2001年到2016年，美国国际开发署已经牵头启动1600多个PPP合作项目，②将PPP模式作为其改善发展援助效果的重要手段，其中与杜邦先锋种业公司的合作就是典型案例。作为一家种业公司，杜邦先锋与美国国际开发署在发展援助领域的合作由来已久。杜邦先锋的前身先锋种业公司成立于1926年，是世界上第一家杂交玉米种子企业，1999年被杜邦全资收购，是世界上第二大种子公司，第一大玉米种子生产商，其业务已遍及全球90多个国家和地区。杜邦先锋利用其自身在良种培育、农业种植、收割、灌溉、农产品交易等方面的显著优势，与美国国际开发署在埃塞俄比亚、加纳、乌克兰等多个国家和地区通过PPP模式进行农业合作，建立多个"高级玉米种子培育计划"(Advanced Maize Seed Adoption Program)合作项目，以帮助解决全球范围内的饥饿问题。

双方进行合作的具体方式为：美国国际开发署提供一部分发展援助资金作为补贴，杜邦先锋同样提供部分资金，并充分发挥自己在农业领域，尤其是良种培育方面的专业优势，为受援国的农民提供优质种子样本、农业示范和实地培训，建立农民经销商网络和合作社，以保障当地农业生产的投入质量，提高农业生产技术的利用、接受程度。通常情况下，当地政府也要参与这一合作项目，并提供部分资金支持及其他便利条件。整体来看，该项目的效果十分明

① 本案例部分内容参见美国国际开发署副署长在美国参议院的发言证词：Testimony of Eric G.Postel, Associate Administrator, before the Senate Subcommittee on State Department and USAID Management, International Operations and Bilateral International Development, Tuesday, July 12, 2016, https://www.usaid.gov/news-information/congressional-testimony/jul-12-2016-eric-g-postel-aa-public-private-partnerships-foreign-aid。

② Modernizing Foreign Assistance Network, "Deliver More with U.S.Development Cooperation: A Proposal for the Next President", November 10, 2016, http://modernizeaid.net/wp-content/uploads/2016/11/MFAN-long-memo-V2.7.-online.pdf.

显:由于使用这些优良玉米种和专业的农业培训,农业产量迅速提升,农民收入也明显改善。杜邦先锋种业公司也同样能够从这一合作项目中获得利润,因此其合作积极性得以保持,合作范围也在不断扩展。

案例二:澳大利亚“企业挑战基金”在柬埔寨资助成立移动支付企业①

澳大利亚较早在发展援助中采取公私合作模式。为了帮助私营企业更好地应对风险,澳大利亚官方发展援助机构还专门成立了“企业挑战基金”(Enterprise Challenge Fund,ECF)。2008 年,一家提供手机支付服务的企业 WING 在柬埔寨成立,澳大利亚“企业挑战基金”为其提供了 150 万美元的赠款,这笔资金约占企业运营成本的 25%。WING 允许客户通过手机以低成本转账、存储和提取存款,该企业最初的服务目标是柬埔寨城市地区的制衣厂工人和城市学生等人群。然而,1400 万的柬埔寨人口中约有 80%生活在农村地区,其中约 35%的人每天生活费不足 1.25 美元,这直接推动了 WING 将其服务范围迅速扩展至农村地区,成为主要面向农村人口的支付业务服务商。WING 利用其扩展项目,资助初步教育计划,引导贫困人员树立起对移动技术和银行业的认识,并开展金融扫盲运动。它还为个人和小型企业购买商品和服务提供了安全支付方式,并支持工资单处理和账单支付。相对于传统方式,WING 所收取的汇款费用每笔仅为 0.10 美元,提款费用为每笔 0.40 美元,这意味着享受该服务的农村用户每年可节省高达 1680 万美元的交易成本。

三年后,WING 已经签约了 38 万客户,其中 82%在农村,34%为女性,汇款交易的金额从 2011 年初的不足 100 万美元增长到 2012 年 9 月的超过 1200 万美元,将近柬埔寨国内汇款总额的一半。在现有金融服务的基础上,WING 还不断扩展其服务范围:如通过促进使用廉价的高棉电话手机,

① 案例来源:Anthony Perkins and Thiev Viseth,“Engaging Business in Development”,paper presented at the Development Policy Centre's Forum,on 17 October,2012。

鼓励客户使用第三方支付代理来协助交易，并与电信公司和微型金融机构建立合作关系，扩大金融知识培训，获得更大的薪资处理账户以进入国际汇款服务的巨大市场。此外，WING 的快速发展引起了国际发展机构的兴趣：联合国世界粮食计划署认为 WING 的服务可以为其促进穷人“日复一日幸存者”（Day to Day Survivors）的融资工作，并与 WING 在粮食安全、减少饥饿等领域展开合作。

澳大利亚发展援助机构通过“企业挑战基金”提供的补助金推动了 WING 的迅速发展壮大，同时增加了对受援方贫困地区人口的金融服务，为消除在该国普遍存在的城乡支付鸿沟提供了可能，有力地推动受援方获得可持续发展的能力。整体看来，WING 作为参与到发展合作项目的私人资本，它所带来的发展成果早已超出其从官方发展机构所获取的补贴。

（二）PPP 模式在国际发展援助中应用的优势及不足

PPP 模式在国际发展援助事务中的应用主要包括两种常见类型：第一种是在包容性商业（Inclusive Business）模式中应用的 PPP 项目。作为近年来国际社会大力提倡的解决发展问题的新方案，联合国开发计划署将“包容性商业”定义为：将低收入人群充分融入商业模型，在企业价值链中，低收入人群在需求端成为顾客或者消费者，或在供给端成为生产者、企业主和雇员。“包容性商业”在国际发展合作中受到高度重视，如二十国集团领导人杭州峰会发布的公报明确指出：“包容性商业在促进发展方面发挥着重要作用。”①这一类型的 PPP 模式合作方式主要为：官方发展援助机构与私营资本之间合作进行商业活动，通过合作将发展中国家中的贫困人群以商品或服务供应者、消费者或劳动者的身份纳入到特定的经济链条中来，并通过这一途径改善受援方人民生活水平。

---

① 新华社：《二十国集团领导人杭州峰会公报》，2016 年 9 月 6 日，见 http://www.xinhuanet.com//world/2016-09/06/c_1119515149.htm。

荷兰和丹麦成立了援助项目基金“可持续发展贸易倡议”(The Sustainable Trade Initiative),通过召集公私联盟增加可持续生产的全球贸易产品,帮助穷人获得并实现其经济权利。具体运行方式为私营合作伙伴提供一部分资金,援助机构也提供一定数额的援助资金与其相匹配,双方合作开展援助项目。一个成功案例是他们在越南开展的渔民资助计划,世界自然基金会、当地政府和欧洲贸易商利用援助项目基金提供的资金帮助越南当地的渔产品生产、加工适应和满足水产养殖管理委员会(ASC)的相关规则,让具有ASC标志的越南渔产品在欧洲超市销售,从而帮助越南当地渔业采用通行国际标准,为当地渔产品进入欧洲市场消除阻碍,也有效提升了当地渔民的收入。①

第二种常见类型是发展援助机构与私营资本合作提供公共物品,主要在卫生防疫和教育、农业等领域广泛应用。按照其提供的公共物品内容的不同,可以分为服务性PPP模式和产品型PPP模式。在这种合作模式中,发展援助机构提供部分资金,利用私营资本所有的管理、方法、设施和人力资源等提供面向公众的公共服务。私营资本与官方发展援助机构之间的合作模式可以是购买—提供关系(purchaser-provider),即官方发展援助机构出资购买私营企业所提供的产品和服务,如净水公司提供的卫生饮用水、医疗企业提供的医疗服务、教育机构提供的教育服务;也可以是共同经营,后者的合作关系相对更为紧密。

结合当前PPP模式在国际发展援助中的应用情况,可以发现该模式在国际发展援助领域中既具有自身独特优势,也存在明显不足。PPP模式的独特优势主要体现在以下几个方面:

第一,PPP模式有助于实现援助主体的多元化。传统的发展援助主要由发达国家的官方发展援助机构和国际援助机构来开展,在主体上具有明显的

① Margaret Callan and Robin Davies,“When Business Meets Aid:Analyzing Public-Private Partnerships for International Development”,Development Policy Centre Discussion Paper No.28,Crawford School of Public Policy,The Australian National University,April 2013.

单一性，而 PPP 模式在以传统发展援助机构为主体的同时，可以吸引更多的私营资本参与发展援助事务，从而实现援助主体的多元化。目前，已经参与到该领域的私营资本既包括企业，也包括非政府组织，近年来的参与数量和规模都有明显提升。

援助主体的多元意味着援助资源的增加和扩展。当前国际社会正面临着援助资源不足的严峻形势，“千年发展目标”及其后续议程将官方发展援助的目标额度设定为每年 3003 亿美元，但发达国家实际提供的援助金额远未达到这一目标，以 2011 年为例，各国援助额总计仅为 1335 亿美元，约等于所有发达国家国民收入的 0.31%，这导致官方发展援助当年缺口达 1668 亿美元。[①] 在这样的背景下，更多的私营资本参与国际发展援助，可以提供更多的援助资源，从而为全球范围的国际发展合作注入新的活力。以非洲为例，在非洲已实施的 PPP 项目中，近 80% 由外国公司实施，其中超过一半为欧美跨国公司主导。[②]

援助主体的多元同样有利于受援方市场主体的培育。来自援助方和受援方的私营资本参与发展援助事务，将推动受援方市场日益成熟、开放、多元、规范。基础设施建设、教育、卫生等原本属于政府主导、部分企业垄断的行业将逐步向社会开放，市场化程度得以提升；与此同时，企业为了能够获得参与发展援助事务的准入机会，将提升自己参与社会发展的积极性。应该说，PPP 模式的应用在改善援助效果的同时，还可以为受援方国内社会经济发展带来新的机遇，从而实现发展援助的“造血”功能。

第二，PPP 模式有助于援助效果的改善和提升。长期以来，发达国家向发展中国家提供了大量的官方发展援助，仅在 1945 年至 2005 年，非洲国家就获得了超过 1 万亿美元的援助，但却未能实现预期的发展目标，甚至引发一系

① 吴红波：《2015 年后的国际发展合作——联合国的视角》，《国际展望》2013 年第 3 期。

② 郝睿、蒲大可、许蔓：《中国参与非洲基础设施投资和建设研究》，《国际经济合作》2015 年第 11 期。

列严重问题,如援助依赖、援助滋生的腐败等,①发展援助因其援助效果不够彰显而饱受批评。私营资本参与到发展援助的制定和实施过程,在带来更多援助资源的同时,还可以为援助管理提供有效经验,让援助机构可以集中精力于其所擅长的援助战略、政策制定和宏观援助计划设计,将援助项目运营、管理等具体工作交给具有专业优势的私营资本负责,从而推动援助效果的改善。

很多私营资本接受官方发展援助机构如世界卫生组织的赠款,用其进行卫生防疫宣传、健康检查、接受疫苗、卫生培训等。就企业而言,卫生防疫问题,尤其是企业职工及其家属的身体健康情况与企业的经营情况直接相关,因此很多发展中国家和地区的企业都会定期为其员工及家属提供卫生培训、身体检查、疫苗注射等服务。官方发展援助机构可以充分利用私营资本这方面的优势,与其共同开展传染病防治、改善卫生防疫条件等发展援助工作。

第三,PPP 模式为发展援助模式创新提供有力支持。援助本身并不能解决受援方发展进程中面临的所有问题,如何将援助与贸易、投资等其他路径有机结合,形成适合受援方的可持续发展合力,是解决发展问题的关键,也是 PPP 模式的独特优势之一。现阶段,很多经济社会发展水平落后的发展中国家是可可、咖啡、蔗糖、棉花等农产品、经济作物的主要种植地和生产者,但由于其在世界经济中处于被动、无话语权、边缘化的位置,不能参与全球市场的规则制定,从而无法通过国际贸易来有效发展国内经济。PPP 模式通过公私合作的方式,可以帮助受援方满足发达国家市场标准、环境标准,培育和增强受援方获得公平参与国际贸易的能力和机会,从而从根本上为受援方经济社会发展提供动力。

在具备上述独特优势的同时,PPP 模式在发展援助中应用时也不可避免

① Dambisa Moyo, *Dead Aid: Why Aid Is Not Working and How There Is Another Way for Africa*, London, Penguin Books, March 2009, p.49.

地呈现出明显不足，具体说来：

第一，PPP 模式的关键是伙伴关系、利益共享、风险共担，这也是 PPP 模式能够在发展援助中发挥作用的前提和基础。但如何确定官方发展援助机构与私营资本之间的伙伴关系，如何合理确定双方的权利与义务，如何有效承担项目实施过程中产生的风险，目前仍面临一定挑战。无论是产品—购买型的合作模式，还是咨询—服务型合作模式，援助机构和私营资本之间更多是合作关系，而没有建立起真正的伙伴关系，也就无法做到利益共享、风险共担，这不可避免地会对援助效果带来负面影响。援助机构作为资金提供方，很难对具有专业优势的私营资本进行有效的制约和监督；反过来，私营企业也较难对援助机构和当地政府进行真正制约。而一旦项目实施过程中面临风险和挑战时，责任分配的有效落实同样是对双方合作关系的挑战。项目结束后，只有通过长期全面的评估方能对项目效果做出评价，如果不符合预期目标，未能带来良好援助效果，援助机构也很难对私营资本采取有效制裁措施，即使双方在合作之初已达成相关约定。

在发展援助公私合作伙伴关系中，主体双方的合作目标既具有一致性，也存在明显差异。这在所有的公私合作伙伴关系中都是存在的，但对于发展援助中的双方而言尤为明显：实现援助效果的改善、帮助受援方解决发展难题、获得持续发展能力是援助机构的核心目标；参与发展援助事务的私营资本当然也要考虑到援助效果，但必然将企业的经营、盈利作为优先目标。对于发展机构来说，发展是长远问题，更看重长期目标，项目实施后的社会影响、发展效果是发展机构关切的核心内容；而私营资本则更注重项目短期成本投入与利润回报，这种目标上的差异性，导致双方在合作过程中不可避免会产生分歧和矛盾。如何妥善处理上述问题，并真正建立起伙伴关系，是决定 PPP 模式应用效果的重要因素。

第二，PPP 模式在发展援助中的应用有可能滋生或助长腐败，从而引发援助机构权威声誉的受损，并导致受援方严重的社会政治问题。如果缺乏制约和监督,贪腐现象将使人们对于项目运作的公共性和合法性产生质疑。①发展援助机构需要选择特定的私营资本开展合作,这些合作伙伴如何确定,既关系到未来公私合作的效果,也影响援助资源的配置,不排除有私营资本希望获得国际发展援助机构的资金支持而行贿或提供虚假信息(虚报自己的丰富经验等)的可能性。在确定私营资本作为合作伙伴后,选择在哪些地区开展合作(受援助资源稀缺性影响,公私合作几乎无法同时在受援方全国范围内同时开展)就成为关键问题,这一阶段一般需要受援方中央或地方政府的参与,尤其是需要援助项目所在地的地方政府提供一定支持,如土地、资源及政策倾斜等,这个过程同样是容易产生权力寻租的过程。实践中,援助机构与私营资本之间的合作,通常由一些非政府组织进行连接和推动,必要的第三方能够了解双方的优势和资源,而且能够解决双方信息不对称的问题,从而有效的降低交易成本、提升合作效果。但这些非政府组织作为连接各方的“中间人”,能否保证客观中立和提供信息的真实性,对于公私合作伙伴关系的建立和运行至关重要。

第三,PPP 模式在发展援助中的应用有可能导致市场准入障碍,破坏受援方市场秩序的健康运行。以发展援助机构通过资助部分私营资本使其产品或服务达到认证标准以便进入国际贸易市场为例,这对于那些未获认证的产品和服务的提供者来说就会造成市场准入阻碍,有可能破坏受援方国内正常市场秩序,进而加剧受援方国内地区间发展不平衡问题。

PPP 模式的成本控制同样是不可忽视的重要问题。应用 PPP 模式的初衷是为了降低援助成本、提高援助效率,但实践中私营资本参与发展援助事务,提供产品、服务或者参与经营,都需要援助机构提供一定资金,加上项目运营过程中的持续投入,PPP 模式能否带来援助成本的降低具有不确定性。既能够实现援助效果的改善,又尽量减少由此带来的负面影响,这是 PPP 模式在国际发展援助中面临的关键考验。

---

① 王微、周弘:《论国际援助功能的变化和全球发展》,《山东社会科学》2018 年第 1 期。

（三）PPP模式在国际发展援助中的应用前景

通过对PPP模式在发展援助中应用实践的考察，可以发现其对发展援助效果的改善具有重要意义，因此具有广泛的应用前景，但要充分发挥其在国际发展援助事务中的独特优势，应注意以下几个方面：

第一，需要确定国际发展援助中应用PPP模式的目标和合作架构，这将从根本上决定其应用效果。首先，明确PPP模式在发展援助中应用的根本目标是解决发展中国家和地区的发展问题，改善发展援助的效果。如前文所述，参与发展援助公私合作的双方在目标上具有明显差异性，在兼顾发展机构长期目标和私营资本短期目标的基础上，必须将发展作为公私合作伙伴关系的最高目标，否则就偏离了应用该模式的初衷。

其次，确定公私双方的合作模式是PPP模式得以发挥其作用的前提和基础。在发展援助的PPP模式中，发展援助机构的比较优势主要体现在政策方面，能够为合作项目争取更广泛的政策支持，尤其是与相关机构和政府部门开展合作与对话；私营资本在合作关系中的比较优势主要体现在丰富的管理经验、专业技术优势、人力资源优势等，可以帮助发展援助机构有效克服市场风险、信息赤字，避免机遇和风险误判、降低项目运营成本等。因此，发展援助机构与私人资本应在各自发挥自身比较优势的基础上建立起真正的伙伴关系，最终实现双方的合作共赢。

第二，确定PPP模式的应用范围和领域是影响其效果的重要因素。PPP模式不是能够从根本上解决全球发展问题的万金油，而是用来改善援助效果、加强援助管理的重要方式和手段。因此，选择哪些地区和哪些领域（行业）应用PPP模式，会从根本上影响其应用效果。参照国际经验，基础设施建设、卫生、教育、农业等领域是应用PPP模式效果较好的领域。① 值得注意的一点是，

① 参见史丁莎：《国际PPP市场发展和开放比较研究》，《国际经济合作》2017年第11期。

能否有效调动私营资本的积极性，将从根本上决定 PPP 模式的可行性和应用前景：发展援助领域的公私合作伙伴关系的落脚点在于实现发展目标，因此应用于发展援助的 PPP 模式对于私营资本来说，其投入的成本更高，将要承担的风险也相对更大，而这无疑会削弱其参与发展援助事务的积极性。要在这种情况下充分调动私营资本的积极性，就需要私人资本能够从合作中获益更多，如良好的交通条件、健康的卫生条件、受过训练的技术工人、便捷的信息网络服务等。

第三，PPP 模式的运行效果除了受到其自身因素影响外，也与配套机制是否成熟健全密切相关，如监督机制、评估机制、健全的法律法规等。为了保证援助目标和效果的实现，也为了保证伙伴关系中双方的相互制约，必须建立起健全的监督机制，这既包括伙伴关系内部的相互监督，也包括由受援方政府和社会公众等第三方实施的外在监督。

评估机制（也称为评价机制）是国际发展援助中的重要组成部分，①同样应该贯穿于 PPP 项目的全过程，从项目论证、启动、运营到结束，都应该有严格的评估机制。评估可以由合作双方协商成立的评估机构进行，也可以委托第三方进行独立评估，评估内容应该包括项目目标实现情况、项目实现的社会效益和经济效益、项目带来的环境影响、项目对受援方实现可持续发展所起到的作用，以及项目的可推广性等。发展援助中的 PPP 项目评估尤其应该重视其在推动可持续发展方面的效果，因为这是发展援助的最高目标，是评价发展援助 PPP 项目成败的关键因素。有效的评估能够为援助项目有效运行、援助方案的修正、后续新援助项目的设计、援助政策和战略的调整提供有力依据，是 PPP 模式应用于发展援助事务不可或缺的重要保障。

第四，结合国际发展援助自身的独特性，加强 PPP 模式的创新。目前，PPP 模式的应用更多集中于国内建设领域，在国际发展援助中的应用还在探索阶段，如何能够将国际发展援助的独特属性与 PPP 模式的优势有机结合，

① 援助评估的重要性及常见做法可参见 Richard Blue, Cynthia Clapp-Wincek, and Holly Benner, "Beyond Success Stories: Monitoring & Evaluation for Foreign Assistance Results", May 2009。

探索适合国际发展援助现实需要的 PPP 模式,是该模式能够成功应用的关键。

不同于国内的 PPP 模式,通常只涉及相应的政府部门和以私人企业或投资机构、非政府组织等为代表的社会资本,在发展援助事务中,除上述双主体外,还涉及受援方政府,其主体构成更加复杂。受援方政府在 PPP 模式中的地位具有多样性:可以作为伙伴关系中独立的一方参与其中,负责政策支持、提供公共资源等事务,如农业种植领域的 PPP 项目中,发展援助机构负责项目设计论证、提供部分资金,私营资本负责提供优良种子、对农民进行生产收割培训、建立农产品销售网络,当地政府负责提供补贴、水利、交通等公共服务。受援方政府也可以不直接参与 PPP 项目,而是以第三方身份对项目运营情况进行监管,从而对项目施加影响。不管采取什么样的合作方式,受援方政府都应该是发展援助 PPP 项目中的重要一方,基于这一现实要求确立 PPP 合作模式,对援助项目的实施十分重要。

援助实践中,除了企业,非政府组织在发展援助 PPP 项目中也发挥重要作用。以比尔和梅琳达·盖茨基金会(Bill and Melinda Gates Foundation)为例,该基金会已经与美国国际开发署、世界银行等发展援助机构在多个国家和地区开展合作,在卫生、教育、人力资源培训等领域实施多个合作项目。

西方国家长期的发展援助实践已经证明,单靠援助并不能从根本上解决发展问题,因此应将 PPP 模式与国际贸易、投资有效结合,寻求更好满足发展需求的新模式,如以产品认证的方式帮助受援方产品或服务获得参与国际贸易的机会,以改善交通、水电等公共服务设施为基础吸引国际投资,都是传统 PPP 模式在发展援助事务中的创新。为了解决非洲艾滋病融资而进行的一种创新方式值得参考:通过向全球公司,如 Gap,Emporio,Armani,Apple,Starbucks 等企业授权带有公益性质的商标(RED),这些企业所获得的一部分利润(最高为 50%)将提供给全球基金用于非洲治理艾滋病。① 这些合作项目与

① 黄梅波:《国际发展援助创新融资机制分析》,《国际经济合作》2012 年第 4 期。

传统的 PPP 项目不同,但更加适应国际发展援助的需要,也因此带来更好的发展效果,这为 PPP 模式在发展援助领域的应用提供重要参考。

总之,PPP 模式作为一种融资管理模式,可以在改善国际发展援助效果方面发挥重要作用,其在国际发展援助事务中的应用前景值得关注。同时,该模式也可以为新时期中国对外援助改革、创新提供重要参考,尤其是在"一带一路"倡议框架下推动中国对非援助的新发展,建立具有中国特色的对非援助 PPP 新模式,这同样是值得深入探讨的重要议题。

第四章　中非贸易与投资合作

中方将实施50个促进贸易援助项目，支持非洲改善内外贸易和投资软硬条件，愿同非洲国家和区域组织商谈包括货物贸易、服务贸易、投资合作等全面自由贸易协定，扩大非洲输华产品规模。支持非洲国家提高海关、质检、税务等执法能力，开展标准化和认证认可、电子商务等领域合作。

——2015年12月4日，习近平主席在中非合作论坛约翰内斯堡峰会开幕式上的致辞

习近平主席曾说："我们把世界经济比作人的肌体，那么贸易和投资就是血液。如果气滞血瘀，难畅其流，世界经济就无法健康发展。"[①]由此可见，贸易投资合作在世界经济发展中的重要性。随着中非关系的深入发展，中非在贸易、投资领域的合作也日益深化并取得显著成果。尤其是2000年成立的中非合作论坛，更是为中非全方位合作提供了新的重要平台。目前，中国是非洲的第一大贸易伙伴国，中非投资合作的规模、水平、范围也得到迅速提升。作为发展中国家之间开展互利合作的典范，中非关系的深入发展不仅具有双边

① 习近平：《创新增长路径　共享发展成果——在二十国集团领导人第十次峰会第一阶段会议上关于世界经济形势的发言》，《人民日报》2015年11月16日。

意义，还具有广泛的多边影响，如为南南合作带来有益参考，为世界经济的平衡、可持续发展起到重要推动作用。① 整体看来，中非贸易和投资合作取得了显著成就，但也因内外形势的变化而面临新情况和新挑战，这为未来的中非经贸合作提出了新要求，也指明了发展前景和方向。

一、中非贸易投资合作规模与质量的提升

中非同属发展中国家，在经济上具有很强的互补性，这为中非经贸合作打下坚实的现实基础。尤其是2000年中非合作论坛成立以来，中非贸易投资合作水平、范围和规模迅速提升，并取得重要成果。从经贸合作规模方面看，目前中国已连续数年保持其作为非洲最大贸易伙伴国的地位，非洲也成了中国最重要的进口来源地之一。除此之外，中非在投资和工程建设领域的合作也取得显著进展，目前非洲是中国的第四大投资目的地，也是中国的第二大海外工程承包市场。从合作的成效方面看，中非经贸合作的深入发展对中非双方都产生了重要而积极的影响，有效推动了非洲国家的经济发展和社会进步，显著提升了非洲人民的生活水平、改善了其生活条件，同时也为中国的经济建设和社会发展提供了有效助力。

中国国务院新闻办公室先后于2010年和2013年发表了两份《中国与非洲的经贸合作》白皮书，对中非经贸合作的历史做了系统的总结和回顾，也对未来中非经贸合作的前景作出展望。本部分内容主要参照两份白皮书的相关内容撰写，并补充了商务部的最新统计数据。六十多年来，中国与非洲充分发挥双方在资源条件、经济结构、发展策略等方面所具有的强烈互补性，秉持平等相待、讲求实效、互惠互利、共同发展的原则，不断推动双方之间的经贸合作水平和规模的提升，努力实现互利共赢，在贸易投资领域的合作取得了重要成果。

---

① 中华人民共和国国务院新闻办公室：《中国与非洲的经贸合作（2013）》，2013年8月29日，见 http://www.scio.gov.cn/ztk/dtzt/2013/9329142/329145/Document/1345040/1345040.htm。

（一）中非贸易投资合作的规模不断扩大

从纵向角度考察中非贸易投资合作情况可以发现，中非经贸合作的规模和水平不断出现新高，呈现迅速上升趋势，这一趋势可以通过中非经贸合作的数据得到直接体现，也可以通过中非贸易占中非双方对外贸易总额的比重得以体现。

以2000年至2012年为例，这期间中非贸易占中国对外贸易总额的比重实现了翻倍的增长：2000年，中非贸易占中国对外贸易总额的比重仅为2.23%，2012年这一数字增加至5.13%，此后受到国际贸易形势的影响，中非贸易额也有所下降，但2018年中非贸易在中国对外贸易总额中的比重又回升到4.4%。非洲的情况也是一样，甚至比重提升的趋势更加明显：2000年，中非贸易占非洲对外贸易总额的比重仅为3.82%，2012年这一数字增加至16.13%，增幅将近5倍。过去四十年间，中非贸易额从1978年的7.65亿美元增加到2018年超过2000亿美元，增长超过200倍。2018年，中国从非洲进口额为993亿美元，同比增长32%；中国对非出口额为1049亿美元，同比增长11%。[①] 这体现了中非贸易合作对双方的重要性，也为未来中非经贸合作的深入发展打下了十分重要的基础。

在贸易合作不断深化的同时，中非投资合作的水平也得到显著提升，这主要体现在中国对非投资的快速发展：以2009年至2012年的中非投资合作为例，这期间中国对非直接投资额的年均增长率达到20.5%。与此同时，中国对非直接投资的流量由2009年的14.4亿美元增加到2012年的25.2亿美元；中国对非投资存量的增长趋势更加明显：从2009年的93.3亿美元增加到了2012年的212.3亿美元。再以2016年的中非投资合作为例，除金融类投资之外，这一年中国对非洲直接投资的流量达到了33亿美元，相比2015年的

---

① 中华人民共和国商务部西亚非洲司：《2018年中非经贸合作数据统计》，2019年5月15日，见 http://xyf.mofcom.gov.cn/article/tj/zh/201905/20190502863235.shtml。

数据同比增长了14%,投资的领域也十分广泛,既涉及传统的建筑工程、制造业和采矿业等行业,也涉及新型的服务业、人力资源培训等领域。① 2018年6月,联合国贸易和发展会议发布了《2018年版世界投资报告》,报告显示,在全球经济增长疲弱的背景下,2017年全球外国直接投资下降23%,但中国仍是发展中国家里最大的吸收外资国和对外投资国:2017年中国吸收的外资在全球排名中位居第二,仅次于美国;与此同时,2017年中国对外投资全球排名第三,位居美国和日本之后。②

根据商务部的统计,从2003年到2017年,中国对非直接投资存量从4.91亿美元增长到433亿美元。③ 中国对非洲的工程承包签约合同额从2000年的22.9亿美元增长到2017年的765亿美元,同期工程承包完成营业额从10.96亿美元增长到512亿美元;累计签约合同额从2000年底的163.8亿美元增长到2017年底7097亿美元,同期累计完成营业额也从122.8亿美元增长到4580.4亿美元。④

(二)中非贸易投资合作的范围和领域不断拓展

从横向角度考察中非在贸易、投资领域的合作情况可以发现,伴随着中非关系的深入发展,中非经贸合作的范围和领域也得到显著扩展,这在中非经贸发展的不同阶段都有所体现:在中非建交初期,中非经贸合作主要是以贸易合作为主,双方在投资领域的合作十分有限,中方自20世纪60年代开始向非洲国家提供的援助也是这一时期中非经贸合作的一个重要方式。此后,中非双

① 中华人民共和国商务部西亚非洲司:《2016年中国对非洲投资数据统计》,2017年2月22日,见 http://xyf.mofcom.gov.cn/article/date/201702/20170202520441.shtml。

② 参见赵磊:《以"一带一路"构建更加紧密中非命运共同体》,《学习时报》2018年9月10日。

③ 商务部、国家统计局、国家外汇管理局:《2017年度中国对外直接投资统计公报》,中国统计出版社2018年版,第46、51页。

④ 参见姚桂梅、许蔓:《中非合作与"一带一路"建设战略对接:现状与前景》,《国际经济合作》2019年第3期。

方共同努力，不断扩展双边经贸合作的领域、丰富双边经贸合作的内容。2000年成立的中非合作论坛推动中非双方经贸合作进入了快速发展的新阶段，合作的内容、形式进一步拓展，并形成了当前中非经贸领域多层次、宽领域、多样化的合作新格局。

根据中国商务部统计的数据，从存量看，截至 2017 年末，中国企业在非洲地区的 52 个国家开展了投资，覆盖率为 86.7%，设立的境外企业超过 3400 家，占境外企业总数的 8.7%。① 2018 年，在国际贸易整体形势严峻的情况下，中国对非出口依旧增长 16.4%，②中非货物贸易覆盖了非洲 60 余个国家和地区，这直接体现了新时期中非经贸合作的强劲动力。

（三）中非贸易投资合作的结构和方式日益多样合理

在经贸合作规模不断扩大、合作水平不断提升的同时，中非经贸合作的结构也在逐步优化，这主要体现在中非双方在合作中充分发挥了自身的比较优势，实现了合作方式的多样化。

在 20 世纪 50 年代以来的很长一段时间内，双方的经济发展水平和产业结构限制了经贸合作的内容和方式，中国对非出口的商品都集中于农产品和轻工产品。但随着中国工业化进程的不断加快，尤其是改革开放以来中国经济的快速发展，进入新世纪后的中非贸易合作在结构上出现了显著变化：电子产品、机械制成品、交通运输工具等产品的对非出口规模和比重明显提升。现阶段，中国对非出口商品中机电产品的比例已经过半，这极大地提升了中国出口非洲商品的技术含量。同样的趋势也体现在非洲对中国出口的商品构成情况中：很长一段时间以来，绝大多数非洲国家的出口都是以能源、资源及相关

① 中华人民共和国商务部：《中国对外投资发展报告 2018》，2019 年 1 月 28 日，见 http://images.mofcom.gov.cn/fec/201901/20190128155348158.pdf。

② 中华人民共和国商务部：《中国对外贸易形势报告（2019 年春季）》，2019 年 5 月 28 日，见 http://images.mofcom.gov.cn/zhs/201905/20190524182054485.pdf。

半成品为主，但近年来随着非洲国家自身经济的发展，其出口产品在国际市场中的竞争力也得到明显提升，因此非洲对华出口商品中钢材、电子产品等工业制成品的比重不断增加。此外，农业也是中非经贸合作创新发展的一个重要领域，非洲现代化农业的发展直接带动了其农产品出口，来自非洲的柑橘、可可豆、咖啡、橄榄油等产品在中国市场中的份额显著提升。

在加强经贸合作的过程中，中国积极创新经贸合作方式，推动中非经贸合作的新发展。作为中国政府在中非合作论坛北京峰会上宣布的对非务实合作8项举措之一，2006年成立的中非发展基金在推动中国企业对非投资方面发挥了十分重要的作用。2008年1月，中非发展基金在北京举行了首批对非投资项目的签约仪式，承诺对首批向非洲投资的四个项目投资9000多万美元，有力地推动了中非投资合作的新发展。此后，中非发展基金先后启动一系列对非投资项目，如与深能源共同投资的加纳电厂、与天津泰达签署的建设埃及苏伊士经贸合作区投资协议、埃塞俄比亚玻璃厂、马拉维和莫桑比克棉花项目加工厂、利比里亚邦州铁矿项目、中非洋皮革加工项目等。通过上述投资项目的建设和完成，越来越多的中国企业赴非投资，既带动了非洲相关行业的快速发展，也为中国经济“走出去”创造重要平台。

此外，中国政府还积极采取减免关税的方式扩大对非洲产品的进口。目前，33个已经与中国建交的、来自非洲的最不发达国家在对华出口时，97%的产品都已享受零关税的优惠待遇。为了进一步向非洲产品开放市场，帮助中国消费者了解非洲对华出口产品，2011年5月，非洲产品展销中心在浙江省义乌市正式开始营业，该展销中心向入驻的非洲商家和产品给予了广泛的优惠待遇，帮助其进一步打开中国市场。

随着中非投资合作的深入发展，中国对非投资机制也日益健全和完善，这主要体现在中国与多个非洲国家签署了相关的投资保护协定。从1989年与加纳签订《中华人民共和国政府和加纳共和国政府关于鼓励和相互保护投资协定》算起，截至2019年10月，中国已先后与埃及、阿曼、摩洛哥、毛里求斯、津巴布韦、叙利亚、尼日利亚、贝宁、科特迪瓦、阿尔及利亚、加蓬、苏丹、南非、佛得角、埃塞俄比亚、突尼斯、赤道几内亚、马达加斯加、刚果民主共和国等非洲国家签署了双边投资保护协定，在平等互利的基础上，为双方的投资合作保驾护航。

现阶段，中非经贸合作的范围已经超越了此前相对单一的状态，实现了从传统的基础设施建设、能源开发、农业等合作领域，向关系到非洲民生与能力发展的人力资源开发、教育、医疗卫生等新领域的拓展。中非合作论坛出台了多项推进中非互利合作的重要举措，中方也一直坚持认真落实相关举措，以自己的实际行动为中非合作助力。整体看来，目前中非在贸易投资领域的合作已经取得重要成就，随着中非双方实力的不断增长，在互利合作共赢理念的指引下，未来中非经贸合作将迎来更多的机遇和更广阔的合作空间。

二、中非贸易投资合作面临的困难与挑战

中非贸易投资合作取得了举世瞩目的巨大成就，但随着中非双方自身的发展变化，以及所处国际形势的深刻调整，中非贸易投资合作也面临着一些新的难题和挑战，如何进一步优化升级中非贸易投资合作结构、提升合作质量和水平，成为当前中非关系中的一个重要议题。

（一）中非贸易投资合作受到双方国内形势发展变化的直接影响

中非双方所处的发展阶段、所面临的发展任务会给中非之间的合作态势带来直接影响。伴随着中国经济进入新常态，国内产业结构调整和升级成为当前中国经济发展的重要驱动，越来越多的中国企业走出去、到非洲投资建厂，成为新时期中非经贸合作的重要推动力量。但需要注意的一点是，尽管近年来中国综合国力显著提升，中国也十分积极承担国际责任，具有强烈的国际

责任意识，但现阶段中国依旧是一个处于社会主义初级阶段的发展中国家，依旧承担着较为艰巨的国内建设任务。因此，中国在履行国际责任的同时，也要根据自身的情况量力而行，在力所能及的基础上尽力而为、量力而行地提供对外援助、开展国际合作。

与此同时，非洲国家在加强自身发展的过程中对与中国之间的贸易投资合作报以较高的期望，希望通过与中国开展经贸合作带动自身经济的快速发展。但2008年爆发的金融危机既让非洲国家面临经济增速下降、国际贸易受挫、海外投资减少的困境，也让中国经济发展面临较大压力，这样的国际形势必给中非经贸合作带来重要影响。2015年联合国发布了“2030年可持续发展议程”，这是继“千年发展目标”后国际社会为实现可持续发展而提出的新的国际发展合作议程，对非洲国家的发展具有重要意义。据联合国贸易和发展会议组织的测算，要想实现这一发展议程所列出的发展目标，非洲国家每年所需的发展资金高达6140亿至6380亿美元，但按照当时的引资规模，非洲国家每年的资金缺口将高达2100亿美元。① 2008年金融危机后世界经济呈现复苏乏力的趋势，这意味着非洲国家从西方发达国家获取的援助和投资金额短期内都不能实现大规模提升，由此导致非洲国家对来自中国的投资、贸易合作的诉求显著提升，希望中国能够帮助其解决融资难题。在此背景下，中非经贸合作的压力将有所增加。

（二）中非贸易投资合作结构仍需优化

近年来中非贸易投资合作的结构日益多元合理，突破了能源、基础设施建设等传统合作领域，并建立起更加均衡的对非投资体系。但中非贸易投资合作依旧面临着调整结构的压力和挑战：中非经贸合作模式自身尚存在“重贸易，轻投资”、“重眼前，轻长远”、“重硬件，轻软件”、“重输血，轻互动”等一系

① 王磊：《中国举办G20峰会与非洲的主要期待》，2016年8月27日，见http://theory.gmw.cn/2016-08/27/content_21667707.htm。

列问题。[①] 目前困扰中非经贸合作的难题主要是由双方的结构性差异所导致的，多年来非洲对华出口产品尽管在技术含量和商品附加值方面已经有所提升，但受限于其自身的经济、技术水平，其对华出口还是以矿产资源和原材料为主，产品附加值相对较低。在中国对非出口方面，尽管近年来中非在金融、教育、人力资源等领域的合作日益增加，但劳动密集型产品的出口比重还是比较高，出口结构的合理化程度还需要进一步提升。以 2018 年中非贸易合作为例，中国向非洲国家出口的主要产品仍为机电产品、轻纺产品、贱金属及其制品等；中国自非进口产品仍以矿产品、贱金属及制品、纺织品原料及制品为主，中国自非进口矿产品额占中国自非进口总额的 65%，同比增长了 36.4%。[②]

根据中国商务部的统计数据，2017 年中国对非洲地区的投资存量主要分布在 5 个行业领域，依次为建筑业（29.8%）、采矿业（22.5%）、金融业（14.0%）、制造业（13.2%）以及租赁与商务服务业（5.3%）。上述 5 个行业投资存量合计为 367.4 亿美元，所占比重高达 84.8%。[③] 由此可见，中国对非投资领域还是比较集中，急需进一步拓宽。

（三）中非贸易投资合作面临着严峻的国际舆论环境和国际竞争形势

中非关系的强劲发展，不仅具有双边层面和地区层面的影响，还带来了更为广泛的全球性影响，引发了全球范围的广泛关注。可以说，中非合作有力地推动了现行全球经济治理体系的变革，为构建公平合理的国际经济新秩序提供了有力助推，但这不可避免地引发了现行国际经济体系中“既得利益者”的

① 施勇杰：《突出包围的强国之路——新形势下中非经贸合作战略研究》，中国商务出版社 2015 年版，第 84 页。

② 田伊霖、武芳：《推进中非贸易高质量发展的思考——2018 年中非贸易状况分析及政策建议》，《国际贸易》2019 年第 6 期。

③ 中华人民共和国商务部：《中国对外投资发展报告 2018》，2019 年 1 月 28 日，见 http://images.mofcom.gov.cn/fec/201901/20190128155348158.pdf。

担心和指责。针对中非经贸合作水平和规模的提升，以美国和欧洲国家为代表的传统对非经贸合作伙伴表达出了非常强烈的不安、焦虑、警惕和担忧，在上述情绪的驱动下，西方的政客、学者和媒体不断地炮制和散布“中国威胁论”、中国在非洲“搞新殖民主义”、中国在非洲“掠夺资源”等论调，大肆宣扬中国在非洲投资、中非经贸合作所带来的各种负面影响，从政治上“助长腐败”到经济上“剥削压迫”，所有导致非洲政治、经济、安全和社会发展的问题都与中国在非洲的活动有关。①

从2017年下半年开始，西方媒体、学者共同炮制出一个新的描述国家力量形态的概念：锐实力（Sharp Power），并将其用作形容中国在国际事务中发挥影响力的专有概念，借此对中国与发展中国家之间的友好合作关系予以攻击。2017年12月5日，美国国家民主基金会（National Endowment for Democracy）发布了一份长达156页的主题报告，报告标题为《锐实力：不断增强的威权影响力》（*Sharp Power：Rising Authoritarian Influence*），指责中国和俄罗斯以“锐实力”的形式发挥其国际影响力。2017年12月16日，英国《经济学人》（*The Economist*）杂志的封面采用极富视觉冲击力的图片和标题——《锐实力：中国影响的新形态》（*Sharp power：The New Shape of Chinese Influence*）——再次对中国的“锐实力”进行解读，并刊发本周头条文章《如何应对中国的锐实力》（*What to do about China's "Sharp Power"*），对“锐实力”概念再次进行阐释。文章从“修昔底德陷阱”引出中美之间潜在的冲突对抗，此后通过罗列澳大利亚、英国、加拿大、新西兰和德国等国的案例，将中国在全球范围内影响力的显著增长视为中国行使“锐实力”的直接表现，并据此提出西方国家应对中国“锐实力”增长的有效对策，如利用自身的价值观来让中国的“锐实力”变“钝”。

从2017年末到2018年初，美国著名政治学家约瑟夫·奈先后公开发表两篇文章阐释“锐实力”这一概念。题为《中国的“软实力”和“锐实力”》

① 冯兴艳：《境外经贸合作区与中非投资合作的战略选择》，《国际经济合作》2011年第4期。

(*China's Soft and Sharp Power*)的文章认为"锐实力"是一种硬实力,并针对中国近年来国际影响力提升问题,阐释了"锐实力"的表现形式以及西方国家的应对之策。2018 年 1 月 24 日,奈在《外交事务》(*Foreign Affairs*)上再次发表题为《"锐实力"如何威胁"软实力"——应对威权主义的正确和错误方式》(*How Sharp Power Threatens Soft Power*:*The Right and Wrong Ways to Respond to Authoritarian Influence*)的文章,指出"华盛顿已经发明了一个新的表述——锐实力——去描述此前就已经存在的旧威胁",并对"锐实力"的内涵,尤其是"锐实力"与"软实力"的区别与联系,以及西方国家应对中俄等"威权国家""锐实力"显著增长的有效对策。由此可见,西方国家对中国与非洲国家之间的友好合作表现出高度担忧和恐慌,并不惜对其进行大肆的批评指责,以此给中非关系施加舆论压力。

也是在中非关系深入发展的背景下,各种国际对非合作机制在 2006 年北京峰会后呈现出快速发展的新态势,客观上为中非关系、特别是中非合作论坛带来了重大的竞争压力。① 这样的国际形势不可避免地影响了中非互利合作的国际环境,进而转化为中非关系进一步深入发展所面临的现实压力和激烈的国际竞争。

三、中国对非援助与贸易投资合作的互动与深化

如前文所述,六十多年来中非在援助、贸易和投资领域的合作均取得了显著成果,从根本上推动了中非关系的深入发展。但随着国际国内形势的发展变化,也对中非关系提出了新的要求。在中非合作中,如何有效整合援助与贸易投资政策工具,形成中国对非经济合作的合力,是当前中非关系中迫切需要

① 张春:《中非关系:应对国际对非合作的压力和挑战》,《外交评论》2012 年第 3 期。

解决的一个重要议题。

（一）中国对非援助与贸易投资互动的成效和主要特征

整体看来，中国对非援助与贸易投资的相互关系经历了不同的发展阶段：20世纪60年代，中国对非援助的形式比较单一，主要是无偿援助，当时中非经贸合作的水平也相对较低，因此在这一阶段中国对非援助与贸易投资基本上未进行有效互动。改革开放后，随着中国对非援助理念由此前的“单方面给予”向“互利合作、共同发展”的方式转变，为了实现合作共赢的目标，中国对非援助的理念、方式和政策都进行了相应的调整，注重综合运用援助、贸易和投资政策。从形式上看，是通过将援助与对外贸易和海外直接投资结合起来，从而实现了多种合作形式的有机整合；从实质上看，则是将提供外部发展助力与培育受援方内生性的发展能力、增强发展自主性结合起来，从而最终达到了中非互利合作、共同发展的双赢效果。①

目前，中国对非援助与贸易投资的相互关系呈现出如下特征：实践层面，中国一直坚持三者的有机结合。近年来，中国高度重视“促贸援助”（Aid for Trade）在中非关系中的重要作用，积极利用各种方式推进促贸援助，其政策效果也很显著。“促贸援助”是国际社会于近年提出的、推动国际发展合作的新理念和新举措，倡导国际社会，尤其是发达国家应该通过帮助发展中国家提高其参与全球贸易的能力，进而推动发展中国家，尤其是最不发达国家通过贸易渠道实现有效的经济发展。该倡议最初是由世界贸易组织发起的，作为发起者，世界贸易组织积极协调国际社会围绕这一问题展开讨论，推动相关国际发展机构达成多项协议和广泛共识，并采取系列行动切实帮助发展中国家提高其贸易能力。如帮助发展中国家完善其与贸易相关的基础设施建设、向发展中国家提供贸易领域的人力资源培训、帮助其提升生产能力以达到国际

① 王迎新：《中国对外援助与外贸、对外投资的协调发展》，《经济研究参考》2012年第56期。

市场的要求和标准等，通过这些途径帮助发展中国家改善其在全球贸易链条中的地位，增加参与全球贸易的能力和机会。中国作为“促贸援助”的积极参与方，在这过程中发挥了重要作用，具体主要体现在以下四个方面的切实行动。

1. 加强与贸易有关的基础设施建设。与传统援助方相比，中国一直把基础设施建设视为发展中国家实现发展的重要条件和基础，因此在中非合作中，中国积极通过基础设施项目承建的方式加强对非援助和投资，如帮助非洲国家建设公路、铁路、桥梁、医院、学校等，切实帮助非洲国家和人民改善生活条件，为实现持续发展奠定基础。对 2010 年至 2013 年中国对非援建项目进行统计就会发现，这其中与贸易直接或间接相关的大中型基础设施项目已经接近 90 个，同时还有多个同类基础设施项目正在建设中。典型的合作项目包括：多哥的洛美机场、肯尼亚的西卡公路、马里的巴马科三桥、毛里塔尼亚的友谊港扩建等项目，这些项目的建成和投入使用极大地改善了受援国的贸易运输条件。此外，中国援建的项目还十分注重为参与贸易活动的企业提供便利条件，如位于埃及苏伊士湾的西北经济区投资服务大楼等项目投入使用后，使得入驻的企业能够获得一站式服务。

与此同时，中国还在通信领域援建了多个项目，如坦桑尼亚、刚果（金）等国的骨干光缆传输网项目，有效地促进了受援国信息化建设，扩大了其与世界的信息互联互通，为其实现发展创造重要条件。中国提供的“促贸援助”还包括向喀麦隆、厄立特里亚等国提供的新舟 60 飞机，为受援国商贸人员提供了方便快捷的出行服务；向埃塞俄比亚、埃及、乍得、佛得角、赞比亚等国提供了集装箱检测设备，这些设备可以帮助上述国家增强其贸易产品检验水平和通关能力，也加强了相关国家的海关管理能力，对其有效打击走私行为起到重要帮助，同时也起到了促进贸易便利化的重要作用。①

---

① 中华人民共和国商务部：《中国与“促贸援助”》，2015 年 8 月 11 日，见 http://images.mofcom.gov.cn/yws/201508/20150811093443012.pdf。

2. 从提高生产能力入手促进贸易发展。整体来看，目前非洲国家的生产能力和水平还是相对较低，基于此，中国在向其提供“促贸援助”时非常重视对其生产能力的提升作用，典型项目包括：位于厄立特里亚和乍得的水泥厂、位于莫桑比克首都马普托市郊的“中莫农业合作技术示范中心”、位于马里的新上卡拉糖厂等，上述援建项目直接帮助受援国有效提高其生产能力，进一步扩大其对外贸易的规模，同时也起到优化贸易结构、改善贸易条件的重要作用。2011 年 12 月 15 日至 17 日，世界贸易组织第八届部长级会议在瑞士日内瓦举行，会议期间，中国与贝宁、马里、乍得和布基纳法索组成的非洲“棉花四国”进行了密切的磋商，并最终达成了广泛的合作共识：中方承诺采取积极行动支持四国完成其国内棉花生产企业的技术升级改造任务，并帮助其拓展产业链条，具体主要通过向四国提供来自中国的优良棉种、中国生产的棉花种植和收割设备、优质的肥料以及先进的棉花种植技术等方式展开，并通过与四国合作开展管理和技术人员培训等多样的合作方式，帮助上述四国推进棉花产业的发展。这是中国响应世界贸易组织“促贸援助”倡议，推动多哈回合谈判解决发展问题的一项务实举措，在实践中取得了良好的合作效果。

3. 通过给予零关税待遇扩大对华产品出口。为了切实推动最不发达国家贸易能力的提升，拓展其参与国际贸易的机会，中国采取系列措施直接推动发展中国家对中国市场的产品出口：从 2005 年 1 月 1 日起，中国正式对涉及 190 个税目、来自非洲 25 个最不发达国家的相关商品实施零关税待遇，这 25 个非洲国家分别为贝宁、布隆迪、佛得角、中非、科摩罗、刚果（金）、吉布提、厄立特里亚、埃塞俄比亚、几内亚、几内亚比绍、莱索托、利比里亚、马达加斯加、马里、毛里塔尼亚、莫桑比克、尼日尔、卢旺达、塞拉利昂、苏丹、坦桑尼亚、多哥、乌干达、赞比亚。2006 年，中非合作论坛北京峰会召开，中方在会上宣布将进一步扩大非洲有关最不发达国家对华出口商品零关税待遇受惠面，进一步加大国内市场向非洲国家开放的程度，将那些已经与中国建立外交关系的、来自非洲最不发达国家的享有零关税待遇的受惠商品的税目从 190 个扩大到 440 多个。

4. 支持最不发达国家参与多边贸易体制。作为世贸组织的重要成员，中国高度重视多边贸易体制对发展中国家和最不发达国家的重要作用。自2008年起，为了帮助发展中国家增强贸易能力，中国每年向该组织的“促贸援助”项目捐款20万美元；2011年后，中国进一步加大捐款力度，将捐助额提高至每年40万美元。2011年，中国还在世贸组织成立了“中国项目”，用以资助最不发达国家官员和学生赴世界贸易组织参会和实习。2012年5月29日，“最不发达国家加入世贸组织最佳实践圆桌会”在北京举行，时任中国商务部长陈德铭在开幕式致辞时表示，对于最不发达国家来说，要尽快地融入经济全球化进程，并从中获益、进而摆脱贫困，有效路径之一就是积极参与以世贸组织为代表的多边贸易体制。与会各方发表了《北京声明》，对推动世贸组织成员简化最不发达国家加入程序达成一致产生了积极的影响，也为支持最不发达国家参与多边贸易体制和经济全球化作出了积极的承诺和贡献。①

在高度重视援助与贸易结合的同时，援助与投资的互动，以及三者之间的互动都是当前中国开展对非经济合作的重要方式。《中国的对外援助(2011)》白皮书全面阐释了我国对外援助政策的基本立场、基本方针、基本原则以及主要的援助方式、资金来源、管理机制等根本问题。文件也表明中国对外援助不是孤立的政策工具，而是与其他对外政策，如贸易、投资等密切结合的。在对非经济合作实践中，通常是援助充当排头兵，通过援助为受援方建设发展贸易、吸引投资的基础设施等便利条件，在此基础上与受援方开展贸易和投资合作，最终实现培育受援方自主发展能力、双方互利共赢的战略合作目标。世界银行的一份报告经过调查得出结论，在自然条件十分艰苦、生产能力十分落后的撒哈拉以南非洲地区，中国已经投资承建了大量基础设施建设项目，如桥梁、铁路、公路的修建等，其中水电站和铁路的建设已经成为中国对撒

① 顾时宏：《中国在WTO框架下开展“促贸援助”成果显著》，2013年12月4日，见http://www.chinanews.com/gn/2013/12-04/5580479.shtml。

哈拉以南非洲地区进行投资的两大重点领域。[①] 这为中非的贸易投资合作提供了基础,可以说援助在中非合作中扮演了“先行者”的角色。2014 年商务部公布了《对外援助管理办法(试行)》,对中国对外援助管理过程中的相关事项作出明确规定,该办法明确表示,将对参与对外援助的企业给予有力支持,充分发挥包括企业在内的多元化主体在对外援助中的积极作用。这从实践层面为援助与贸易投资的互动提供了重要支持。

近年来,中非在经济领域的合作规模、程度、方式不断发展,并取得重要成果:中国是非洲的第一大贸易伙伴、中国对非投资呈现明显上升趋势,即使受到 2008 年金融危机后世界经济下行的不利影响,中非经济合作依旧取得显著成果,其中一个原因就是中国对非援助与贸易投资的有机互动,为中非经济合作注入新的活力。以中国和安哥拉的合作为例,中安合作十几年来,安哥拉国内经济实现了较快的发展:从 2004 年到 2008 年,安哥拉的国内生产总值年增长率都稳定地保持在 10%以上,在 2006 年、2007 年的快速发展阶段,其增长率甚至超过了 20%,人均国内生产总值的增幅同样显著:2001 年,安哥拉的人均国内生产总值还不到 1000 美元;2012 年,安哥拉的人均国内生产总值已经超过 5000 美元,经过十几年的发展安哥拉从处于战后重建的低收入国家发展为中等收入国家,在经济总量方面已经成为非洲大陆的第四大经济体。[②] 与此同时,中安合作,尤其是中国的对安援助,带动了中国企业对安哥拉的贸易和投资:2011 年,中国成为安哥拉最大的贸易伙伴,同时也是安哥拉第四大进口来源国,从而既实现了中国对安援助的目标和任务,又为中国政府推动中国企业走出国门提供平台,真正实现了双方的互利共赢。因此,在坚持平等互利、共同发展的合作理念指导下,中国对非援助与贸易投资的协调互动具有现实基础和强烈需求。

---

① 贺文萍:《中国援助非洲:发展特点、作用及面临的挑战》,《西亚非洲》2010 年第 7 期。

② 白云真:《中国对外援助的支柱与战略》,时事出版社 2016 年版,第 195—196 页。

（二）中国对非援助与贸易投资互动的不足

尽管中国对非援助与贸易投资在理念和实践层面均开展了密切的互动，但这种互动并不充分，还有很多方面需要改善和提升。具体说起来，体现在以下几个方面：

首先，中国对非援助与贸易投资互动在管理程序和机构设置方面存在机制不够健全、机构之间分工不明确、协调度不充分的问题，从而增加了互动实践难度。

从管理机构上看，多个部门和机构都参与了援助、贸易、投资的决策和实施过程，在实现广泛动员和充分参与的同时，这也导致机构之间的分工较为复杂和管理程序相对烦冗等问题。以对外援助为例，2018 年国家国际发展合作署成立之前，商务部、外交部、财政部及其下设的各相关司局等多个系统、多个部门的机构都参与到对外援助的政策制定、实施过程中，并形成复杂的分工体系，如中国国务院授权的政府对外援助主管部门是商务部，由其负责对外援助事务的管理和实施工作，其下设的国际经济合作事务局成立于 2003 年 7 月，主要职能是负责援外成套项目立项后的组织实施以及监督管理工作；成立于 1983 年的国际经济技术交流中心同样是商务部直属事业单位，主要承担对外援助中一般物资项目立项后招标的组织、决标和实施管理等相关工作；作为商务部培训机构的国际商务官员研修学院，自 1986 年起就开始承担对外援助培训任务。除商务部系统外，外交部系统的相关机构也参与其中，如外交部在援助战略的制定、援助国际协调方面发挥重要作用，驻外机构更是承担起中国对外援助项目的协调管理职能。财政部、管理基础设施建设的相关部委、中国进出口银行、地方政府及相关部门都不同程度地参与中国对外援助工作，并起到重要作用。相比于对外援助管理机制，对外贸易和投资的管理则涉及更多的部门机构参与其中，复杂的管理机制导致实践中对外援助与贸易投资的互动还不够充分。新组建的国家国际发展合作署能否改进援助管理中的不足，并实现与贸易投资的有机互动，还需实践进一步检验。

其次，目前还未真正建立起中国对非援助与贸易投资的系统互动机制，也缺少有效互动的机制保障。一套成熟完善的互动机制，应该满足以下几个基本条件：具有明确、统一的战略目标，并在该目标的指导下制定、落实相关政策；能够有效协调所有相关机构，确保权责清晰和分工明确；具有统一的监督、评估、反馈机制。目前中国对外援助与贸易投资还基本处于相对独立分散的状态，急需从中非关系尤其是中非经济合作的宏观层面制定统一的对非经济战略，并在统一的对非经济战略的指导下制定相互协调、共同推进的具体政策。有学者指出：对外经济政策是一个宏观的概念范畴，它涉及对外贸易、投资、金融、技术、能源、进出口、经济援助和经济制裁等多个领域和多种活动方式，并包含相关的政策、法规和规章制度在内，它既是一国国内经济政策在国外经济活动中的延伸和扩展，也是一国外交政策的重要组成部分，它涵盖了一个国家最重要的两个优先目标，即经济繁荣和国家安全。[①] 因此将援助与贸易投资进行有机整合的必要性毋庸赘言。

整体看来，导致中国对非援助与贸易投资互动不足的原因既有历史原因，也有现实因素，针对这些不足和原因，有针对性的提出对策，进而构建中国对非援助与贸易投资的互动体系，形成强化中非经济合作的政策合力，是当前中非关系深入发展不可回避的重要议题。

① 李红岩：《美国对外经济政策及其独特性》，《科学决策月刊》2007 年第 11 期。

第五章　美日欧对外援助及贸易投资互动情况比较

美国将动用其外交政策的所有资源以构建一个发展援助的大型协调性战略，从而保证国务院、国际开发署、外交人员、农业部的灌溉专家、疾病预防与控制中心的公共卫生专家、司法部的法治专家以及其他人员和机构在援助领域的协调与合作。

——《四年美国外交和发展回顾(2010)》①

援助、贸易和投资作为开展对外经济关系的重要方式，是各国都十分重视的政策工具。尽管西方传统援助方与中国在援助理念、方式等方面存在十分明显的差异性，但在援助管理机制、援助路径等方面还是有很多值得中国对外援助参考的经验与教训。因此，本部分将聚焦于美国、日本和欧盟在对外援助与贸易投资领域形成的互动理论和实践经验，在此基础上总结梳理其对中国对非援助与贸易投资互动体系构建的参考和借鉴意义。

① United States of America, Department of State and USIAD, *Leading through Civilian Power: The First Quadrennial Diplomacy and Development Review*, December 2010.

一、美国对外援助及贸易投资互动

美国政府将国防、外交和发展援助视为其开展对外关系的三大支柱，由此可见对外援助在美国外交中的重要地位。在发展对外关系的实践中，将援助与贸易投资进行有机整合，形成对外关系合力，是美国外交始终秉持的一项基本原则。

（一）战后美国对外援助历史进程回顾

第一阶段：战后初期，重建和遏制构成美国对外援助的双重驱动力。1945年至20世纪60年代初期是战后美国对外援助发展的第一阶段。二战结束后，美苏两国很快结束了战时“蜜月期”，进入两极格局下的冷战状态。在此背景下，这一阶段的美国对外援助呈现出以下几方面的基本特征：第一，从援助国视角看，美国和苏联是这一时期最主要的援助国，其援助范围遍及全球。第二，在对外援助目标和任务方面，援助主要是为美国与苏联全方位对峙的两极格局而服务，那些在冷战中有重要地缘政治战略意义的国家和地区是最主要的援助对象。1952年至1961年的十年间，美国在“共同安全计划”下所提供的经济援助总额将近200亿美元，其中75%集中在南越、韩国、台湾、土耳其、印度、巴基斯坦和其他包括近东在内的亚洲国家和地区。[①] 第三，从援助形式看，这一时期美国对外援助的主要形式是经济援助和军事援助。1947年，美国通过《马歇尔计划》向西欧国家提供包括金融、技术、设备等各种形式的援助总计130亿美元；但为了遏制社会主义阵营，美国对希腊、土耳其的援助计划则以军事援助为主。

第二阶段：援助竞赛时期和多边主义援助的发展。20世纪60年代中期

① Mosley Paul, *Foerign Aid: Its Defence and Perform*, Lexington: The University Press of Kentucky, 1987, p.23.

至80年代后期，冷战仍是国际格局的基调，但这一阶段的国际关系出现了新的变化：首先，美苏关系在50年代后期出现缓和势头，双方之间剑拔弩张的紧张状态有所缓解；其次，伴随着越来越多的发展中国家取得民族独立，广大发展中国家开始能够在国际社会中表达其政治和经济诉求，这使得发展问题成为70年代国际社会的主要议题，国际多边援助理念和实践得以迅速发展。这一时期的美国对外援助呈现出如下特征：

第一，援助对象主要集中于那些具有重要的地缘战略位置、对美苏两大阵营对峙具有样板意义的新独立的亚非拉国家。美国前总统肯尼迪曾明确表示："对外援助是美国在全世界保持影响和控制，并且支持许多本来肯定要垮台或落入共产主义集团的国家的一种方法。"①进入80年代，美国趁非洲大陆遭受历史上最严重的灾害之际，把大量的经济援助投向非洲国家，希望借此抵消苏联的影响，并扩大美国在非洲的势力。以美国对撒哈拉以南国家的经济援助数额来看，1980年为6.9亿美元，1983年迅速增加到9.65亿美元，1985年继续提供10亿美元还有44万吨紧急粮食援助。里根政府上台后，逐步加紧了对非洲战略要地的渗透，对摩洛哥、突尼斯、埃及、苏丹、索马里、肯尼亚、扎伊尔等具有重要战略地位的非洲国家提供大量军事援助和武器，对撒哈拉以南非洲国家的军事援助也由1980年的7800万美元增加到1984年的2亿美元以上。可以说，冷战时期美国的国际援助有三个目的：遏制苏联、与欧洲竞争和倾销剩余农产品。②

第二，多边援助的发展是这一时期国际援助发展的新趋势，美国对外援助方式也开始从双边援助向多边援助扩展。这一阶段成立了一系列国际多边援助机构和平台，如联合国开发计划署、联合国贸易和发展会议等。在发展中国家的大力推动下，联合国框架内达成了一系列有关发展援助问题的重要决议，

---

① 李安山：《中国对非援助：国际援助体系中的独特模式》，2012年9月7日，见 http://news.ifeng.com/guandong/detail_2012_09/07/17434970_0.shtml。

② 李安山：《国际援助的历史与现实：理论批判与效益评析》，载李安山、潘华琼编著：《中国非洲研究评论（2014）》，社会科学文献出版社2015年版，第121—141页。

国际多边援助的理念得以迅速发展和传播。联合国大会于 1961 年通过了关于发展问题的第一个决议,决定将 60 年代设定为第一个“联合国发展十年”,并订立了发达国家向发展中国家援助其国民总收入(GNI)1%的发展目标。1969 年,世界银行评估小组对其援助计划和项目进行了评估,由其提交的《皮尔森报告》提出了向发展中国家提供相当于发达国家国民总收入 0.7%的援外目标,从而正式开启了国际多边援助体系的发展序幕。1970 年 10 月 24 日,联合国大会通过了《第二个联合国发展十年的国际发展战略》,确立了第二个发展十年的目标,为了实现这一目标,发达国家需要使其官方发展援助额达到国民总收入的 0.7%。在此背景下,美国对外援助的一部分也纳入到国际多边援助框架体系中。

第三阶段:后冷战时期的对外援助。20 世纪 80 年代末 90 年代初,国际格局经历了巨大转变,对外援助也随之发生很大变化,并呈现出新的发展趋势:首先,苏联解体导致以美苏为首的两大阵营之间的对峙结束,近半个世纪的冷战也宣告结束。其次,经济全球化浪潮席卷全球,跨国公司大量出现,国家之间的相互依存关系日益密切。最后,南北关系也有了新的发展,部分新兴发展中国家在经济上取得巨大发展。同时,发展中国家在维护世界和平与稳定、环境保护、可持续发展等全球目标上具有不可替代的作用。在此背景下,这一时期的美国对外援助呈现出如下特征:

第一,美国对外援助对象有了很大变化。一些在冷战期间因地缘战略位置等因素而被两大集团激烈争夺的国家,在冷战后不再是美国优先的援助对象,如埃塞俄比亚和安哥拉等。与此形成对比的是,一些转型国家,如苏联解体后新独立的部分国家和中东欧国家都成了美国对外援助的优先对象。自 20 世纪 90 年代初以来,27 个转型国家都得到了美国的援助,其中有 24 个是美国在“伊拉克自由行动”或“持久自由行动”中的参与国。[①]

---

① 周琪:《新世纪以来的美国对外援助》,《世界经济与政治》2013 年第 9 期。

第二,20 世纪 90 年代中后期开始,发达国家出现普遍的“援助疲劳”(Aid Fatigue)症状,美国对外援助的数额也出现明显下降。这种现象主要是由国际格局的发展和美国对外战略的变化所导致的:在赢得冷战后,西方国家失去了与苏联进行势力范围争夺、开展援助竞赛的现实动力,因此对外援助的积极性普遍下降。1997 年,西方国家的援助预算进入战后最低谷,只有 485 亿美元。经合组织的发展援助委员会(DAC)成员国政府提供的发展援助占其国民生产总值的平均比例也有明显下降:1992 年为 0.38%,2000 年降至 0.22%;援助金额也由 637 亿美元减少至 562 亿美元,降幅高达 12%。

第三,从援助条件和目标看,美国开始将政治性条件作为其提供援助的附加条件,即所谓的第二代援助条件。“华盛顿共识”的提出,让美国将受援国按照美国的标准和意愿进行体制改革(实行多党制、市场经济、良治等)作为获得援助的前提。冷战结束后,美国对外援助的目标也有所调整,其政治目的性更加突出,结构调整、体制变革成为美国提供援助时最常附加的政治条件,加强人权保护、实行民主制度、推行自由化、实行市场经济体制等条件和要求也经常伴随援助一起涌向受援方。

第四阶段:21 世纪的美国对外援助。进入新世纪后,国际形势发生深刻变化,这对国际援助的发展产生重要影响。以“9·11”事件为代表的非传统安全问题的涌现,在一定程度上引发了西方国家新一轮的援助浪潮,这促使西方发达国家意识到:在相互依存程度日益紧密的今天,发展中国家已经不再仅仅是发达国家的原材料产地和商品、资本输出市场,而是对发达国家的稳定和繁荣具有不可替代的重要意义。如同 2010 年《美国国家安全战略》(*National Security Strategy*)阐释的那样:“通过制定一项积极且明确的发展日程及相关资源,我们(美国)能够推动那些需要我们帮助的地区性伙伴去制止冲突、缓解争端、有效打击全球范围内的犯罪网络,并在上述领域与美国展开密切合作,共同构建一个更加稳定、包容的世界经济,加强民主和人权,那些繁荣、有能力的民主国家在未来数十年间将成为我们的伙伴,并最终帮助我们更好地解决全球挑战。”①

这一阶段的美国对外援助具有如下特征：

第一，这一时期的美国对外援助集中为其“反恐”和国家安全目标服务，援助对象也集中于那些位于反恐前沿的国家和地区。以巴基斯坦为例，2001年夏天，国际货币基金组织（IMF）还在焦急地提醒巴基斯坦政府关注潜在的债务危机，强调该国国内经济面临的风险和挑战。但“9·11”事件后，巴基斯坦成为美国反恐联盟的前沿阵地，并因此获得来自西方国家的大规模援助。截至2003年底，巴基斯坦的外汇储备已经超过了110亿美元，不但解决了财政赤字问题，而且实现了财政盈余。② 2003年布什总统访问非洲，此后美国对非援助的规模和水平都显著提升，2004年美国还设立“千年挑战账户”，主要负责对非援助。2010年9月15日，奥巴马总统签署了《全球发展总统政策指令》（*Presidential Policy Directive on Global Development*），该文件明确指出：在经济全球化和政治力量多极化的背景下，发展合作对美国来说必不可少。新兴大国的崛起和脆弱国家的持续衰弱，潜在的全球化与跨国风险；饥饿、贫困、疾病和全球气候变化所带来的挑战，国际形势的深刻变化都要求美国必须重视其对外援助的作用。文件还明确指出了美国对外援助政策所追求的最高目标和诉求，就是在世界范围内维护普遍的和平、安全和繁荣；倡导和维护美国所主张的价值；维持公正和可持续的国际体系和国际秩序。③

第二，美国对外援助领域的重点有所转移，对外援助“软化”的趋势日益明显，重点援助领域从初期的农业发展和工业基础设施建设，中期的人力资源开发、基础教育、公共卫生、环保、妇女发展等，转向意识形态和上层建筑领域，

① White House，“National Security Strategy”，May 2010，p.15，http://nssarchive.us/NSSR/2010.pdf.

② John Van Oudenaren，“Unipolar Versus Unilateral”，*Policy Review*，April/May，2004：69.

③ The White House Office of the Press Secretary，“Fact Sheet：U.S. Global Development Policy”，September 22，2010，http://www.whitehouse.gov/the-press-office/2010/09/22/fact-sheet-us-global-development-policy.

在立法、司法、良治、民主及人权对话等方面出现了大量的政策咨询项目。① 这种变化与美国对外援助目标和使命是保持一致的:2010 年 12 月,美国国务院和美国国际开发署联合发布的《四年美国外交和发展回顾(2010)》(*Leading through Civilian Power*:*The First Quadrennial Diplomacy and Development Review*)明确指出:对美国而言,发展是战略、经济和道德上的需要,就像外交和防务一样,对外交政策同等重要。与此同时,该报告还强调美国政府中的民事力量在对外关系中发挥重要作用,他们执行外交使命、实施发展计划、加强盟友和伙伴关系、预防和应对危机与冲突,并且推进美国核心利益:安全、繁荣和普世价值观(特别是民主和人权),以及公正的国际秩序。②

第三,"援助疲劳"状态有所缓解,这一阶段美国对外援助得到明显提升。美国提供的官方发展援助净额由 2001 年的 113 亿美元增长到了 2009 年的 288.31 亿美元,增长了一倍多,这主要源于阿富汗战争和伊拉克战争后美国在反恐领域投入的大量援助。

(二)美国对外援助与贸易投资的互动

对外援助与贸易投资都是属于美国对外经济领域的重要事项,三者具有内在关联性,在政策制定过程中也存在密切联系,相关政策的制定和实施多是白宫、国会和相关利益集团等多个行为主体之间相互博弈、相互妥协的结果。根据美国宪法的相关规定,美国对外经济政策的决策权由总统和国会分享:总统是最高行政权的代表者和行使者,可以代表国家展开对外交往活动,进行国际条约、协议的谈判工作,但总统谈判达成的国际条约、协议需经国会批准通过后方能生效;国会是美国的立法机构,国内、国际层面的法律法规都需经国会表决、通过、批准才能生效实施。除此之外,美国还有大量的利益

① 周弘:《对外援助与现代国际关系》,《欧洲》2002 年第 3 期。

② United States of America, Department of State and USIAD, *Leading through Civilian Power*: *The First Quadrennial Diplomacy and Development Review*, December 2010.

集团参与到国家决策过程中，其对决策过程和决策结果的影响方式多种多样、影响效果十分显著，这导致美国对外援助、贸易和投资决策十分复杂。实践中，为了保证和强化对外援助与贸易投资的有机互动，美国采取了系列措施。

1. 理念层面，美国在对外援助中一直标榜将自己的外交政策和援助接受国的需求结合起来开展对外援助的战略理念，但在实践中还是以自身的利益和诉求作为制定援助战略的主要依据，这直接体现于美国历届政府的援助政策和援助实践中。奥巴马政府时期尤其重视综合运用对外政策工具为美国外交服务，美国国务院和美国国际开发署在2010年联合发布的《四年美国外交和发展回顾(2010)》中指出，美国动用了其外交政策的所有资源以构建一个发展援助的大型协调性战略，从而保证国务院、国际开发署、外交人员、农业部的灌溉专家、疾病预防与控制中心的公共卫生专家、司法部的法治专家以及其他人员和机构之间在援助领域的协调与合作。通过现有的政策机制，美国可以将影响发展中国家的“发展政策”变化评估纳入考虑，从而加强援助与贸易和投资等政策工具之间的协调。

为了加强不同政策工具的结合，奥巴马政府强调要为国务院和国际开发署制定一个长年战略规划，综合关于外交、发展和更广泛的对外援助的国家级规划，使其成为一个总体战略。与此同时，奥巴马政府也积极寻求与国会建立新的伙伴关系，争取在援助领域获得国会的接受和认同，从而在国内政治层面为援助政策提供有力支持。奥巴马政府认为：外交与发展相辅相成。有效的发展有助于稳定相关国家，使它们成为更加有效的外交伙伴；有效的外交加强了国家之间的协作，帮助推动实现我们共同发展目标。在这种相互依存下，美国政府对其援助机制作出调整：改善外交与发展专业人员之间的交流和协作，使外交人员更加关注发展问题；建立“发展外交”并使其成为国务院的一项专业，方式包括为外交人员提供发展问题培训，并为管理对外援助提供最佳案例；通过将资金与实际表现及战略计划挂钩，改善对外援助资金管理，以具体行动体现援助的有效性，并整合各种对外援助资金的管理。

2. 实践层面，美国非常重视援助与贸易投资的结合，并采取系列措施推动三者的有机互动。

举措之一是成立专门机构美国贸易发展署（United States Trade and Development Agency，也有媒体将其称之为美国贸易发展局、美国贸易和开发署等），该机构是根据美国《1979年对外援助法》的规定，于1980年正式成立的。该机构与海外私人投资公司均隶属于美国国际发展署，作为专门从事对外贸易、投资等经济活动的重要机构，其宗旨和职责主要是通过对其潜在的海外资助项目进行前期的项目分析，如项目可行性论证、项目投资回报分析、针对项目开展定向培训和定向考察等方式，以及向相关海外投资项目提供多形式的技术服务等，以此来提升美国企业在国际市场中的竞争力，起到为美国企业扩展海外市场、促进和扩大出口的重要作用。从其职能上看，美国贸易发展署是推动美国企业在发展中国家拓展商业利益的重要机构，常见方式是通过战略性使用外国援助资金支持东道主国家的投资政策和政策制定，进而创立一个符合美国标准的贸易、投资环境，该机构经费来源于美国政府每年的专门拨款。有媒体统计，美国贸易发展署每投资一美元就可以为美国带来近四十美元的出口。在2000财政年度，该机构投入资金超过5000万美元，主要用以资助美国公司在全球范围内开拓海外市场并获得诸多商机，涉及农业、环保、交通、航空、能源、电力、电讯及电子等多个领域。实践中，美国贸易发展署经常担任美国企业走出去的“先遣部队”，利用援助资金向受援方的贸易、投资政策和环境施加直接影响，并在咨询和可行性论证中向受援方优先推荐来自美国的商品、服务和资本，从而为美国在受援方的贸易和投资创造有利条件、保驾护航。如2018年7月，美国贸易发展署与非洲开发银行签署谅解备忘录，在“全球采购行动计划”框架下开展合作，双方通过信息共享和共同规划，以及对采购官员进行培训等方式加强合作。针对这一项目，美国贸易发展署明确表示，扩大与非洲开发银行的采购合作不仅支持非洲在采购方面获得更好效果，还有助于为美国公司在非洲参与招投标提供公平的竞争环境。①

举措之二是坚持对外援助的条件性，即采取“捆绑式援助”或“束缚式援助”，在提供援助时要求受援国接受美国援助资金的部分金额必须购买美国本土供应商提供的商品或服务，从而为美国企业与受援方开展贸易和投资合作提供便利条件。实践中，将援助项目与美国商品、技术和服务捆绑挂钩的做法，可以显著增强美国的资本、商品、服务和技术进入受援国市场的国际竞争力，有助于其开辟海外市场并进行直接投资。第二次世界大战结束后，美国凭借其在全球范围内的经济优势，积极利用援助的方式开展对外投资。在此背景下，美国参议院外交关系委员会于 1956 年发布了一份题为《技术援助和相关计划》的专题报告，报告通过对美国对外援助实践的分析得出结论，即美国政府不是慈善机构，作为政府政策而向他国所提供的技术援助也不是表达美国人民善心的慈善性举动，而是承担着为美国外交政策保驾护航、为维护和促进美国的海外利益服务职能的重要政策工具。②

在对外援助实践中，美国将援助作为加强与受援方之间经济互动和交流合作的重要纽带。美国政府在提供对外援助时，经常同步与受援国政府达成合作协议，要求受援国削减或消除对美国企业在其境内投资的相关限制性规定，或者是要求受援国降低其针对美国进口商品的关税，或是给予美国企业以特定的优惠待遇和政策倾斜，通过上述方式为美国企业进入受援国市场提供便利条件。除此之外，美国还经常在提供援助时通过附加条款对受援方提出要求，限制其援助资金的使用用途和使用方式。以美国对非援助为例，对非援助的好处在于可以促进美国拓展海外市场、扩大对外投资、输出美国产品和技

① 参见非洲开发银行：《美国贸易发展署与非开行扩大伙伴关系》，2018 年 7 月 7 日，见 http://www.nai.edu.cn/index.php? m=content&c=index&a=show&catid=36&id=4521。

② N.B.Miller, “Underdevelopment and U.S.Foreign Policy”, in Neal D.Houghton, ed. *Struggle against History: U.S.Foreign Policy in an Age of Revolution*, New York: Simon Schuster, 1968, p.138.转引自娄亚萍：《理想主义与美国对外经济援助》，《太平洋学报》2012 年第 8 期。

术标准，并对受援国经济施加影响。①

举措之三是美国对外经济政策出现了从单一援助向援助贸易投资互动转变的明显趋势。以美国对非援助为例，奥巴马政府上台后强化了对非洲的重视程度，并根据当时的国际形势重新定位了美非关系，宣称要建立起与非洲国家“相互负责和相互尊重”的伙伴关系。该伙伴关系的核心在于强调美非之间要共同承担责任，这意味着美国不赞成单方面对非援助的做法，而是强调非洲国家也要承担起其应该承担的责任，这也意味着美国将对其单向援助政策进行变革。2009 年，希拉里 · 克林顿国务卿参加了“第八届美国和撒哈拉以南非洲贸易和经济合作论坛”，即“《非洲增长与机会法》论坛”，号召促进美国和非洲之间的贸易关系。在接受《美国之音》采访时，时任美国国务院负责非洲事务的助理国务卿约翰 · 卡森也明确表示了未来美非关系的新发展趋势：“美国当然希望和非洲大陆的关系建立在更加广泛的基础之上。也就是说，我们不仅仅提供援助，同时也要打开和促进更多的商业机会。”②

《四年美国外交和发展回顾(2010)》报告则明确指出：我们正在改变我们做事的方式，从援助转变为投资——更加强调帮助东道国建立可维持的体系。2012 年 6 月出台的《美国对撒哈拉以南非洲新战略》更是明确强调美国对非政策的重点之一在于促进美非关系在经济、贸易和投资领域的发展。2013 年，奥巴马总统在访问非洲三国时提出了“电力非洲”“贸易非洲”等合作计划，多家美国企业都参与了“电力非洲”计划，私人资本的介入大力推动了美国对非援助事务的深入发展。2014 年 8 月 4 日至 6 日，首届美非峰会在华盛顿召开，美非双方在经贸和投资领域达成重要合作成果，这表明未来美国的对非援助政策将更多的与投资和贸易政策相结合。

① 王丽娟、姜新茹：《美国对非援助的影响及实质评价》，《太平洋学报》2014 年第 2 期。

② 曹子轩：《希拉里访非洲七国经贸为先》，2009 年 8 月 11 日，见 http://qnck.cyol.com/content/2009-08/11/content_2800254.htm。

二、日本对外援助及贸易投资互动

作为第二次世界大战的发起国和战败国,对外援助在战后日本外交中的地位和作用十分重要,日本也曾在20世纪90年代成为全球最大的援助国。通过对外援助,日本积极与东南亚、非洲等国家开展经济外交,这为其提升地区和全球影响力、改善日本外交环境、打开受援国市场创造了重要条件。本部分将对战后日本对外援助的主要阶段进行简单回顾,在此基础上探讨其对外援助与贸易投资互动的理念和实践经验。

(一)战后日本对外援助发展历程回顾

对外援助是日本经济外交的重要政策工具,其随着日本的国家战略、外交目标和国内外环境的变化而发展变化。回顾第二次世界大战结束后的七十多年间,日本对外援助主要经历了以下几个历史阶段:

第一阶段:20世纪50年代中期至60年代初是日本对外援助的开始和发展阶段

在美国对日援助以及朝鲜战争爆发的时代背景下,日本很快完成了战后重建,进入了经济快速发展阶段,并在这一阶段中实现了从受援方向援助方的身份转变。1950年,英国发起了“科伦坡计划”(Colombo Plan);1954年,日本加入其中,并提供了五万美元的援助资金,这是日本在战后第一次正式参与国际层面的对外援助活动。[①] 由于战败国的身份,日本需要在战后与多个国家展开谈判以解决战争赔款问题。为了更好地解决上述问题,也是为当时的日本外交打开局面,日本政府选择将战争赔偿问题与向相关当事国提供援助的问题合并起来进行谈判,通过发挥援助的经济外交职能方式来协助日本政府

① 曹俊金:《日本官方发展援助制度及对我国的启示》,《太平洋学报》2017年第11期。

解决政治外交问题。尤其是在与东南亚国家的谈判过程中，日本将援助作为重要的对外政策工具加以利用，这直接体现在日本与东南亚国家签署的一系列赔偿协定都伴随着双方开展经济合作、加强贸易投资往来的经济合作协定，如与缅甸签订的《日缅赔偿及经济合作协定》和《日缅和约》(1954)、与菲律宾签订的《日菲赔偿协定》和《日菲关于经济开发贷款的换文》(1956)、与印尼签订的《日—印尼和平条约》《日—印尼赔偿协定》和《日—印尼关于经济开发贷款的换文》(1958)等多个文件都是相互结合的。[①] 通过与东南亚国家在援助、贸易和投资领域的合作，日本不仅解决了战争赔款问题，而且通过援助强化了其与相关国家之间的经济合作关系，为日本商品和资本打开了受援国市场，并初步形成了具有自身特色的对外援助体系，为此后日本对外援助的深入发展打下了基础。

第二阶段:20 世纪 60 年代至 70 年代末是日本对外援助的快速发展阶段

对于在战后实现了经济快速发展的日本来说，这一阶段其对外援助的经济目标优先于其他目标。1960 年日本加入发展援助集团(DAC 前身)，开始向着全球性援助大国的方向迈进。此后，其对外援助的管理和实施机构不断健全完善:1961 年，日本成立了“海外经济协力基金”(OECF)，主要负责日元贷款的发放和管理;1962 年，又成立了“海外技术合作署”(OTCA)，负责对外援助战略的落实工作。同一时期，日本进出口银行的业务范围也有所扩大，为对外援助的快速发展提供资金支持。

20 世纪 70 年代初，随着经济实力增长，日本开始推行“多边自主外交”，其在全球范围内进行援助也是服从和服务于这一外交战略的直接体现。此前日本对外援助的重点地区是东南亚国家，1973 年爆发的石油危机让日本深刻认识到能源供应安全的重要性，中东国家、非洲国家和拉丁美洲在这一阶段成为日本新的援助对象。以中东国家为例，20 世纪 70 年代之前，日本对中东地

① 参见金熙德:《日本政府开发援助》，社会科学文献出版社 2000 年版，第 129—131 页。

区援助的份额占其对外援助总额的比例一直相对较低，但进入 20 世纪 70 年代之后，日本对中东地区的原油进口依赖程度不断提升，在此背景下中东地区迅速成为日本对外援助的重点区域：1977 年，中东地区获得的日本援助占到日本对外援助总额的 11%。①

20 世纪 70 年代中后期，日本偿还了其全部战争赔款，从此开启了对外援助的新阶段：一方面积极提升对外援助的规模，日本政府在其于 1978 年发布的官方发展援助中期计划中提出了对外援助的新目标：在未来 3 年内将其对外援助的总额翻一番，并最终如期完成了这一目标；另一方面，日本对外援助的范围明显扩展，从此前集中于亚洲地区开始向区外扩展，成为全球性的国际援助方。

第三阶段：20 世纪 80 年代至 90 年代是日本对外援助发展的鼎盛时期

这一阶段日本对外援助的政治性和战略性特征日益凸显，也是日本全方位外交深入发展的阶段。从 20 世纪 80 年代起，日本开始了从经济巨人向政治大国迈进的"第三次远航"，对外援助成为日本实现这一战略目标的重要政策工具。1983 年，日本成为经合组织发展援助委员会的第三大援助国；1986 年，日本成为世界第二大援助国；1989 年，日本超过美国成为世界上第一大对外援助国。1990 年以后，日本官方发展援助继续保持增长势头，并稳定维持其世界第一大官方发展援助提供方的地位，保持了 1 兆数千亿日元的官方发展援助规模。② 这主要得益于这一时期日本经济的快速发展，作为仅次于美国的世界第二大经济体，日本在对外援助的资金来源方面具有充分保障。

在保持对外援助高水平运行的同时，这一阶段也是日本对外援助体系和机制日益完善的重要阶段。1992 年，日本宫泽内阁通过决议发布了指导日本开展对外援助的重要法律性文件——《官方发展援助宪章》，该文件明确规定

① 王妍：《日本对外援助的发展及政策演变》，《国际经济合作》2014 年第 7 期。

② 何英莺：《从日本 ODA 政策的调整看日本外交战略的变化》，《太平洋学报》2004 年第 12 期。

了日本作为官方发展援助提供方所秉持的指导理念、基本原则，以及提供官方发展援助的优先领域和保障措施，并对其官方发展援助的管理机制、实施体系做出了明确规定，从而为日本对外援助的实践提供了有力的机制保障。

这一时期日本对外援助最明显的变化是加强了对非洲国家的援助力度。1993年，日本发起召开了首届非洲发展东京国际会议，此后每五年举行一次，该会议成为日本与非洲国家进行交流合作的重要平台，日本对非援助也不断增加。这与日本积极寻求与其经济地位相匹配的政治大国地位的战略目标是直接相关的，非洲国家占到了联合国会员国的四分之一，是日本推动联合国改革、获得联合国安理会常任理事国席位的重要“票仓”。由此可见，日本将对外援助作为实现其政治大国目标的一个强有力工具。

冷战结束之后，伴随着自身国力的显著增强和国际形势的发展变化，日本的外交战略出现了从经济重心向政治重心转向的重大转变，这直接推动了日本对外援助的领域开始从传统的经济技术合作向政治、军事和安全领域扩展。1991年，日本借海湾战争之机首次实现了向海外派兵，并在战争期间向美军为主的多国部队提供了高达130亿美元的财政援助，以此彰显其在国际事务中的重要价值。海湾战争后，日本政府继续加大对中东地区的援助力度，并提出了“为中东做贡献”的口号。这一阶段，巴勒斯坦成了日本在中东地区援助的重要对象，如1998年，在由美国倡议召开的支持中东和平发展会议上，日本就当场认捐2亿美元；2005年5月，巴勒斯坦民族权力机构主席阿巴斯访问日本，小泉政府宣布日本将向巴勒斯坦提供1亿美元的经济援助，用以资助其开展经济建设和社会发展。① 这是日本政府援助政策转向的集中体现。

第四阶段：21世纪的日本对外援助

由于20世纪90年代以来日本经济的持续低迷，其在国内面临着较大的要求削减对外援助数额、改革对外援助体制的压力。为了更好地应对这种现

① 孙秀萍：《提供援助倡议巴以峰会　日本靠什么插手中东》，《环球时报》2005年5月18日。

实压力，日本在21世纪初期对其援助体系进行了一系列的改革：日本国会通过决议，对日本发展援助的管理机制、机构设置和援助方式等方面做出调整和改革。与此同时，日本政府也于2003年对其实施超过二十年的《官方发展援助宪章》进行修订，强调官方发展援助外交职能的同时，也强调其在推动日本自身发展方面的重要作用，如确保日本国内经济的持续发展、社会稳定发展等。上述改革的根本目标在于提升日本官方发展援助的效率、改善援助效果，并获得更广泛的日本国民支持。

国内经济增速放缓导致日本于2001年结束了维持10年的世界第一大援助国的地位，其对外援助的预算也出现较大幅度的削减，这推动日本政府对其对外援助战略进行了系列调整：其援助的重点依旧集中在东南亚国家和非洲国家，尤其是非洲国家已经成了日本对外援助的主要受援方，2006年，日本对非洲援助甚至一度超过对东南亚地区的援助。2008年日本停止对华援助贷款后，更多地将援助投向印度、越南、孟加拉、菲律宾、印度尼西亚等亚洲国家；自2013年起，日本开始向缅甸提供日元贷款，2013年和2014年分别向其提供折合约25.6亿美元和6亿美元的日元贷款。①

进入新世纪后，日本外交的政治转向更加明显，非经济性的战略意图取代了此前的经济意图，成为日本发展援助的优先考量。② 因此，这一阶段日本对外援助的"军事色彩"明显加强，受战后和平宪法的限制，日本在国际军事领域的参与空间有限，援助就成为日本参与国际安全事务的有效载体。21世纪初期，日本借助参与国际反恐合作的名义更加积极地参与国际安全事务：第二次伊拉克战争爆发后，日本迅速参与战争中，并于2004年1月19日正式派遣日本陆上自卫队进入伊拉克，这是第二次世界大战结束以后，日本突破其和平宪法首次派遣自卫队进入正处于战争状态的国外领土，是日本防卫政策的重

① 雷文弢、张杰：《日本政策性金融支持国际合作的经验及启示》，《海外投资与出口信贷》2017年第1期。

② 白云真：《21世纪日本对外援助变革及其对中国的启示》，《教学与研究》2014年第7期。

大突破,引起了国际社会的广泛关注。

此后,日本官方发展援助的战略意图日益明晰,更多地与外交、防务等政策工具结合在一起,这一点在日本安倍内阁于 2014 年 12 月通过的《国家安全保障战略》中得到集中体现,该文件明确规定:发展援助将有助于维护国际和平与安全,日本将推动发展援助发挥其在安全、战略层面的重要作用,并从战略性和有效性出发推动日本官方发展援助的发展和强化。① 在此基础上,日本政府于 2015 年 2 月通过了《开发合作大纲》,以对《政府开发援助大纲》进行修订,该文件首次取消了日本援助外国部队的禁令,明确允许日本向其他国家的军队和相关军事机构提供官方发展援助,该援助可以用于帮助这些军队进行赈灾、基础设施建设等工作。这意味着日本政府提供的发展援助资金将可以用于支持外国部队的非作战行动,日本对外援助再一次成为其实现政治诉求和目标的重要手段。

(二)日本对外援助与贸易投资的互动实践

日本是国际社会中重要的援助方,其在发展援助政策框架、管理机制方面颇有特色,学界对此已经有深入研究。实践中,日本非常重视将援助与贸易投资相结合,发挥其相互推动和促进作用,形成日本经济外交的合力,进而服务于日本的整体外交战略。这主要体现在以下两个方面:

第一,对外援助充当了日本对外投资和贸易的"先锋"。在开展对外经济活动时,日本政府经常采取的方式是:以官方发展援助为先导、进而带动日本企业进入受援方市场,官方发展援助可以帮助受援方开展基础设施建设、提升生产能力和进行技术培训,在此基础上先建立起两国政府层面的互信合作机制,打造良好的国际形象以赢得受援方民众的民意支持,进而为日本企业在受援国的投资和贸易活动争取支持和优惠政策。考察战后日本对外援助的历史

---

① 刘艳:《战后日本对外援助的政策演变及战略分析》,《石河子大学学报》(哲学社会科学版)2016 年第 4 期。

进程会发现,对外援助一直是日本政府开展经济外交的重要手段,即使在其政治性和战略性目标日益明显的同时,其经济属性也从未削弱。从援助方式上看,相比较其他传统援助方对无偿援助的重视,优惠贷款(日元贷款)是日本对外援助的主要方式。以日本对印度的援助为例,日本提供给印度的发展援助95%以上为日元贷款,政府提供的日元贷款作为重要的对外援助方式,在两国关系中,尤其是经济合作中发挥了重要作用:日元贷款基本都被指定用于购买日方的设备、技术和相关产品,有利于日本经济的发展和日本商品、技术的出口和对外直接投资的发展;也能够为受援国解决其融资难问题,为其实现经济发展提供所必需的资金和技术。

此外,利用日元贷款开展官方发展援助也是日本推进日元国际化进程的有效路径。实践证明,大规模资本输出是货币国际化进程中必不可少的一个重要环节。自20世纪60年代以来,日本参与国际贸易的程度显著提升,并创造了巨额贸易顺差和充足的外汇储备,在此背景下,加强对外直接投资就成为日本经济发展的重要举措。与此同时,日元在国际贸易、投资、结算和外汇储备方面的影响力日益提升,最终实现货币国际化。日本官方发展援助有利于增进受援国的合作意愿,降低日元介入的政治壁垒,并常因附带其他条件(如必须使用日元结算)扩大了日元在国际市场中的流通范围和影响力,在推动日元国际化过程中起到了重要作用。①

第二,援助是日本为其商品、服务、技术和资本打开受援国市场、加强贸易合作的重要手段。战后日本原材料资源稀缺、国内消费市场有限,因此其拓展原材料进口市场和商品出口市场的诉求十分强烈。援助为解决这一难题发挥了重要作用,以经济援助的名义打开受援方市场,既可以获取受援方的廉价劳动力和初级生产材料,尤其是经济发展所需的能源,又能把自己的商品、服务、技术出口到受援方,为本国企业在受援方的投资、贸易提供便利条件。这一点

---

① 参见杨思灵:《日本对印度的官方发展援助研究》,《南亚研究》2013年第1期。

在日本对东南亚国家的援助中体现得十分明显。对外援助是日本强化与东南亚国家进行经济合作的润滑剂:在日本对东南亚国家持续援助的基础上,双方的双边贸易额逐年增加,而且日本享有较大的贸易顺差,官方发展援助在缓解双方的贸易摩擦方面发挥了重要作用。同时,发展援助也为日本企业赴东南亚投资、与东南亚国家开展经贸往来做了重要的准备工作。①

三、欧盟发展合作及贸易投资互动

伴随着欧洲一体化进程的不断深入,欧洲联盟及其成员国已经成为国际发展援助领域中的重要行为体。鉴于欧盟作为区域一体化组织的特殊身份,欧盟在发展合作的管理机制、政策制定和援助实施方面均具有鲜明特征,尤其是在综合利用援助与贸易投资等政策工具发展对外关系方面累积了很多成功经验。近年来,欧盟的相关文件多采用“发展合作”(development cooperation)这一表述,因此本研究在涉及欧盟援助政策时也主要采用“欧盟发展合作政策”这一表述,如不做特殊说明,则都是指官方发展援助。

欧盟(欧盟委员会及其成员国)通常被认为是世界上最大的援助方,其援助对象涉及世界范围内160多个国家和地区。2006年,其援助总额为589亿美元,包括欧盟委员会(约为102亿美元,占欧盟援助总额的17.3%)和成员国(约为487亿美元,占欧盟援助总额的82.7%)提供的援助,合计占经合组织发展援助委员会(Development Assistance Committee)援助总额的56.7%,同期美国的援助总额为227亿美元,日本则为116亿美元,分别占发展援助委员会援助总额的21.9%和11.1%。除此之外,还应加上不属于经合组织发展援助委员会成员国的12个新成员国的份额(约为5.92亿欧元)。2012年,欧盟及其成员国共提供了552亿欧元的官方发展援助,超过全球官方发展援助总

① 张博文:《日本对东南亚国家的援助:分析与评价》,《国际经济合作》2014年第4期。

额的 50%。①

（一）欧盟发展合作政策的协调性特征

发展合作、贸易和投资作为欧盟重要的对外政策工具，不可避免地受到欧洲一体化理念和欧盟自身特性的影响，如欧盟超国家集团的特殊性质、组织结构及运行方式等因素均给欧盟的对外经济政策打上了独特烙印，三种政策工具之间的协调性特征即是表现之一。欧盟发展合作政策的协调性是指欧盟为改善其发展合作政策效果、提升援助政策效率而进行的政策分工与协调，广义层面包括协调性、一致性和互补性等内容。这一政策特征主要体现在欧盟发展合作政策与欧盟其他相关内外政策之间的协调、欧盟与成员国在发展合作领域的政策协调、欧盟与其他国际援助方之间的协调三个层面。本研究将聚焦于发展合作与贸易投资等其他政策工具之间的协调与互动，以期为中国对非援助与贸易投资的互动框架体系提供参考和借鉴。

除发展合作政策外，欧盟对外政策工具还包括：扩大政策、贸易政策、政治对话、共同外交与安全政策等。为了更好地发挥发展合作政策作为对外政策工具的作用，欧盟加强了政策协调，以保证发展合作政策与其他内外政策之间保持协调与一致。欧共体委员会在其第一份关于发展政策的备忘录（1971）中表明：合作政策不仅限于传统的财政和商业工具，其政策效果也要取决于经济和社会政策通过发展合作追寻目标的共存性。②

《马斯特里赫特条约》第 130 条 C 款规定："联盟应特别确保其在对外关系、安全、经济与发展等政策范围的整个对外行动的协调性与一致性。"③这一

---

① European Commission, Commission Staff Working Document, "European Union's Development and External Assistance Policies and Their Implementation in 2012", [COM(2013) 594 final], Brussels, August 21, 2013, SWD(2013) 307 final.

② European Commission, "Commission Memorandum on a Community Policy for Development Cooperation", [1971] 5 EC Bull, Supp.15.

③ 欧共体官方出版局编：《欧洲联盟法典》（第一卷），苏明忠译，国际文化出版公司 2005 年版，第 61 页。

条款的主要内容包括:对外援助政策应与其他相关政策保持一致,如欧盟共同外交与安全政策、对外贸易政策、欧盟扩大政策等,这为确保欧盟对外政策的所有领域与欧盟发展目标的共存提供了机制保障。为了更好地贯彻该机制,欧盟委员会先后出台了一系列文件以加强欧盟对外援助政策与其他相关政策之间的协调与一致。2005 年,欧盟委员会通过一份名为《发展政策一致性——加速向千年发展目标前进》(*Policy Coherence for Development—Accelerating Progress towards Attaining the Millennium Development Goals*)的文件,该文件提出要在 12 个政策领域中加强发展政策的协调性和一致性,这 12 个政策领域涉及贸易、环境、气候变化、安全、农业、渔业、社会层面的全球化、就业、移民、科研和创新、信息社会、交通和能源。①

2007 年 12 月,欧盟委员会发表了欧盟第一份关于发展合作政策一致性和协调性的两年期报告,以评估承诺落实情况。该报告认为:发展合作政策之外的其他政策同样对发展中国家有着重要影响,如欧盟的贸易、环境等政策,因此欧盟对外援助协调性的目标是在这些政策与发展目标之间建立联系,这会改善对外援助政策的效果。在该报告的结论部分,理事会邀请成员国与其共同监督改善发展合作与其他政策的一致性和协调性情况。该报告的目的是检验欧盟在促进发展合作政策与其他影响发展中国家的主要政策之间的一致性和协调性,并确定继续推进政策一致性的相关安排。

2008 年,欧盟委员会再次发表题为《发展政策一致性:气候、能源、生物燃料与移民研究》(*Policy Coherence for Development, Climate Change/Energy/Biofuels, Migration and Research*)的文件。欧盟委员会提出:在以往经验的基础之上制定一项发展研究战略,以便在欧盟层面加强发展合作领域的协调。在欧共体研究框架计划(EC Research Framework Programmes)项下,专项国际合作行动(Specific International Cooperation Action)努力解决发展中国家的特殊需

① European Commission, "Policy Coherence for Development—Accelerating Progress towards Attaining the Millennium Development Goals", COM (2005) 134 of April and May 2005.

求,通过伙伴关系基础之上的专项合作来增强与千年发展目标相关的政策领域的合作,如农业、健康制度、可更新能源以及水资源利用等。该文件还提出一系列具体的建议,如欧盟任何有关移民的政策都要与发展政策的定义相结合,它们彼此之间相互影响,因此在推动移民与发展政策一致性方面有很大发展空间。①

通过上述努力,欧盟既改善了发展合作政策效果,推动了发展合作政策与其他相关内外政策之间的协调与一致,也有利于促进欧盟各个不同政策部门间的协调与对话,进而推动欧洲一体化的深入发展。欧盟作为世界上一体化程度最高的区域性组织,其发展合作政策具有非常强的协调性特征,这一特征对欧盟发展合作政策的形成与发展、国际发展合作趋势演变和欧洲一体化进程都有重要影响,与此同时,欧盟发展合作政策的协调性也存在一些不足。因此,对这一特征应有全面认识。

首先,协调性特征为提高欧盟对外援助政策效率、改善政策效果提供了有力支持。客观上而言,欧盟在发展合作领域的协调,包括与成员国的协调、与其他内外政策之间的协调以及与其他援助方之间的协调,都在一定程度上推动了欧盟发展合作机制的不断完善,尤其是援助的分配和管理机制,从而带动援助效率和效果的提升。

其次,协调性特征增强了欧盟在国际发展合作领域的重要影响力和强大号召力,使得欧盟成为当前国际发展合作的引领者,尤其在国际发展合作规则制定方面更是发挥了重要作用。发展合作政策的协调性特征使得欧盟与其他援助方进行了广泛协调,包括成员国、其他发达国家、国际组织以及新兴发展中国家,在这一进程中,欧盟成为国际发展合作的积极参与者,从《雅温得协定》到《洛美协定》,从《科托努协定》到《关于援助有效性的巴黎宣言》,欧盟已经成为国际发展合作领域的主要规范倡导者。

---

① European Commission, “Policy Coherence for Development, Climate Change/Energy/Biofuels, Migration and Research”, COM (2008) 177 final, SEC (2008) 434, Brussels, 9.4.2008.

最后,协调性特征在一定程度上推动了欧盟共同外交与安全政策的形成,从而为欧洲一体化的深化提供助推力。发展合作是欧盟的一项核心活动,对一体化的普遍支持不仅限于经货联盟和统一市场,为了在一体化进程中得到公众意识和信念的支持,需要更广泛和更全面的政策。没有对外政策,如欧盟与第三世界之间的关系,欧洲的“意识”就会有所减弱。因此,发展合作政策不是欧洲一体化进程中的一个选择性的扩展,而是欧洲一体化进程和欧盟国际角色的基础条件。发展合作政策作为欧盟外交政策的一个重要组成部分,在协调方面已取得显著成果:欧盟的目标不是创立一项单一的发展政策,而是使其成员国发展政策相一致。《马斯特里赫特条约》第 130 条 U 款提及欧盟层面的发展政策时,认为那是第 13 个发展政策,并不与 12 个成员国的发展政策相冲突:“发展合作领域的共同体政策将会补充成员国的政策。”在实践中,除《马斯特里赫特条约》中提出的可持续发展、消除贫困以及将发展中国家融入世界经济的目标外,成员国依然保持其各自的发展优先领域,如荷兰十分关注女性和环境问题;德国关注人权、艾滋病和药物滥用问题。①

欧盟发展合作政策与其他对外政策之间的协调和一致,有利于协调各成员国在发展合作领域的立场,最终形成一致的发展合作政策,并在国际社会上(主要是在国际多边援助机构中,如联合国援助系统和国际金融机构)以“一个声音”说话,提升自身的国际影响力。如欧盟委员会通过推动新的发展合作数额的目标,以及在发展合作领域设计新的议程,从而推动欧洲一体化进程向前发展。从长远来看,欧盟第一支柱和第二支柱相结合的前景,是促进欧盟外交政策发展的因素之一,这将会促进欧洲一体化的深入发展。

但在取得重要成就的同时,欧盟发展合作政策的协调性仍有很多待完善之处。经合组织发展援助委员会在《欧盟发展合作政策及项目回顾》(*Review of the Development Cooperation Policies and Programs of the European*,2012)中指

① Marjorie Lister, ed., *The European Union and the South*, London; New York: Routledge, 1997, p.22.

出，在过去五年中，欧盟采取众多措施以提高其发展合作政策的有效性，这包括组织结构的调整、财务流程的精简、加强政策协调，以及与市民社会的合作；但欧盟未来应进一步加强与成员国制定共同发展合作战略、强化成员国发展合作政策与欧盟国际发展目标之间的一致性。

如前文所述，欧盟作为超国家行为体，在机构设置、组织形式、运行方式等方面都有自己的独特性，这在其发展合作政策中有集中体现。中国作为一个主权国家，与欧盟具有根本性差异，但欧盟发展合作政策的协调性特征仍对中国援外政策的发展和完善有重要启示作用，因为有效的政策协调会减少资源的重复并促进资源利用的最大化，从而提高援助效率、改善援助效果。

（二）欧盟发展合作与贸易投资的互动

欧盟对外政策工具涵盖内容十分广泛，其中发展合作、贸易和投资是欧盟开展对外经济关系的重要政策工具。实践中，欧盟非常重视对三者的整合运用。

近年来，国际发展合作领域中的一个创新是“促贸援助”理念的提出。欧盟是这一理念的发起者和主要倡导者之一，欧盟及其成员国主张把私营部门的技术、资源与贸易援助、贸易政策以及经济外交相结合。他们将“促贸援助”作为执行“2030 年可持续发展议程”的重要手段，主张通过这一方式更好地满足发展中国家的贸易和生产能力需求，提高受援方的贸易便利化程度和改进其贸易基础设施，从而为受援方，尤其是最不发达国家（*LDC*）和内陆发展中国家（LLDCs）创造参与地区和全球贸易产业链条的机会和可能性。

2015 年，在欧盟委员会对外关系、贸易总司（Directorate Generals for Trade，DG TRADE）和欧盟委员会关税与贸易同盟（Directorate General for Taxation and Customs Union，DG TAXUD）的密切合作下，一项新的研究结果得以发布，该课题的研究对象是欧盟贸易体制对发展中国家所产生的经济效益。研究结果表明，欧盟贸易政策在促进发展方面产生了积极影响：欧盟贸易政策显著推动了发展中国家的出口和经济多样化,值得注意的是,对于最不发达国家来说,这种双重影响更大。该研究还表明,这些出口在一定程度上对消除贫困具有可衡量的积极影响。

2017年6月7日,欧盟及其成员国签署了《欧洲发展新共识》(*The New European Consensus on Development Our World, Our Diginity, Our Future*),该文件勾画出了欧盟未来发展合作的新蓝图和消除贫困、实现可持续发展的新规划。其中一项重要内容是加强发展合作政策与贸易和投资等相关政策工具的结合:欧盟高度重视援助双方的中小企业在贸易、投资、增加就业岗位和实现可持续发展方面的重要作用,愿意通过发展援助项目为中小企业在受援方的投资、贸易活动保驾护航,如提供信息支持、帮助解决融资问题等。欧盟同样承诺通过经济技术援助改善受援方的投资环境,为其吸引外资做准备。欧洲对外投资计划(European External Investment Plan)作为政策工具将为降低受援方投资风险提供担保,并将促进和便利发展中国家的贸易和投资作为实现支持可持续发展的有效路径。欧盟承诺将继续推动贸易和区域一体化,将其作为发展中国家经济增长和减贫的主要推动力,并通过实施"全民贸易"战略将经济伙伴纳入欧盟的各级贸易政策计划之中。①

实践中,欧盟建立的基础设施信托基金在推动非洲国家基础设施建设中发挥重要作用,其合作者包括双边机构、欧盟委员会、欧盟成员国和欧洲投资银行,其目的就是促进非洲区域性基础设施项目的融资。该机构于2006年开始通过一个混合机制对基础设施项目的融资予以补贴,即把来自援助者的赠款与来自出资者的长期投资融资相混合。2009年的年度报告显示:这种混合融资的实践对投资起到了催化作用,减少了发起者与出资者所承担的风险,并且为那些对发展具有显著影响但金融收益较低的投资提供了激励,否则这样

① Joint Statement by the Council and the Representatives of the Governments of the Member States Meeting Council, the European Parliament and the European Commission, "The New European Consensus on Development Our World, Our Diginity, Our Future", Brussels, 7 June 2017.

的投资是难以设想的。①

美国、日本和欧盟作为传统的国际援助方，尽管在援助理念、机制等方面与中国存在明显差异，但均高度重视援助与贸易投资等政策工具的结合互动，这为新时期中国优化援助管理，尤其是加强中非之间的友好合作提供了有益的参考。

① 林毅夫、王燕：《超越发展援助——在一个多极世界中重构发展合作理念》，宋琛译，北京大学出版社2016年版，第69—70页。

第六章　中国对非援助与贸易投资互动案例分析

当前，中非都肩负发展国家、改善民生的使命。非洲拥有丰富的自然和人力资源，正处于工业化的兴起阶段。中国经过30多年改革开放，拥有助力非洲实现自主可持续发展的技术、装备、人才、资金等物质优势，更拥有支持非洲发展强大的政治优势。中非合作发展互有需要、优势互补，迎来了难得的历史性机遇。

——2015年12月4日，习近平主席在中非合作论坛约翰内斯堡峰会开幕式上的致辞

在对外援助与贸易投资之间关系的处理上，中国的援助机构很早就开始关注三者的相互关系，并在实践中力求将三者有机结合，在这过程中形成了很多对外援助与贸易投资互动的典型案例，这些案例对构建中国对非援助与贸易投资的互动关系框架具有重要启示和价值。本部分研究将择取中国对外援助与贸易投资互动的典型案例进行分析，从中汲取成功的经验和发展建议，为构建中国对非援助与贸易投资的互动关系框架提供理论和现实支持。

一、中国对非援助及贸易投资互动的典型案例

对外援助作为重要的对外政策工具，在开展对外关系方面发挥了重要作用，尤其是有效推动了中国与广大发展中国家之间互利合作友好关系的深入发展。黄梅波、徐秀丽、毛小菁主编的《南南合作与中国的对外援助：案例研究》（中国社会科学出版社 2017 年版）一书深入分析了 14 个中国对外援助案例，这为深入探讨中国对非援助与贸易投资的互动关系提供了非常重要的资料支持，对本研究工作有重要帮助。本书从中择取了中国与赞比亚在援助、贸易和投资领域的合作以及中非在农业领域的援助投资合作两个案例，并在此基础上分析其成功经验和示范价值。

案例一：中国与赞比亚在援助与贸易投资领域的合作

本部分选取的第一个案例是中国与赞比亚在援助与贸易投资领域的合作，尤其是赞比亚—中国经济贸易合作区的发展建设中所体现的中国对非援助与贸易投资的互动情况。

国家之间的经贸合作方式十分多样，境外经贸合作区即是其中一种。赞比亚—中国经济贸易合作区的设立就是新形势下中国作为投资国与赞比亚作为东道国之间开展贸易投资合作的成功尝试。作为中国政府在境外设立的第一个经贸合作区，也是赞比亚政府宣布设立的第一个多功能经济区，赞比亚—中国经济贸易合作区的建设发展具有典型性和示范性，开创了中国企业集群式“走出去”的新模式。合作区在“互利共赢、共同发展”的南南合作理念指导下，运用“援助+贸易+投资”三者有机结合的新型经济合作方式，推动了中国与赞比亚之间经济合作的深入发展。

赞比亚—中国经济贸易合作区的源头可以追溯到 1998 年 6 月 28 日，中国有色集团参与投标并与赞比亚签署协议，双方将合资组建中色非洲矿业有

限公司及合作开发谦比希铜矿，中色非洲矿业有限公司正式成立。同年，中国有色集团出资2000万美元购得期限为99年的谦比希铜矿所属41平方公里的地表使用权和85平方公里的地下勘探开采权。2000年7月28日，中国境外第一座有色金属矿山谦比希铜矿复产建设正式开始，随着谦比希铜矿生产与运营工作的进一步开展，2003年中国有色集团以谦比希铜矿为核心着手筹建中国有色工业园。①

2006年11月，为了落实胡锦涛主席在中非合作论坛北京峰会承诺的对非八项举措之一“在非洲建立3—5个经济贸易合作区”的指示，经我国商务部批准，中国有色集团在原赞比亚中国有色产业园的基础上成立合作区，并于2007年1月在赞比亚注册成立了赞比亚中国有色产业园发展有限公司（2007年10月更名为赞比亚中国经济贸易合作区发展有限公司），主要从事基础设施建设和区域协调管理工作。② 2007年2月2日，赞比亚政府颁布法令，宣布设立“谦比希多功能经济区”（合作区的赞方名称）；2月4日，中国国家主席胡锦涛与赞比亚总统姆瓦纳瓦萨共同为合作区揭牌，这是中国在非洲建立的第一个境外经济贸易合作区。为了鼓励中资企业在合作区投资，中赞两国政府均出台了相应的扶持性政策，共同推动合作区的建设发展。

在经贸合作区的建设中，中国有色集团主要从基础设施建设入手，完成了超过1.3亿美元的基础设施建设，包括道路、变电站、输电线、办公楼、仓库和商店等，从而为园区的运行和招商引资提供基础条件。此外，赞比亚政府还为经贸合作区的投资者提供了一系列办理工作签证、简化行政手续的便利，并在关税、增值税、企业所得税等税收政策上给予极大的优惠。赞比亚发展署2006年签署法令，出台了一系列针对园区的税务优惠政策，如在多功能经济

---

① 参见黄梅波、张晓倩：《赞比亚—中国经济贸易合作区建设与南南合作》，载黄梅波、徐秀丽、毛小菁主编：《南南合作与中国的对外援助：案例研究》，中国社会科学出版社2017年版，第185页。

② 赞比亚中国经济贸易合作区：《合作区投资指南》，2009年5月7日，见 http://zm.mofcom.gov.cn/article/e/200905/20090506229719.shtml。

区内运营、属于优先行业且投资额超过 50 万美元的企业，其运营收入可以享受如下税务政策上的优惠：入区企业自开始经营之日起，五年内免征企业所得税；第六至八年，企业所得税按应纳税额的 50%征收；第九至十年，企业所得税按应纳税额的 75%征收；自企业首次宣布红利之日起，五年内免缴红利部分的所得税；对于入区企业的原材料、资本性货物和机器设备，5 年内免征进口关税等。中国方面也出台了系列举措，为合作区建设提供资金、政策支持，如商务部制定的《境外经贸合作区服务指南范本》，对园区的建设情况，尤其是服务情况和招商引资的优惠政策予以介绍，以吸引更多的中国企业到合作区投资合作。①

近年来，经贸合作区的建设规模不断扩大，机构设置也更加齐全，在赞比亚和中国设立了多个投资服务机构，如经贸合作区规划招商部、卢萨卡办事处、北京代表处、规划招商部北京办公室等，为投资者提供"一站式"全方位服务，如协助办理申请赴赞比亚考察团组或个人的签证，及安排考察路线；提供机票、酒店、当地交通工具的预订服务；提供赞比亚法律法规、产业规划和市场信息的咨询服务；受托或协助从事在赞比亚投资项目的可行性研究论证；受托或协助办理企业注册阶段的各种手续，如公司登记、银行开户、税务登记；受托或协助办理企业建设阶段的各种手续，如环境影响评估、规划设计审批、进口设备清关；受托或协助办理生产经营过程中需要的各种执照和许可证的申请事宜；为入区企业提供与赞比亚政府部门和相关机构沟通与协调的服务；受托或协助从事相关行业的深入调研；组织入区企业参加赞比亚境内外的相关展览(销)会；协助投资者融资贷款；潜在投资者或入区企业需要的其他服务等。② 上述措施的制定实施极大地便利了中非之间的贸易投资合作。

---

① 参见《赞比亚中国经贸合作区简介》，2016 年 6 月 14 日，见 http://www.ccpit.org/Contents/Channel_4131/2016/0614/657566/content_657566.htm。

② 参见《赞比亚中国经济贸易合作区》，2017 年 2 月 3 日，见 https://www.yidaiyilu.gov.cn/qyfc/xmal/6021.htm。

在中赞两国政府相继出台的一系列鼓励企业入驻合作区的政策支持下，在合作区自身日益完善的园区建设等硬件设施和为入驻企业提供的“一条龙”审批服务等软件设施的吸引下，越来越多的企业选择到合作区投资办厂。截至 2017 年 9 月 30 日，合作区共引进注册企业及使用功能设施用户数量达 48 家，其中卢萨卡园区入区企业 10 家，谦比希园区入区企业 38 家，包括生产经营性企业 44 家。① 到 2015 年 7 月，合作区累计完成投资额超过 15 亿美元，累计销售收入超过 90 亿美元，企业的生产经营活动不仅以缴纳税收的方式为东道国赞比亚政府增加了财政收入，也对当地经济与社会发展产生了重要影响。合作区开发建设企业与入区企业在从事生产经营过程中还严格遵守赞比亚劳动用工法律法规、坚持属地化经营战略、积极推进员工本土化。截至 2018 年 9 月，赞比亚中国经济贸易合作区已有入区企业 50 余家，吸引投资近 19 亿美元，区内企业累计实现销售收入超过 140 亿美元，为当地创造了近 8000 个就业岗位，开创了中赞友好合作的新模式。② 在经贸合作区不断发展的同时，合作区的发展规划也日益明晰，如卢萨卡园区计划在 2030 年建设成为基础设施完善，生态环境优美，以自由贸易区为主要功能的现代空港产业园区。整体来看，赞比亚—中国经济贸易合作区的设立不仅有助于中国企业“走出去”开拓海外市场，而且为赞比亚国内经济社会的发展带来有效助力，取得了良好的合作效果，对新时期的中非合作具有示范作用。

案例二：中地海外集团有限公司—尼日利亚种业农业合作案例

农业是中国与广大发展中国家开展合作的重要领域，也是近年来中国企业走出去进行海外投资的重要领域。中非农业合作更是已走过半个多世纪的

① 王志芳、杨莹、林梦、孔维升：《中国境外经贸合作区的发展与挑战——以赞比亚中国经济贸易合作区为例》，《国际经济合作》2018 年第 10 期。

② 安娜、何雨欣：《赞比亚中国经济贸易合作区已吸引投资近 19 亿美元》，2018 年 9 月 2 日，见 http://www.xinhuanet.com//world/2018-09/02/c_1123368270.htm。

发展历程,取得了显著成果,也累积了很多宝贵经验。在中非关系深入发展的新时代,能否突破以往中国与发展中国家的农业合作以技术援助为主的相对单一的合作模式,在新的条件下创新中外农业合作的理念和实践,将对农业领域的援助与贸易投资进行有机结合,是新时期中国对外经济合作的重要内容。

农业是中国对外援助的重要领域,自 1953 年至今,中国已为数百个国家实施了农业生产项目,主要采取基础设施援助、援建农场、农业专家派遣、援助农业技术试验站、推广站和农业技术示范中心等方式。农业援助对受援方和中国都有重要意义:一方面,援助为受援国改进农业基础设施、提高农业生产水平、改善粮食安全状况做出了重要贡献;另一方面,援助也促进了双方的农业合作,为双方农业生产资料的合理配置、农业技术的改良奠定了基础,有力地推动了中国农业"走出去"进程。

在肯定援助促进双方农业共同发展的同时,中国农业对外援助和对外投资流向呈现出高度相关性。2013 年 8 月,国务院新闻办发布了《中国与非洲的经贸合作(2013)》白皮书,统计数据显示:在 2009 年至 2012 年的三年间,中国在非洲农业领域直接投资额的增幅达到了 1.75 倍,由 2009 年 3000 万美元的投资额增加到 2012 年底的 8000 多万美元。近年来,非洲农业已经成为中国企业走出去、开展对外直接投资的主要领域:截至 2013 年 3 月,中国大中型企业在非洲的投资获批项目已经累计达到 2372 项,其中涉及农业的投资项目占比百分之十,项目分布在 37 个非洲国家之中。① 在此基础上,中国对非农业援助和贸易投资合作能否相互促进,如何根据已有经验提炼出可创新的发展模式,是值得关注的重要问题。

中地海外集团有限公司(以下简称"中地海外")是由中央企业、管理团队、地方国资、海外骨干员工及外部自然人等共同出资组建的混合所有制企业。经过多年的发展,企业的经营领域已经从单一的工程建设,发展成为包含

① 参见中华人民共和国国务院新闻办公室:《中国与非洲的经贸合作(2013)》,2013 年 8 月 29 日,见 http://images.mofcom.gov.cn/rw/201308/20130830175423899.pdf。

咨询规划、投资运营、海外基础设施建设、物流贸易等四大业务领域，集团共有国内外近2.5万名雇员，其中90%以上为外籍员工，在非洲已形成东非区、中西非英语区和中西非法语区三大区域中心，业务范围扩展至27个国家。1983年，作为中地海外集团首批合作项目之一，瓦拉农场项目在尼日利亚正式启动。该项目主要繁育和改良水稻、玉米等种子，以“公司+农户”的培育模式，为当地农户提供种子、化肥等农资，并由中国技术专家们手把手向当地农民传授农业技术，帮助他们增强自我“造血”功能，实现增产增收。①

从2005年开始，中地海外开始逐步进行实业投资的企业转型尝试，提出了以“工程为基，多元发展”的思路，目前已形成包括种业、农机具及农产品加工成套设备销售，农业培训推广三位一体的农业综合服务体系雏形。② 在此背景下，中地海外在尼日利亚的种业合作进入了新的阶段。2006年至2008年是对尼日利亚农业进行投资的先行期，这一阶段是通过对非洲农业的投资，确立了种业开发经营方向的初步探索期。从2003年开始，中国和尼日利亚两国政府和联合国粮农组织在南南合作框架下，开展了南南合作项目——粮食安全特别计划。在该计划的推动下，中地海外于2005年开始在尼日利亚租借农场的经营权，投资兴建了瓦拉农业机械化示范农场，并与袁隆平农业高科技股份有限公司合作，在尼日利亚合资成立了绿色农业西非有限公司，致力于良种培育工作。2009年至2011年则是中地海外在尼日利亚开展农业基础设施建设和投资并行的阶段。通过对农场道路、农田水利灌溉设施等基础设施的整修建设，为农业投资的进一步扩大打下基础，并在良种培育方面不断取得进展。从2012年至今，是中地海外对尼日利亚种业农业合作中投资和援助共同推进的并行期。除了瓦拉农业机械化示范农场，中地海外还在尼日利亚首都阿布贾建立了农业高科技产业园，集种子种苗研发、水稻和蔬菜栽培示范、园

---

① 姜宣：《中国技术让我们的日子好起来》，《人民日报》2019年1月7日。

② 尹燕飞、李炎：《创新农业走出去促投资援助模式研究》，载黄梅波、徐秀丽、毛小菁主编：《南南合作与中国的对外援助：案例研究》，中国社会科学出版社2017年版，第150页。

艺设施农业及农产品加工等为一体，未来中国—尼日利亚农业技术示范中心也将在产业园内落户。①

该项目获得了非常好的成效：通过与当地农业主管部门合作建立6个种子生产合作社，并建立种子研发和农技示范中心、种子亲本及原种繁育基地等措施，促进了当地农业育种的改善，促进了生产合作社的共同发展，也为当地建设综合农资服务体系网络奠定了基础。为了帮助尼日利亚农民脱贫致富，公司还与西非农业生产力项目局合作开展了网箱养鱼和沼气池项目。② 此外，公司积极融入当地，承担社会责任，多次向当地的教育机构捐赠学习生活用品。截至2015年，中地海外绿色农业西非有限公司为尼日利亚稻谷增产的贡献超过100万吨，以至于2015年联大峰会期间，尼日利亚总统向习近平主席表达了对中国公司的感谢，感谢中国公司为他们国家提供优良的种子，帮助他们实现粮食增产。③ 经过多年的耕耘，中地海外已经在尼日利亚建立了"公司+农户"生产基地，带动5000余户农民就业和实现增产增收，帮助尼日利亚构建了万吨优良水稻种子的生产能力，为当地的稻谷增产作出了重大贡献。

随着中非农业合作的深入，越来越多的中国企业参与到对非农业投资合作的进程中来。来自江西的赣粮实业有限公司在2013年参与实施了商务部援助非洲赤道几内亚的示范农场项目，这一项目得到了联合国粮农组织、赤道几内亚政府和中国商务部、农业部相关部门的肯定，树立了海外农业合作的典范。2015年12月24日，江西赣粮实业有限公司和中路桥成立联合体，与赤道几内亚政府农业和森林部签署了5.4亿美元木薯和水稻种植加工项目合作框架协议，合作规模和水平不断提升。为了进一步扩大合作，江西赣粮实业有限公司还与赤道几内亚农业、畜牧、林业和环境部签署了总金额达1.5亿美元

① 王新俊：《中企深耕尼日利亚沃土　致力打造中非农业合作桥梁》，2018年11月14日，见 http://news.cri.cn/20181114/9d91d2b3-d70e-f5a0-7ea7-6df46c13d99b.html。

② 参见尹燕飞、李炎：《创新农业走出去促投资援助模式研究》，载黄梅波、徐秀丽、毛小菁主编：《南南合作与中国的对外援助：案例研究》，中国社会科学出版社2017年版，第150页。

③ 王淼：《非洲耕耘记》，《中国投资》（非洲版）2018年第4期。

的水稻生产加工协议,预计到 2025 年,示范农场的水稻种植面积将达 7.5 万亩,届时,赤道几内亚将实现粮食自给自足。① 以赤道几内亚的示范农场项目为基础,江西省还与相关各方合力打造"一带一路"中非农业产业园,力图将该产业园打造成为"一带一路"倡议下中国农业走出去的桥头堡和根据地。另外,该产业园项目还将搭建中非合作交流平台、跨境电子商务平台、农产品交易平台、农业企业走出去服务平台等四大平台,这为中非在"一带一路"倡议下深化农业合作提供了重要的平台保障。

案例三:中国对非援助的"安哥拉模式"

自 1983 年正式建交以来,中国与安哥拉两国之间的友好关系深入发展。2002 年,安哥拉结束了长达 27 年的内战,进入了国家重建、快速发展的新阶段,但安哥拉政府无力负担实现重建所需的巨额资金,只能向以国际货币基金组织和世界银行为代表的国际多边金融机构申请融资。基于"华盛顿共识"的指导理念和相关规定,国际货币基金组织对于安哥拉政府的贷款要求进行了严格审查并提出了多项附加条件,经济上主要包括减少政府开支、加强贸易自由化、增加石油开支的透明度、提高进口税、实施国有企业私有化等,并附加一定的政治条件。在这一背景下,中国积极承担国际责任和人道主义义务,通过"官方开发金融"(Official Development Finance)这一新的融资合作方式向安哥拉提供了经济、技术援助,并与安哥拉一起开创了合作共赢的新援助模式,即"安哥拉模式"。

2003 年,中国进出口银行与安哥拉签署了协议,约定以安哥拉未来开采的石油为偿付,中国向安哥拉分 3 期提供 100 亿美元贷款,并帮助安哥拉进行基础设施建设。2004 年,中国进出口银行与安哥拉财政部达成新的合作意向,并在 3 月签署了一份中国向安哥拉提供贷款的框架合作协议,协议规定中

① 宋思嘉:《江西民企种粮赤道几内亚》,《江西日报》2018 年 12 月 12 日。

国向安哥拉提供20亿美元贷款，主要用于安哥拉的基础设施建设，贷款的还款期限为12年，并给予3年的还款宽限期，贷款利率为伦敦银行同业拆借利率加上1.5%，还款方式则是安哥拉以其未来开采出的石油来担保和进行偿付。该协议涵盖的内容十分多样、涉及的领域十分广泛，包括农林渔业、交通、教育、通信、基础设施建设等一百多项工程。①

此后中国与安哥拉在基础设施建设、贸易、投资领域的“一揽子合作”不断深入，并取得了显著效果：首先是安哥拉政府的负债情况有所缓解，并利用中安合作的经济发展成就偿还了一部分国际欠款，如2007年偿还了欠“巴黎俱乐部”成员国的23亿美元欠款，这是实现重建过程中安哥拉经济发展所取得的重大成就。正是由于中方提供的金融援助，安哥拉政府在十分困难的情况下快速重建了大量基础设施和生产性项目，实现了生产能力的快速提升、社会经济的迅速发展和人民生活水平的显著改善。②

2010年11月，时任国家副主席习近平访问安哥拉，中安建立战略伙伴关系。2014年5月，李克强总理访问安哥拉，推动中安战略伙伴关系的深化发展，中安友好合作关系也进入了新的历史阶段：中安双边贸易合作水平显著提升，2003年，中安的贸易额仅为23.5亿美元；2017年，中国与安哥拉之间的贸易额超过200亿美元。现阶段，安哥拉是撒哈拉以南非洲第三大经济体、非洲第二大石油出口国，是非洲经济发展最快的国家之一，也是中国在非洲的最大贸易合作伙伴国；与此同时，中国也已经是安哥拉石油的最大进口国，双方开展经贸合作的战略空间十分广阔，经济互补性也非常强。

进入21世纪以来，中安以融资拉动基础设施的一揽子合作计划为双边合作注入了新的动力，并取得重要成就：中国的金融机构与安哥拉政府和机构、企业开展了一系列融资合作，帮助安哥拉解决了战后重建所面临的资金缺口

---

① 白云真：《中国对外援助的支柱与战略》，时事出版社2016年版，第193页。

② 程诚：《“造血”金融——“一带一路”升级非洲发展方式》，人大重阳研究报告第23期，2017年5月。

问题，帮助安哥拉开展基础设施建设和民生项目，有力地支持了安哥拉的战后重建，并推动其经济社会快速发展。目前，基础设施建设合作已经成为中安两国的重要合作内容，为推动安哥拉的产业机构升级，尤其是加工制造业的发展提供了重要支持。这种将中安双方的比较优势进行有机结合的合作模式，真正地实现了双方的优势互补、共同发展，推动了中安合作的深入进行。① 在贸易合作取得显著成果的同时，中安工程承包合作同样取得十分显著的进展：目前，安哥拉是中国在非洲的第三大承包市场，中方在安哥拉承建承包的工程项目不断增加，营业额不断扩大。在中安合作深入进展的同时，"安哥拉"模式的应用范围进一步扩展到刚果（金）等非洲国家，其合作内涵和方式也不断优化和改进，成为新形势下中非合作不断深化的有效路径。

总结中国与安哥拉的合作模式具有以下两个方面的特征：

1. 中安合作体现了平等合作、互利共赢的中非合作精神。中国方面根据安哥拉的切实需求，在与安哥拉方面进行有效沟通的基础上制定援助计划、开展援助工作，切实推动了安哥拉国内经济、社会发展。

2. 中国与安哥拉的合作是援助与贸易投资互动的成功实践。中国企业直接参与合作，在推动安哥拉发展的同时，也实现了自身的获益，提升了中国企业"走出去"的规模和水平，并为其提供了重要的平台和支持保障。

如在基础设施建设领域，中国路桥集团等企业承建了中国对安哥拉援助的多个基础设施建设项目；在通信领域，中兴和华为等公司也全面进入安哥拉市场，提升安哥拉通信服务能力，并成立了专门的研究和培训机构，在加强双边合作的同时也为安哥拉培训其所急需的技术人才。②

① 《商务部部长介绍中国与安哥拉经贸合作情况》，2014 年 5 月 10 日，见 http://www.gov.cn/xinwen/2014-05/10/content_2676852.htm。

② 白云真：《中国对外援助的支柱与战略》，时事出版社 2016 年版，第 194 页。

但是在中安“一揽子合作”取得显著成果的同时，西方国家对“安哥拉模式”的批评和指责之声也日益高涨。西方国家对中安合作的批评主要集中在几个方面：首先，批评中国向“腐败的”安哥拉政府提供金融融资服务和援助，认为中国与其开展合作不利于该国的“民主化”进程，并在很大程度上助长了该国的腐败程度。其次，西方国家指责中国与安哥拉的合作、交易机制不透明不公开，并批评中安合作协议中隐藏着大量对中国更有利的条件，从而对安哥拉造成负面影响。最后，西方国家指责中国利用援助与贸易投资相结合的模式援助非洲国家开展基础设施建设，这样的合作模式在扩大了中非之间的能源合作与交易的同时，却对西方国家在非洲的既得利益带来不利影响，会进一步压缩和抢占西方国家在非洲的石油利益和战略空间。① 这些批评和指责直接反映了西方国家对中非友好合作深入发展的担心和忧虑，也在客观上体现了中非合作取得的重要成果和中非合作观念、模式的重大创新。

二、典型案例的分析与启示

回顾新中国成立以来的对外援助历史，不难发现，中国在对非援助与贸易投资互动关系上进行了很多成功的实践，也积累了宝贵的经验，这对未来进一步整合对外援助与贸易、投资政策工具，具有重要的启示。

（一）政策工具的整合是实现援助双方互利共赢的有效方式

中非合作在不同历史阶段采取过不同的合作方式。20 世纪 50 年代，中非经济合作主要是采取中国单方面向非洲国家提供经济、技术援助的方式来进行，但随着中非合作水平的不断提升，单方面提供援助的方式已经不能满足双方关系深入发展的现实需要。尽管也取得了一定的成果，但历史经验表明，

---

① 姚桂梅：《中国对非洲投资合作的主要模式及挑战》，《西亚非洲》2013 年第 5 期。

这种单一的援助通常是以合作双方政府的政治意愿为导向的，而非市场选择，以至于带有很强的“计划经济”色彩，对于受援方和援助方来说，都不能从根本上持续满足双方的发展诉求，因此，双方开始更多地扩展、丰富合作方式，以便达到互利合作、共同发展的战略目标，援助、贸易和投资三者的有机结合既是中非合作方式的重要创新，也为双方发展目标的实现提供了有效路径。

以中国与赞比亚合作建立的经贸合作区为例，借鉴中国改革开放初期的发展经验，改变以往单一采用援助的经济合作方式，将援助、贸易和投资三者有机结合起来，通过引导中国企业到赞比亚投资设厂，使中国的资金、技术、经验在赞比亚落地生根并发挥实质性作用，最终实现援助双方的互利共赢。从受援国的角度来看，这将从根本上帮助受援国将自身的资源优势转化为比较优势进而向竞争优势转变，帮助其发挥劳动力优势、改善其国内产业结构和对外贸易结构、推动其实现国际收支平衡，从而使其具备可持续发展的自主能力，真正实现从“输血”到“造血”的转变。从援助国的角度看，援助与贸易投资有机互动，对中国改善援助效果，尤其是中国企业走出去、开拓海外市场具有重要战略意义，经贸合作区的建立使得在该区投资的中国企业可以利用投资国和东道国在税收、出入境、金融、保险等方面的双边优惠政策和良好的商务环境以及多方面保障，降低投资风险和生产经营成本，提高境外投资的成功率和回报率。

在农业合作领域，很多中国企业利用援助资金、优惠政策相继在非洲进行投资开发，如加蓬木薯加工和农业发展项目，坦桑尼亚剑麻加工，几内亚农业合作开发，加纳可可豆加工，尼日尔棉花种植等。① 在中国与尼日利亚开展农业合作的实践中，有很多项目都采取政府资金与民间企业投资结合、农业援助由国内农业企业承揽、农业援助物资在国内采购、由中国在尼投资农业企业在当地代为培训尼日利亚农业技术人员等方式来进行，并取得良好成效。② 这

① 参见张忠祥：《中非合作论坛研究》，世界知识出版社 2012 年版，第 176 页。

② 赵贤：《尼日利亚农业现状及中尼农业合作研究》，《亚非纵横》2011 年第 4 期。

些合作方式为实现中国对非援助与贸易投资的互动作出了有益的尝试。

（二）中国对外援助与贸易投资互动的常见模式

上述案例表明，尽管在对外援助实践中存在各种现实差异，但中国对外援助与贸易投资互动关系的处理通常遵循援助先行、投资辅助、贸易推进的基本模式。之所以较多采取这一模式，一方面是由非洲国家的发展现状和发展诉求决定的，非洲大陆正处于快速发展阶段，其在资金、技术、管理经验等方面的缺口持续扩大，中国与非洲国家的合作目标是互利合作、共同发展，因此中国政府和企业都会针对非洲国家的发展诉求提供力所能及的帮助，这是中国对非援助的现实基础。另一方面，非洲国家在发展过程中暴露出了基础设施落后、技术水平低下、劳动力专业化水平不足等现实问题，这些问题的解决往往需要国际社会提供一定的援助。因此，中国与非洲国家的经济合作通常采用的都是援助先行的方式，通过援助为非洲受援国解决一定的发展难题，在此基础上增加受援方的投资吸引力，为更多的国内外企业赴非投资创造便利条件和优惠待遇，进而加强双方之间的贸易合作，为实现双方的互利共赢、可持续合作提供助力。

以中地海外与尼日利亚的农业合作和赣粮公司在赤道几内亚的项目为例，最初都是以对非援助的方式开启双方在农业领域的合作，如中方为其培训农业技术人员、建设农田水利灌溉设施等，这为此后双方深化合作提供了前提和条件。在援助项目实施的基础上，中国企业赴非投资，并随着合作的深入开展农产品的贸易合作。在这过程中，援外示范的农业产业项目和投资项目进行了有效对接，一方面推动双方的贸易投资合作，一方面也帮助援外项目改善其效果，帮助受援方更好地实现可持续发展。

（三）对外援助和贸易投资的互动需要加强公私合作

对外援助与贸易投资领域的合作离不开政府的主导作用。以中非合作为例，双方达成援助协议，或是开展贸易和投资合作，都离不开中非双方相关政府机构的主导作用，如中非合作论坛建立以来，中国政府多次出台加强对非援助、贸易和投资的政策举措，非洲国家政府在改善援助效果、提升贸易投资合作的水平方面同样作出重要努力，如提供各种优惠政策支持。

在中非合作实践中，经贸合作区的建立往往需要双方多层级政府机构介入其中，如资源抵押及授权开发、基础设施规划及委托代建、财税优惠政策、融资借贷等问题的解决都离不开政府主管机构的主导作用。以中国对非农业援助、贸易和投资为例，农业作为基础产业，投资时间长、投资规模大、收益见效慢，私营企业在资金、技术、人员、政策等方面均面临较大挑战，单靠企业自身力量较难对非洲农业领域进行大规模长时间的投资。考虑到非洲部分国家政治风险较高、基础设施落后、技术化程度较低等问题，私营企业对非洲农业的投资还是面临较多挑战和难题。这就需要中国政府以及中国在非洲的相关部门、非洲所在国政府的支持和协调，公私合作因此就成了中国对非援助与贸易投资互动的重要方式。

以赞比亚—中国经贸合作区为例，2008 年 9 月，中国有色集团与赞比亚政府签署了《赞比亚中国经济贸易合作区投资促进和保护协议（IPPA）》，协议明确规定了参与经贸合作区的企业所享有的权利和承担的义务，并为园区企业发展和园区建设提供了一系列优惠条件和支持政策，如园区企业会享受赞比亚政府给予的税收优惠政策，企业在进入园区后为其员工办理工作许可的相关审批手续时将享有便利条件。为了推进赞比亚—中国经贸合作区的建设，中国政府和相关机构出台了一系列保障机制和优惠措施，以吸引更多的中国企业参与经贸合作区的建设，并为入区企业提供便利条件和政策支持，为企业的发展和园区的建设“保驾护航”。无论是援助国，还是受援国，其为合作区（项目）提供的政府支持及优惠政策，都是近年来中非合作能够取得显著效果的关键因素。总之，如何实现相关机构之间的协调互动，充分发挥政府的宏观协调规划作用，对中非援助与贸易投资的合作成果具有重要影响。

在重视政府机构作用的同时，中国对外援助的实践也表明，私营企业、相关社会机构和团体的参与同样重要。在西方发达国家的对外援助中，非官方机构近年来成为重要的援助参与方，如2000年成立的比尔及梅琳达·盖茨基金会和美国千年挑战公司（MILLENNIUM CHANLLENGE CORPORATION，MCC），前者在卫生防疫和教育等领域投入大量援助，后者则聚焦于更广泛的范围，该机构于2006年至2010年向瓦努阿图提供了6569万美元一揽子援助，用于基础设施建设和瓦公共工程局能力建设，包括11个项目（路桥、码头、机场跑道、仓库）。援助最终目标是带动广大贫困农村发展农业和旅游业，促进瓦努阿图的经济发展，国内生产总值在现有基础上提高3个百分点，人均收入增加200美元，使三分之一农村人口（6.5万多人）直接受益。[①] 尽管由于资金问题，该项目于2017年初宣布暂停，但非官方援助机构的参与是近年来国际发展合作中的一个不容忽视的新趋势。

此外，在对外援助与贸易投资的互动中，越来越多的私人企业、投资机构、金融机构、评估机构等参与其中。一方面可以提高合作效率、改善合作效果，如中国将自己在莫桑比克建立的国家援助项目——农业示范中心委托给中国企业来承担，并鼓励援助项目的承担者进行商业化运作和经营，在一定程度上提高了援助的有效性，避免了"人走技术无"的后果。另一方面，中国在非的农业投资企业发挥重要作用，非洲本地政府和中国政府设定条件鼓励其在非洲进行农业技术转移和推广工作，这样一来企业也承担了援助项目的公益性职能，作为援助参与方参与到中非互利合作的具体项目建设，从而为援助项目的可持续发展和援助影响力的提升提供了一条可行的道路。[②]

私营企业参与援助、贸易和投资互动的另一个好处是可以降低中非合作

① 中国驻瓦努阿图大使馆经济商务参赞处：《美国千年挑战公司对瓦援助项目信息》，2016年5月23日，见 http://vu.mofcom.gov.cn/article/sqfb/200605/20060502266293.shtml。

② 张传红：《"援助+投资"：中国农业援非规模化路径分析》，载黄梅波、徐秀丽、毛小菁主编：《南南合作与中国的对外援助：案例研究》，中国社会科学出版社2017年版，第160—182页。

的政治敏感性,一定程度上缓解和优化中非合作的国际舆论环境。以中非在农业领域的合作为例,中国企业到非洲进行农业投资具有较高的政治敏感性,如规模化种植所涉及的土地问题,与当地劳动者的关系问题,与当地政府及政党的关系问题以及环境保护问题等,都会得到世界范围的密切关注。近年来中非在农业领域的合作已经引起西方媒体和政客的高度关注,这直接导致中国在非洲的农业投资活动以及中非在农业领域的合作一直处于国际舆论的镁光灯和放大镜之下,并招致西方国家的批评和指责。自 2008 年的世界粮价危机后,西方国家就开始大肆渲染中国在非洲"圈地",并称有大批的中国农民开始向非洲移居,用在非洲生产的粮食来保障国内的粮食供应和市场稳定。通过上述舆论声势,西方国家和媒体将中国打造成在非洲大肆掠夺土地资源的"海外土地掠夺者"的形象。

针对上述不实报道和恶意攻击,中国政府不断地予以驳斥和澄清:中国企业走出去、加强对外直接投资,并不是进行资源的掠夺和争夺,而是与所在地国家、企业和人民开展互利合作,尤其是在农业领域进行合作。中方一直主张通过农业技术援助的方式帮助非洲国家改善农业基础设施、提升农业生产能力、加强农产品加工能力,实现农产品附加值的提升,在推动非洲国家农产品出口的同时实现中非之间的合作共赢。互利合作、共同发展才是中非农业合作的本质和核心,"海外屯田"的论调完全是对中国的攻击和诽谤,完全没有现实依据。① 在此背景下,农业领域的公私合作可以在一定程度上缓解现有的国际舆论压力,避免西方国家给中国扣上"国家资本主义"的帽子。

此外,受到合作领域、合作对象、合作阶段的差异性影响,中国对非援助与贸易投资互动的模式及体系构建存在较大个性特征。如中国对南非等工业基础较好、劳动力技术水平较高的国家和地区进行援助、贸易和投资合作,与对塞拉利昂、莫桑比克等最不发达国家进行开发合作的战略存在显著差异。因

---

① 参见邱锐:《中国非洲"圈地"真相调查》,《凤凰周刊》2015 年第 11 期。

此在探讨中国对非援助与贸易投资的互动关系构建时,应注意结合合作伙伴自身的实际情况、发展诉求,有针对性地制定政策工具互动整合的战略,避免“一刀切”地制定统一操作模式。

三、影响中国对非援助及贸易投资互动的因素

自20世纪中叶以来,坚定发展同非洲国家之间的友好合作始终是中国对外政策的基石。作为中非合作的重要内容,援助与贸易投资的协调互动既要受到中非双边因素的影响,也与全球经济治理和国际发展合作等多边因素密切相关。有鉴于此,本部分研究主要聚焦于影响制约中国对非援助与贸易投资互动体系构建的相关因素,从而为三者的协调互动创造更加有利的条件。

(一)影响制约中国对非援助与贸易投资互动的双边因素

如前文所述,援助、贸易和投资都属于经济外交的范畴,是中非关系深入发展的重要政策工具,其政策效果发挥的如何,直接受到中非双方自身的影响。从中非双边因素的角度来看,影响制约中国对非援助与贸易投资互动的因素主要包括中国国内形势的发展和非洲国家发展诉求的变化。

1. 中国国内形势与国际责任的变化

中国国内形势,尤其是经济形势的发展变化,以及中国在国际社会中地位、作用的变化都将对中国对非援助与贸易投资互动带来直接影响。

从国内经济形势看,中国经济正面临着去产能、去库存、去杠杆、降成本、补短板的结构调整关键阶段,这会推动中国对外经济战略、政策的调整和变化。近年来,中国企业越来越多地走向国际市场,这直接导致企业参与对非援助的力度明显提升,对非贸易和投资的发展同样迅速,取得的成绩也是有目共睹:中非经济合作的规模、领域和水平、方式都得到明显的拓展和提升,这有效

推动了中非关系的深入发展。以中国企业对非投资为例,2008 年至 2014 年,中国企业在非洲设立企业数量从不足 1600 家增长至超过 3000 家。目前,除索马里、留尼汪、西撒哈拉等少数国家和地区外,中国企业已在非洲 50 多个国家扎根落脚,投资覆盖率达 86.7%。① 这说明越来越多的中国企业走出去助推中非关系,也为中国对非援助与贸易投资的互动提供了现实基础。

从中国的国际地位和国际责任来看,党的十九大报告指出:中国特色社会主义已经进入新时代,这是我国日益走近世界舞台中央、不断为人类作出更大贡献的时代。当前世界正处于国际格局转换、国际体系和全球治理体系发生深刻变革的关键历史阶段,国际社会面临着前所未有的历史机遇和现实挑战。在此背景下,中国与非洲国家之间的友好合作就具有更加重要的国际影响和世界意义。2015 年 12 月 1 日,在对南非进行国事访问前夕,习近平主席在南非《星报》发表了署名文章,引起了国际社会的高度关注。文章题为《让友谊、合作的彩虹更加绚丽夺目》,高度强调了中非友好合作的重要意义,指出:中非合作论坛峰会是中非关系发展的重要里程碑,将向世界发出中非携手并进、合作共赢、共同发展的强烈信号,让中非和世界人民看到了发展合作的新前景,中非峰会将促进南南合作,带动南北对话,推动国际治理体系向着更加公正合理的方向发展。② 中国自身综合国力的提升,有力地推动中国在国际事务中地位和作用的显著变化,这也意味着国际社会对中国外交的关注度和期待值都明显增加。当前,中国外交正处于近代以来不曾有过的重要战略机遇期,在经历了全球治理体系外的被动的旁观者、全球治理体系的适应者和学习者这样的角色变化后,中国前所未有地走近世界舞台中央,在这样的时代背景中,中国应该以更加积极、自信的姿态参与国际事务,更加积极主动、有所作为。

---

① 商务部、国家统计局、国家外汇管理局:《2014 年度中国对外直接投资统计公报》,中国统计出版社 2015 年版,第 38—39 页。

② 习近平:《让友谊、合作的彩虹更加绚丽夺目》,《人民日报》2015 年 12 月 2 日。

与此同时，国际社会对中国外交的关注程度前所未有的提高，对中国外交的误解、批评和指责也屡见不鲜，这就需要中国外交对此作出有力回应。中国对外援助通过多年的实践表明了中国外交的基本原则、方针，也体现了一个负责任大国的责任与担当。未来应进一步加强援助与贸易投资的协调互动，并借此推动对外援助效果的改善，为构建人类命运共同体、实现共同发展助力，这既有助于消除外界对中国外交的误解和担忧，也能为中国外交营造良好的国际舆论环境。

2. 非洲国家发展诉求的变化

如前文所述，作为一个发展中国家，中国对外援助的能力是有限的，但与此相对应的是，近年来非洲国家对通过与中国合作实现发展、从中国获取更多发展机遇的期望值越来越高，二者之间的差异矛盾已经成为影响中非关系深入发展的重要因素。

很多非洲国家过去数十年间在政治、经济和社会发展方面均已取得重要成就，发展的目标、任务也因此有了明显的变化，呈现出鲜明的新特点：工业化和现代化成为其现阶段最主要的发展诉求。这也直接导致其援助诉求发生变化，主要体现在以下几个方面：第一，非洲国家对中国援助的数量需求显著增加。随着中国成为世界第二大经济体，非洲国家希望中国方面能够提供更多的援助，尤其是自 2008 年起美欧等西方发达国家在经济危机的影响下先后实行财政紧缩政策、短期内无法进一步扩大对非援助规模的情况下，非洲国家开始对中国的援助，尤其是中国的优惠贷款有了更多需求。

第二，非洲国家对中国援助质量和水平的要求日益提升。此前中国对非援助的传统重点领域主要是基础设施建设、交通、农业和医疗卫生等，近年来也开始更加关注在民生、发展领域的合作。随着自身发展水平的提高，非洲国家开始对教育、科技合作、人力资源管理、社会发展、环境保护等领域的援助有更多的需求，尤其是民生领域、发展能力培育等方面，这就对新时期中非合作提出了新的要求。

第三，非洲国家已不满足于单纯获取援助，而是希望通过援助带动中国与非洲国家之间的贸易投资合作，尤其是对非直接投资，从而解决非洲经济发展中的融资难题。近年来，中国对非援助规模和水平已经有了很大的提升，截至2012年5月，中国已免除所有同中国有外交关系的非洲重债穷国和最不发达国家截至2009年底到期的政府无息贷款债务；中国国家开发银行设立了总额为10亿美元的非洲中小企业发展专项贷款，累计承诺贷款项目38个，涉及贷款金额9.66亿美元；中国对非优惠贷款项下累计批贷92个项目，批贷金额达113亿美元，已超额完成承诺。在2012年举行的中非合作论坛会议上，中国又提出在农业、培训、医疗、环境以及饮用水等五个领域继续加大对非援助力度，为非洲可持续发展提供助力。但现实情况是，虽然中国已经在努力扩大援助规模、增加零关税商品种类、加大人力资源培训等方面做出了很多努力，但离非洲国家的期望仍有一定差距。

与此同时，中非之间存在的贸易逆差和中国投资出口对非洲当地就业、环境、产业结构影响等问题，也引来了部分非洲人士的不满。他们认为中国商品大量涌入非洲市场，对当地制造业造成威胁；部分在非中国企业的雇员来自国内较多，对当地就业市场形成冲击；工会方面担心部分中国企业的环保标准和劳工标准等问题。塞内加尔人姆巴耶在一篇题为《非洲将不会容忍一个殖民主义者的中国》的文章中认为，中国与非洲打交道不是“双赢”合作，而是一输一赢的局面：中国进口非洲资源、双方贸易不平衡、非洲国家债务加重以及中国的廉价商品对非洲本土产业的摧毁等现象表明，中非关系不是双赢关系，而是建立在中国对非洲的优势之上。① 尽管这种个别的批评声调不能代表非洲国家和人民对中非关系的整体认识，但这些变化对中非关系的发展提出了新

① Sanou Mbayem, “Africa Will Not Put Up with a Colonialist China”, *The Guardian*, February 7, 2011.转引自外交部非洲司编：《中非联合研究交流计划2012—2013年课题研究报告选编》，世界知识出版社2014年版，第36页。

的要求，也将对中国的对非援助与贸易投资带来直接的影响，推动未来中国对非援助与贸易投资互动理念和实践的变革。

对于非洲国家发展诉求变化的考察，可以参考非洲国家近年来出台的《加速非洲工业化发展行动计划》《非洲基础设施发展规划宣言》《非洲发展议程》和《2063 年议程》等重要文件，这些文件直接体现了非洲国家未来在政治、经济、文化、安全等领域的发展目标和前景规划，希望通过工业化、经济融合和一体化将 21 世纪打造为非洲发展的世纪。这些新发展目标的确立和新发展诉求的提出，必将对中非合作，尤其是中国对非援助与贸易投资的互动起到直接影响，并有力推动其深化变革。

（二）影响中国对非援助与贸易投资互动的多边因素

中非合作属于南南合作范畴，具有广泛而深远的国际影响，也必然会受到国际关系宏观环境的影响。因此，双方在援助、贸易和投资领域的合作，既要受到中非双方自身因素的影响，也不能脱离大的国际环境的变化，尤其是国际发展合作和全球经济治理体系变革以及西方发达国家对非政策调整的影响。

1. 发展中国家群体性崛起提供历史性机遇

后冷战时期，国际格局发生重大变化和调整，美国等西方发达国家在国际事务中的主导权出现一定程度的相对衰落，而以金砖国家为代表的广大发展中国家和新兴国家在国际事务中的地位和作用显著提升。这为中非关系的深入发展，尤其是中国对非援助与贸易投资的协调互动提供了重要的现实基础和发展机遇。

《非洲黄皮书：非洲发展报告（2013—2014）》指出，一大批发展中国家的群体性崛起及南南合作的不断深化，是中非关系快速发展的一个重要背景。根据经合组织的研究，以购买力平价计算，2000 年，发展中国家的国内生产总值占全球国内生产总值份额为 40%；2011 年，这一比例升至 49%；2030 年，这

一比例有可能将达到57%。近年来,非洲国家在国际事务中的地位和作用得到显著提升,这主要表现在以下三个方面:

首先,作为新兴经济体的重要代表,非洲经济发展形势良好,并成为世界经济增长的重要驱动。根据国际货币基金组织的报告,2018年至2023年,非洲的经济增长将是世界上最快的。① 尤为重要的是,非洲经济具有巨大潜力,这首先体现为非洲国家所具有的人口优势和劳动力优势:撒哈拉以南非洲拥有全世界最年轻的人口结构,到2025年,非洲将拥有2亿15—24岁之间的年轻人,这意味着全球25岁以下青年将有四分之一来自非洲。快速增长的人口和年轻的人口结构不仅意味着非洲有望成为继亚洲之后世界新的经济增长极,而且意味着充足的劳动力和庞大的人口红利将催生巨大的消费市场。② 非洲国家已成为当前世界经济发展中的新亮点,从而获得了国际社会的广泛关注,也为新时期的中非经济合作带来巨大机遇。

其次,非洲国家国际地位日益上升,已经成为世界政治舞台上的重要一极。非洲国家对于国际发展问题、非传统安全问题、地区和平与稳定等均有重要话语权。作为世界第二大洲,非洲在联合国拥有54个席位,占联合国会员国总数的四分之一以上,在许多重大国际问题上都有着不可忽视的影响力。随着非洲政治经济实力的提升,非洲国家参与国际事务的意愿和能力也不断增强,无论是可持续发展问题还是反恐斗争,无论是气候变化还是粮食和能源危机,无论是联合国改革还是全球治理体系的发展完善,所有重大国际问题的解决都离不开非洲国家的积极参与。③ 在此背景下,主要国际行为体纷纷加强对非合作,中国、欧盟、日本、印度、土耳其等国先后与非洲国家举行峰会,推进与非洲国家之间的交流与合作。

---

① 艾迪尔·奥杜索拉:《非洲经济增长有望成为全球之首》,2018年9月6日,见 http://www.mofcom.gov.cn/article/i/jyjl/k/201809/20180902784001.shtml。

② 贺文萍:《中非数字经济合作大有可为》,《经济日报》2018年9月14日。

③ 舒运国:《非洲在世界格局中的重要地位——李克强总理定位非洲为“三个一极”》,《当代世界》2014年第6期。

最后，非洲大陆具有丰富的能源和资源，国际社会对非洲的能源需求日益强烈。这使得能源合作成为各主要国际行为体，尤其是美欧等发达国家与非洲国家开展合作的重要领域，非洲能源在大国能源安全中占据越来越重要的地位。

在此背景下，除中国外，俄罗斯、巴西、印度等新兴国家同样加大了对非洲的关注力度。以印度为例，印度已主持召开三届印度—非洲论坛峰会（2008年、2011年、2015年），2015年召开的第三次印非峰会主题为“深化伙伴关系，共享美好愿景”（Reinvigorated Partnership，Shared Vision），会议强调印度和非洲在反殖民主义和种族隔离的斗争中有着紧密的历史渊源，在全球化的今天又面临共同的挑战，发展筹资是实现目标的关键。此外，“印非不能再被联合国安理会排除在外”的讨论也成为印非峰会外长会议的议题之一，阿尔及利亚、布基纳法索、科特迪瓦、马里、南非、喀麦隆和其他国家外长在发言中纷纷表达了努力推动联合国将印非声音纳入考虑的决心，贸易、电信、农业、教育、健康、气候变化、蓝色经济、投资、技术发展等领域也是本次峰会的突出议题。① 这就使得中国对非援助也面临着如何加强与其他国际行为体之间的沟通与对话，进而实现双方在非洲共存合作的现实问题。

2. 西方大国加大对非介入使中非关系面临的国际环境更趋复杂

近年来，随着非洲国家国际战略地位的显著提升，传统西方发达国家一改冷战结束初期对非洲国家的战略忽视态度，转而不断增强对非洲的重视程度。这使得中非关系面临的国际环境更趋复杂，中非在经贸领域的合作将直接面临更加激烈的竞争，这对中国对非援助与贸易投资的互动将带来直接影响。

以美国为例，“9·11”事件后，美国借“反恐”之名，逐步提升其在非洲的

① 《第三届印非峰会强调建立“印非命运共同体”》，2015年10月25日，见 http://www.mofcom.gov.cn/article/i/jyjl/k/201510/20151001151757.shtml。

介入程度。2012 年 6 月，美国政府出台了《美国对撒哈拉以南非洲新战略》，明确强调美国对非政策的重点之一，在于促进美非关系在经济、贸易和投资领域的发展。2014 年 8 月 4 日至 6 日，首届美国和非洲领导人峰会在美国首都华盛顿举行，近 50 位非洲国家的元首和政府首脑与会，美非双方围绕贸易、投资、安全合作等议题展开对话，并达成一系列合作协议。此次峰会引起国际社会的密切关注，有媒体认为，这次迟来的峰会标志着美国将“重返非洲”，也意味着未来美国对非战略将有重大调整，非洲国家将进入美国对外关系的优先议程。除经贸领域的合作外，美国政府同样关注非洲地区的安全议题，奥巴马政府把“推动和平与安全”“促进机遇和发展”列为美国在这一地区的重要战略目标，认为在未来，非洲对国际社会，尤其是对美国的“安全和繁荣”越来越重要，因此美国将积极参与非洲的和平与发展建设进程。在该理念的指引下，美国先后通过《国际军事教育和训练项目》与《非洲突发行动训练和帮助计划》帮助非洲国家训练军队，在双边和多边层面加强与非洲国家在安全领域的合作，进一步完善了非洲司令部的建设，并增派非洲驻军，加大对恐怖组织、国际有组织犯罪的打击力度。

在非洲具有广泛影响力的法国，近年来则是在军事和安全领域显著加大了对非洲的介入，对非政策的“再军事化”色彩明显加强。2011 年，法国积极出兵干涉利比亚内战，成为推翻卡扎菲政权的先锋；2013 年以来又相继出兵马里和中非，强化其在非洲的影响力。① 2013 年，法国发布的《国防与国家安全白皮书》从国家战略安全层面再次确认了非洲对于法国的重要意义，并强调未来法国将重点关注“几内亚—索马里”战略地带。以美法为代表的西方大国对非洲事务参与力度的提升，势必会影响到中国与非洲国家，特别是与北非、西非和中非部分国家的互利合作，进而对中国对非援助提出新的挑战。

---

① 史桃李、姚蒙、陶短房：《法国想在非洲延续大国梦　对比中国相形见绌》，2013 年 1 月 25 日，见 http://mil.huanqiu.com/paper/2013-01/3582370.html。

3. 全球治理体系的变化对中非关系提出新要求

当前国际形势具有高度复杂性：一方面，国际和平力量显著增强，推动国际社会形势总体稳定，为国际社会的互利合作提供了重要条件；另一方面，世界仍不太平，仍有诸多难题和挑战在威胁和影响国际和平与发展，维护世界和平、促进共同发展依然任重道远。随着全球性挑战的显著增多，现行全球治理体系“失灵”的问题日益严重，国际社会对推动全球治理体系改革的呼声日益高涨。在全球治理体系变革过程中，全球经济治理体系的变化和全球发展治理体系的完善将对中国对非援助与贸易投资的互动产生直接影响。

第一，全球经济治理体系的深刻变革。以世界银行、国际货币基金组织和世界贸易组织为代表的全球经济治理机构，是第二次世界大战后美国主导下的布雷顿森林体系的支柱，在今天的全球经济治理中依旧发挥重要作用。这直接导致当前的全球经济治理体系不能公平地体现广大发展中国家的发展理念和诉求，也使得2008年金融危机后全球经济治理体系进入了一个新的发展阶段。2016年9月，习近平主席在二十国集团领导人杭州峰会开幕辞中指出：世界经济又走到一个关键当口，经济全球化出现波折，保护主义、内顾倾向抬头，多边贸易体制受到冲击；金融监管改革虽有明显进展，但高杠杆、高泡沫等风险仍在积聚。① 在此背景下，完善全球经济治理体系和治理机制成为国际社会的当务之急。这主要体现在广大发展中国家在全球经济治理体系中的地位和作用显著提升，以及世界银行和国际货币基金组织在运行机制、份额分配等方面做出的变革。

中国为推动全球经济治理体系的变革作出了重要贡献。十八大以来，以习近平同志为核心的党中央高度重视全球治理体系改革议题，先后举行两次

① 参见《习近平谈治国理政》第2卷，外文出版社2017年版，第471页。

中央政治局集体学习。这其中,“一带一路”倡议是新时期中国为加强区域经济合作、推进全球经济共同发展而提供的最大国际公共物品,也是在全球治理体系深刻变革的时代背景下,中国为推动全球治理体系的发展和完善所贡献的中国智慧和中国方案。2013 年,习近平主席正式提出了“一带一路”倡议,获得国际社会的广泛关注,尤其是沿线国家的大力支持和积极参与,以政策沟通、设施联通、贸易畅通、资金融通、民心相通为重点,为全球经济治理提供了新平台。在积极推动现行国际金融体系改革的基础上,中方还积极倡导、筹建亚洲基础设施投资银行、金砖国家开发银行、上海合作组织开发银行、丝路基金、二十国集团全球基础设施中心、世界银行全球基础设施基金等新的全球性或区域性金融组织,从而有效弥补现行国际金融机构和金融治理体系的不足。由此可见,全球经济治理体系的变革为中非合作提供新的机遇,也为中国对非援助与贸易投资的互动提供了新的助力。

第二,全球发展治理体系的调整变化。发展问题是伴随着人类社会进程不同阶段、事关人类命运和前途、影响国际和平稳定的重大议题,尤其是在经济全球化的时代浪潮中,发展更是成为具有重要影响的全球性重大问题,全球发展治理也因此成为全球治理的重要组成部分。自第二次世界大战结束以来,全球发展治理经历了深刻的历史转变:由战后初期的西方发达国家主导到向着真正的“全球治理”转变。[①] 随着国际形势的发展变化,现阶段的全球发展治理呈现出一系列新的特征:从主体上看,发展主体涵盖主权国家、国际组织、非政府组织、跨国公司、国内机构和公民组织等诸多类型的国际行为体,具有明显的多样性主体特征。从影响和后果来看,发展问题超越了传统国家边界,具有强烈的全球性特征,无论是气候变化的应对还是减少贫困的努力,都不是某一个国际行为体凭借其一己之力能够完成的,发展问题需要国际社会的携手应对。正如党的十九大报告指出的那样:在当前的国际环境中,没有哪

① 谢来辉:《从“扭曲的全球治理”到“真正的全球治理”——全球发展治理的转变》,《国外理论动态》2015 年第 12 期。

个国家能够独自应对人类面临的各种挑战，也没有哪个国家能够退回到自我封闭的孤岛。[①] 在这样的时代背景和国际环境中，加强发展治理合作、携手共同应对挑战，就成了国际社会的必然选择。

当前，全球发展治理面临一系列的新挑战：联合国“千年发展目标”已于2015年到期，新的发展合作议程也已经达成并开始实施，但当前全球发展治理的形势依旧严峻。“千年发展目标”未能有效解决诸如失业、不平等、生物多样性丧失、能源短缺、人口结构变化、应对自然灾害能力不足、快速城镇化、气候变化等原有的发展问题，而金融安全、移民问题、网络安全等新的发展难题不断涌现，全球发展不平衡问题日益严重。与此同时，发达国家依旧主导全球发展治理事务，广大发展中国家缺少平等参与发展事务的机制和平台。从整体看来，现有的发展治理机制、理念已经不能满足当前的发展现实需要。因此，突破现有全球发展治理的局限，构建新的发展治理体系的重要性和紧迫性日益凸显。

为了更好地推进全球发展治理，中国积极参与全球发展治理体系的完善和改革，并提出了多层面多维度的“中国方案”：其中，构建人类命运共同体是全球发展治理的总目标，正确的义利观是全球发展治理的指导理念，“共商共建共享共赢”是推进全球发展治理的基本原则，联合国、二十国集团、“一带一路”等国际机构和平台是全球发展治理中的重要平台，南北对话、南南合作、加强国际发展合作是推进全球发展治理的主要路径。

在完善全球发展治理的“中国方案”中，通过南北对话和南南合作提升发展中国家在国际事务中的地位和作用，推动全球范围内的发展合作，是中国新全球发展治理理念倡导的主要路径。2015年4月22日，习近平主席出席亚非领导人会议并发表重要讲话，强调了南北对话和南南合作在推进全球发展治理、实现国际社会共同发展方面所发挥的重要作用，并倡导国际社会携手合

① 中共中央党史和文献研究院编：《十九大以来重要文献选编 · 上》，中央文献出版社2019年版，第41页。

作、共同发展。① 2015 年 9 月，习近平主席在联合国发展峰会上发表讲话，再次强调南北对话和南南合作对推动全球均衡、可持续发展目标实现的重要作用和影响，倡导发达国家应该及时兑现其向发展中国家作出的承诺、切实履行其在国际发展合作事务中的应尽义务，发挥南北对话和南南合作的独特优势和重要作用，同时倡导国际社会积极创新国际发展合作模式，引进私营部门等利益攸关方参与全球发展事务，并在全球发展伙伴关系中发挥更大的作用。②

在经济全球化深入发展的历史进程中，发展问题早已超越传统国家边界，呈现出区域化和全球化特征，所以全球发展治理离不开国际社会的协调合作，尤其是发达国家与发展中国家之间的通力合作。尽管中国是一个发展中国家，但多年来一直积极致力于推动国际发展合作，通过援助、贸易、投资等方式加强与发展中国家的互利合作，将自身的发展与广大发展中国家的发展相结合，坚定走互利合作、共同发展的道路，倡导国际社会，尤其是发达国家有义务帮助发展中国家摆脱落后面貌，主张通过南北对话和南南合作实现国际社会的均衡、可持续发展。一方面，作为发展中国家，改革开放四十多年，中国走出了一条符合中国国情、具有中国特色和世界意义的发展道路，并取得举世瞩目的重要成就：基本实现了联合国号召国际社会达成的“千年发展目标”，减少了 4 亿多贫困人口，当前正处在全面建成小康社会的关键历史时期。另一方面，中国不但在促进自身发展方面成效显著，而且以自己的实际行动促进全球发展事业的共同发展：新中国自成立以来就一直积极参与国际发展合作，在力所能及范围内向广大发展中国家提供援助，并在“千年发展目标”和“2015 年后”发展议程的达成和落实过程中发挥了重要作用。

---

① 习近平：《弘扬万隆精神　推进合作共赢——在亚非领导人会议上的讲话》，《人民日报》2015 年 4 月 23 日。

② 习近平：《谋共同永续发展　做合作共赢伙伴——在联合国发展峰会上的讲话》，《人民日报》2015 年 9 月 27 日。

全球治理体系的变革、国际发展援助格局的调整，“千年发展目标”和“2030年可持续发展议程”这些国际发展合作的重要倡议及议程安排，都会对以中非合作为代表的南南合作产生重要影响，进而为中非关系赋予新的时代内涵和表现形式，并直接影响中国对非援助与贸易投资的互动关系。

第七章　中国对非援助与贸易投资互动体系的构建

> 中非从来都是命运共同体。半个多世纪以来，无论国际风云如何变幻，中非始终是风雨同舟的好朋友、休戚与共的好伙伴、肝胆相照的好兄弟。中非传统友好深得人心，已成为中非双方的宝贵财富。长期以来，中非双方坚持真诚友好、平等相待，这是中非关系历久弥坚的精神内核。新形势下，中非双方将在此基础上，致力于合作共赢、共同发展，为中非关系赋予新的内涵，注入不竭动力。
>
> ——《中国对非洲政策文件》，2015 年 12 月 4 日

随着国际国内形势的深刻变化，中非合作已经进入了新的历史阶段，深入发展中非全面战略合作伙伴关系和构建更加紧密的中非命运共同体是指引中非关系全面深化的新目标。在互利合作共赢的基础上，创新中非合作，尤其是中非经济合作的理念和方式，也因此成为当前中非关系面临的一个迫切议题。中非之间具有极强的互补性和广阔的合作空间：经过改革开放四十多年的发展建设，中国在社会经济发展方面取得重大成就，积累了丰富的发展经验，并在技术、资金、市场等领域形成了自身的比较优势，这可以为中非合作提供有力支持。与此同时，非洲国家具有丰富的自然资源和劳动力资源，正处于加强经济、社会建设、实现工业化的关键历史阶段。在此基础上，中非之间可以实

现优势互补，将双方的比较优势转化为中非互利合作的现实成果，为双方的可持续发展提供助力。

本研究在中非互利合作理念的指导下，参考借鉴美国、日本、欧盟等西方传统发达援助方的理论实践，并学习以往中国对非援助与贸易投资互动的成功经验，尝试为构建中国对非援助与贸易投资互动体系提出对策建议，以期为中非友好合作关系的深入发展、携手构建中非命运共同体提供助力。

一、创新中非经济合作理念

援助、贸易和投资都是中非经济合作的重要内容，要实现三者之间的有机结合与互动，就需要从整体上把握中国对非经济合作的宏观架构，尤其是在合作理念上，更应根据当前国际国内政治、经济形势的深刻变化做到与时俱进，从而为新时期中非经济合作提供有效指引。具体说来，中非经济合作理念的创新应该主要体现在以下三个方面。

（一）树立具有中国特色的新型援助观

自二战结束以来，对外援助成为国际行为体之间进行交往合作的重要方式和手段，这也引来了西方学术界对援助的深入研究和阐释。无论是现实主义学派还是理想主义学派，抑或是“依附论”理念的提出，西方学界已经形成一套由其主导的援助话语体系，并借此确立了其在全球发展援助领域中的主导权和话语权。

随着冷战结束后国际发展援助规模、水平和方式的提升扩展，新兴援助方在国际发展援助领域的地位和作用都得到显著提升，典型代表是中国、印度、巴西等国家。新兴国家在国际发展援助事务中的影响力和话语权整体得到了显著提升，但仍处于相对被动的位置，在国际发展援助规则制定、议题设定和机构设立等重要领域的影响力还相对有限。而且因为在援助理念、范式等方面与西方传统的援助方存在明显差异，新兴援助方在取得重要援助成果的同时，也承受着来自传统援助方的批评和指责。

以中国为例，西方国家和舆论对中国对外援助最常见的批评观点主要包括以下三种：第一种观点重点批评中国在提供对外援助方面所作的努力和贡献不够，未能向国际社会提供与其自身实力相匹配的、以援助为代表的国际公共物品，未能作出与其大国地位相匹配的国际贡献，进而指责中国搭乘西方国家的“便车”。第二种观点重在批评中国提供对外援助的动机，认为中国提供对外援助主要是受到自身利益和发展战略的驱动，缺少对受援方发展诉求、切身利益的关注和考量，将援助作为实现自身战略意图的有效政策工具，前文所述的中国在非洲“圈地”的言论就是这种观点的典型代表。第三种观点集中批评中国对外援助的方式，认为中国对外援助无视现行的、由西方国家所建立和主导的国际援助规则，对“集权国家”和“腐败政府”提供援助，从而削弱、破坏西方国家在这些受援国进行政治干预、推进“民主化进程”的努力，并造成严重的负面影响。①

在此背景下，如何打破西方传统的援助观念，用中国话语讲好对外援助的“中国故事”，明确树立具有中国特色的、服从服务于中国外交大局的新型援助观具有重要意义。

中国特色新型对外援助观是在中国“日益走近世界舞台的中央、为人类作出更大贡献”的时代背景下提出的、指导中国对外援助工作的新理念，是包含多个层面和维度的系统思想体系：其中，携手构建人类命运共同体是指导中国对外援助的总目标，正确的义利观是中国对外援助秉持的基本理念，“共商共建共享共赢”是推进中国对外援助的基本方针，联合国、二十国集团、金砖国家等国际机构是增强中国对外援助国际影响的重要平台，“一带一路”倡议是推进落实中国对外援助的主要抓手，加强援助与贸易和投资等政策工具的整合是优化中国对外援助效果的有效路径。

① 参见刘毅：《关系取向、礼物交换与对外援助的类型学》，《世界经济与政治》2014 年第 12 期。

第一，携手构建人类命运共同体是指导新时期中国对外援助工作的总目标。这一目标的确立与中国对外援助实践中一直秉持的互利共赢理念是一致的。早在1964年制定实施的《中国政府对外经济技术援助的八项原则》中，中国政府就已经明确提出：中国政府从来不把中方所提供的经济技术援助看作是中国向受援方的单方面的赐予，援助是相互的、是互利的。不能否认，中国对外援助同时兼具“利己”和“利他”目标，但这种“利己”不是“单方面利己”，而是在帮助发展中国家实现发展的同时，也推动自身的发展，从而实现双方的互利共赢。2012年11月，党的十八大报告首次提出“要倡导人类命运共同体意识”，此后习近平主席在联合国大会、博鳌亚洲论坛、达沃斯经济论坛等一系列双边和多边重要外交场合多次阐释中方所倡导的构建人类命运共同体的重要思想，这一思想成为新时代统领中国外交的核心理念，也为中国对外援助指明了新的发展方向。

中国主张在构建“人类命运共同体”的目标指引下突破国家、地区、民族之间的藩篱，达成各个国家发展的最大公约数，实现发展权利和义务的共享，加强互利合作，实现包容与可持续发展，最终实现人类社会的共同发展。在这一目标的指引下，中国应进一步明确自身的援助理念，明晰对外援助的功能定位和政策目标，依据受援国和自身的实际情况制定援助战略，既要实现援助的国际主义理念和利他目标，也能发挥援助维护自身利益的工具作用，这是新时期实现中国对外援助新发展的重要前提。

第二，正确的义利观是中国对外援助秉持的基本理念。近代以来，西方国家所奉行的“没有永恒的朋友、只有永恒的利益”“利益至上”的处理义利关系的传统理念，被视作处理国与国之间关系的基本准则，这也成了近代以来西方国家所奉行的“弱肉强食”法则的重要内容，导致两次世界大战的先后爆发和全球范围内战争频发、冲突不断、发展不平衡问题日益凸显。① 在经济全球化

① 秦亚青：《正确义利观：新时期中国外交的理念创新和实践原则》，《求是》2014年第12期。

不断深化、各国相互依存程度日益加深的时代背景下,如何突破西方狭隘的义利观,正确处理发展进程中的道义和利益问题,在实现自身发展的同时也积极推动国际社会共同发展,这是当前全球发展治理面临的重要议题。中国对外援助应坚持以具有中国特色的社会主义义利观为指导,寻求各国共同利益的交汇点,有原则、讲情谊、讲道义,①勇于承担国际责任,为实现共同发展做出中国贡献。

在正确义利观的指导下,中国政府积极发出加强全球发展治理的重要倡议,推动国际社会达成新的发展合作议程——"2030 年可持续发展议程",与国际社会一同努力推动国际发展合作进程。在实践层面,中国政府积极采取一系列实际行动来推动国际可持续发展议程的有效落实。2013 年 3 月,习近平主席在坦桑尼亚首都达累斯萨拉姆的尼雷尔国际会议中心发表重要演讲,提出了指导新时期中非关系深入发展的重要方针,并用"真""实""亲""诚"四个字概括了新形势下的中非关系内涵,这是指导中国对非援助政策的重要方针,也集中体现了中国在国际关系中,尤其是发展合作领域所秉持的义利观的核心。

第三,"共商共建共享共赢"是推进中国对外援助的基本方针。援助不是单方面行为,自新中国成立以来,中国对外援助一直秉持平等互利、共同发展的基本原则,在提供援助时坚持不附带任何政治条件,不将援助作为干预、影响受援国自主选择符合本国国情的发展道路、社会制度的政策工具,不利用援助干涉受援方的内政,或者是利用援助为本国谋求政治、经济等特权。② 不管国际国内形势和国际发展援助形势发生多大变化,平等互利、共同发展都是指导中国对外援助的基本原则。因此,新时期的中国对外援助应在中国和受援方平等协商的基础上制定实施援助计划,尊重受援国自主权,坚持以发展为导

① 柴逸扉:《正确义利观——中国外交的一面旗帜(习近平主席治国理政关键词 40)》,《人民日报(海外版)》2016 年 8 月 11 日。

② 中华人民共和国国务院新闻办公室:《中国的对外援助(2011)》,人民出版社 2011 年版,第 5 页。

向,秉承“授人以鱼,不如授人以渔”的理念。在“共商共建共享共赢”理念的指引下,中国的对外援助将更加重视与受援方的发展战略有效对接,如将中国人民实现民族复兴的“中国梦”与非洲人民实现可持续、独立自主发展的《2063 年议程》结合起来,真正实现中非的共同发展。

第四,联合国、二十国集团、金砖国家等国际机构机制是增强中国对外援助国际影响力的重要平台。在总结以往对外援助经验和教训的基础上,中国的对外援助既要在双边层面进行,也要在多边层面展开。在新型中国对外援助观的指导下,中国将更加积极地参与国际发展合作的多边框架和相关议程,通过多边平台提升中国对外援助的国际影响力和话语权,和国际社会一道共同推进“2030 年可持续发展议程”的落实,为解决全球发展问题作出中国贡献。

第五,“一带一路”倡议是推进落实中国对外援助的主要抓手。“一带一路”倡议是当前中国为加强国际交流合作、实现共同发展而提出来的最大的公共产品,必将为新时期中国对外援助提供新的发展机遇。以中非合作为例,现阶段中非在“一带一路”倡议下的合作已经取得重要进展,其中的标志性项目是连接埃塞俄比亚首都亚的斯亚贝巴与吉布提的亚吉铁路。被称为“新时期坦赞铁路”的亚吉铁路,是中国铁建中土集团与埃塞俄比亚铁路公司、吉布提财政部签署项目合同并负责承建的重大基础设施项目,历时 4 年多建成。该项目横跨非洲两国,西起埃塞首都亚的斯亚贝巴,东到吉布提港,全线长约 750 公里,于 2016 年 10 月通车,并于 2018 年 1 月 1 日正式投入商业运营,是海外首条集设计标准、投融资、装备材料、施工、监理和运营管理全产业链“中国化”的铁路项目,标志着成套中国铁路“走出去”取得重大突破,是“一带一路”的标志性成果。项目的总投资约 40 亿美元(含机车车辆采购),其中埃塞段 70% 的资金和吉布提段 85%的资金都是使用中国进出口银行提供的商业贷款。[①] 亚吉铁路的建成通车极大地提升了非洲大陆的交通运力,还创造了“由一条铁

---

① 严冰:《“新时期的坦赞铁路”亚吉铁路今天通车》,2016 年 10 月 5 日,见 http://world.people.com.cn/n1/2016/1005/c1002-28757227.html。

路带动一条经济带”的亚吉模式，通过修建铁路、配套投资运营工业园区，为埃塞俄比亚和吉布提经济发展注入了强劲动力。① 2018 年中非合作论坛北京峰会上，非盟与中国政府签署了共建“一带一路”谅解备忘录，未来中非将在“一带一路”框架下进一步深化合作。

第六，加强援助与贸易和投资等政策工具的整合是优化中国对外援助效果的有效路径。实践已经证明，单独依靠援助并不能从根本上解决发展问题，因此创新援助方式，实现援助与贸易投资等其他相关政策工具的互动，形成对外政策合力，就成了中国新型对外援助观的重要内容。有学者指出，中国对外援助面临转型，并据此建议中国在国际发展合作事务中提出“共同发展伙伴关系”倡议，打破传统的、单一的对外援助范式，构建一套涵盖援助、贸易、投资、技术等多项政策工具与资源在内的新型援助观。② 这既是对以往中国对外援助传统的继承，也是在新的时代背景下对中国对外援助理念和方式的重要创新和发展。

当前，正是中国积极落实党的十九大会议精神、为实现“两个一百年”奋斗目标和中国梦而努力奋斗的关键时期，与此同时，非洲国家也正在谋求加快工业化和现代化进程，努力朝着“2063 年愿景”奋进。中非关系因此迎来了新的历史机遇，中国所秉持的对非援助理念也体现了新型对外援助观的内涵：第一，通过对外援助及包括经贸在内的全方位合作，中国要建设好与非洲国家的命运共同体、利益共同体。第二，秉持共同发展、互利共赢的南南合作精髓，中国对非洲的援助不仅要继续帮助支持非洲国家实现自主发展，同时也强调要坚决维护中国的核心利益。第三，尊重受援国自主权，坚持以发展为导向，秉承“授人以鱼，不如授人以渔”的理念，中国的对非援助将更加重视与非洲国家的发展战略有效对接，提高援助有效性。③

---

① 贺文萍：《“一带一路”与中非合作：精准对接与高质量发展》，《当代世界》2019 年第 6 期。

② 白云真：《“一带一路”倡议与中国对外援助转型》，《世界经济与政治》2015 年第 11 期。

③ 曹晋丽：《国际社会对非洲的援助》，载张宏明主编：《非洲黄皮书：非洲发展报告（2015—2016）——中国企业在非洲：成效、问题与对策》，社会科学文献出版社 2016 年版，第 321 页。

（二）借鉴“新结构经济学”提出的发展合作新理念

前文已经提到，对外援助是西方发展经济学的重要研究对象，并基于发展经济学的视角在20世纪70年代和90年代先后提出了“结构调整计划”和“华盛顿共识”等有关发展援助的理念主张。但实践已经证明，传统的西方发展经济学理念并未能从根本上改善援助效果、帮助广大受援方实现可持续发展，因此突破传统西方发展经济学的桎梏，根据当前世界经济发展的新态势创新发展合作理念，成为当前广大发展中国家和新兴国家寻求实现发展的重要议题。林毅夫教授提出的“新结构经济学”就是这样一种努力和尝试。

“新结构经济学”继承和沿用了新古典经济学的分析方法，在此基础上对现代经济展开研究，以求揭示现代经济增长的本质和决定性影响因素，并对现代经济结构及其演化过程和影响因素展开分析，是一个十分庞杂的理论体系。本研究仅聚焦于其提出的发展中国家和新兴国家“在一个多极世界中重构发展合作理念”这一个方面，并希望从中获取推动当前以及未来中国对外援助政策改革、援助效果优化的有益参考。

林毅夫教授、王燕教授在其撰写的《超越发展援助——在一个多极世界中重构发展合作理念》（北京大学出版社2016年版）一书中提出一个重要主张：对发展中国家而言，要实现自身有效的、可持续的发展，必须超越传统的发展援助这一发展路径，而且应该从自身出发，分析自身所具备的、潜在的比较优势以及发展进程中所面临的主要难题、挑战和瓶颈，通过强化南北对话和南南合作等方式有效参与国际经济合作，综合利用贸易、投资、优惠贷款和以商业贷款为代表的其他融资工具，充分发挥本国的资源和能源禀赋，发挥其在对外经济合作中的比较优势，加强基础设施建设，从而在国内层面有效实现产业结构转型和升级，在国际层面增强竞争力，最终破解发展难题，实现均衡的、可持续的发展。①

新结构经济学对传统发展援助的批评主要集中于对其援助效果的不理想，并认为导致援助无效的原因主要是：传统援助既不有效也不足以帮助发展中国家来解决其增长的瓶颈，因为主流经济学忽视了结构转型；“华盛顿共识”和位于华盛顿的机构在资本账户自由化上给过许多错误的建议；主流经济学过分受制于国际货币基金组织-世界银行的债务可持续性框架，而该框架需要改进；“有条件援助”不利于国家对发展的所有权，等等。② 在此基础上，新结构经济学认为：在以中国、印度、巴西等国为代表的新兴援助方，和其他发展合作伙伴的共同努力和推动之下，大多数低收入国家将在“后 2015 时代”见证一个显著的结构转型：为了保证有效性，援助或发展合作必须是由东道国自身利益的需求所驱动，如许多东亚国家的成功经验显示，将援助、贸易和投资相结合——一个基于市场的方式——能够保证平等伙伴国之间的激励一致性，并认为中国在发展合作领域有自己的独特优势：将贸易、援助和投资相结合来协助其他发展中国家获得自我发展的能力，建造必要的硬件和软件基础设施以满足结构转型的需要，从而为发展伙伴在同一个多边机构中协同工作、实现共赢提供了现实可行性。

整体看来，新结构经济学为发展中国家充分发挥自身禀赋要素的比较优势，通过结构调整实现发展提供了新的理论路径，对传统发展援助的批判和反思，以及对援助与贸易投资在理论及实践中进行互动的倡议，对中国对外援助的发展具有重要理论意义，可以为中国援助理念的创新提供理论参考。

（三）推动中国对外经济战略转型

改革开放四十多年来，中国经济建设取得重要成就：从经济增长速度上

① 林毅夫、王燕：《超越发展援助——在一个多极世界中重构发展合作理念》，北京大学出版社 2016 年版，第 2 页。

② 林毅夫、王燕：《超越发展援助——在一个多极世界中重构发展合作理念》，北京大学出版社 2016 年版，第 65—66 页。

看，经济发展呈现高速增长态势，1977 年到 2012 年，我国经济年均增速达到 9.8%，同期世界经济年均增速只有 2.8%；从经济体量规模上看，经济总量不断攀升，2019 年 1 月 22 日，中国国家统计局公布 2018 年中国国内生产总值达到 90.03 万亿元人民币，世界第二大经济体的地位进一步稳固；从减少贫困的成果上看，减贫领域成就显著，改革开放以来中国有 7 亿人口脱离贫困，在消除极端贫困方面发挥了人类历史上最大的作用。用林毅夫教授的话说就是："从 1978 年底的改革开放以后，从 1979 年到 2016 年，连续 38 年，中国每年的平均增长速度是 9.6%，在人类经济史上我们还没有看过任何一个国家、任何一个地区能够以这么高的增长速度持续这么长的时间。"①

但在取得重要成就的同时，中国经济发展也面临着调结构、去产能、去库存、去杠杆、降成本等一系列新任务和新挑战，尤其是 2008 年国际金融危机发生以来，全球经济一直处在深度调整之中，中国经济发展也面临着前所未有的新机遇和新挑战，这要求中国进一步调整其对外经济战略。一方面承担起负责任大国在世界经济发展中的责任，为地区和世界经济的发展作出更大贡献；另一方面也为中国在国际经济合作中谋求更加有利的位置。因此，当前中国经济外交的职能和属性发生了"双重转型"：一方面，经济外交逐步由过去压倒性服务于国内经济建设向为促进国内发展与服务对外战略大局并重方向转变；另一方面，中国则开始由单纯参与国际经济体系活动向影响和塑造国际经济规则及议事日程制定方向转变。②

具体说来，现阶段中国对外经济战略的转型应该包括以下几个方面：宏观层面，对外经济战略要与当前中国经济发展所处的阶段、中国经济发展所面临的机遇与挑战、中国在世界经济中的地位和作用相适应，从而制定符合中国国

---

①　林毅夫：《中国发展奇迹对发展中国家的发展启示》，2017 年 8 月 21 日，见 http://bbs1.people.com.cn/post/2/1/2/164085139.html。

②　任晶晶：《"双重转型"：十八大以来中国经济外交的理念创新与战略布局》，《中国与世界》（年刊）2015 年。

情的对外经济战略，以更加积极主动的姿态参与全球经济交往合作，并在规则制定、机制改革、议程设定等方面发挥更加重要的作用，提升发展中国家在国际经济事务中的地位和作用。中观层面，中国对外经济战略在综合运用贸易、投资、货币政策工具的基础上，还应加强其与对外援助之间的协同与配合，形成对外经济合作的合力，在经济进入新常态后，中国的对外投资战略也需要从过去的鼓励大规模引进外商直接投资，转向高水平引进和大规模"走出去"(即对外直接投资)相结合。① 微观层面，应推进对外经济合作的结构调整，创新对外经济合作方式，加强自贸区、产业园区的建设，附加值高的国际产业合作。

二、确立互动体系构建的基本原则

在对外经济合作中综合运用援助、贸易和投资这三大政策工具，并形成对外经济合作的合力，这对新时期中国经济外交具有重要影响。具体到中非关系，援助、贸易和投资是驱动中非关系深入发展的"三驾马车"，不仅能够承担经济外交的职能，还具有重要的政治和战略职能，因此三者的结合与互动对中非关系尤为重要。结合中非友好合作的历史和现状，根据当前中非关系所面临的新情况，中国对非援助与贸易投资的互动应该注意从宏观层面统筹安排中国对非经济合作战略，遵循"援助先行、投资推进、贸易强化"的基本互动原则，最终形成援助、贸易和投资的合力，为中非关系的深入发展提供助力。

（一）从战略高度统筹安排中国对非经济战略和政策

经济外交作为重要的对外政策工具，同时承担着谋求经济利益和进行交往的双重任务。作为中国外交的重要组成部分，对非经济外交是当前中国外

① 龚刚：《推动中国对外经济战略转型》，2016 年 2 月 3 日，见 http://www.cssn.cn/zk/zk_qqjj/201602/t20160203_2857020_2.shtml。

交的重要内容,应该从战略高度制定统一的对非经济战略,要求相关政策工具均服从和服务于中非关系的大局,在此基础上形成中非经济合作的合力。

2008年金融危机以来,全球经济格局、经济治理体系都面临深刻变化和调整,在此背景下中国对非经济外交也面临着一系列新挑战和新要求:从国际环境看,美日欧等发达国家延续了新世纪以来对非经济外交的重视,印度、巴西、韩国等新兴经济体也明显加大对非重视程度,在多个层面与非洲国家加强经济合作,加大对非经济外交力度,这导致中非经济合作所面临的国际竞争明显增强、所面临的国际形势更加复杂。从非洲国家看,近年来非洲经济增速明显,产业结构升级优化初见成效,这推动其对中非经济合作有了更高的要求和期望。① 两方面因素的结合,要求中国对非经济外交必须有效应对,这就需要中国超越单一的政策工具视角,从宏观层面统筹协调对非经济外交的相关领域,在把握重点的基础上有效协同,进而制定有针对性的对非经济外交政策,形成中国对非经济外交的统一战略规划和落实机制。

世界贸易组织前总干事迈克·穆尔曾指出:要援助还是要贸易这一争论已经过时了,二者都需要;援助的目的是建立公共基础设施,在双赢局面下促成贸易增长。② 因此援助、贸易和投资从来都不是三选一的关系,而是应该结合在一起的。中国坚持对外援助、投资、贸易的三位一体战略,不仅是出于战略层面的考量,也根植于中国作为受援国的独特经历:改革开放初期,日本向中国提供的官方发展援助就是采取了援助与贸易投资相结合的模式,并取得了良好的援助效果。正是因为中国作为受援方将援助与贸易投资有机结合,中国才能够充分应用援助、外国投资提升自己在全球贸易中的地位和作用,最终实现自主的、可持续的发展。因此,在中非经济合作中也应参考借鉴中国发展的成功经验。但在实践中,中国应始终坚持与非洲国家之间的平等

① 郭宏宇:《从经济协调的重点领域看中国对非经济外交》,《外交评论》2011年第2期。

② [新西兰]克·穆尔著:《没有壁垒的世界——自由、发展、自由贸易和全球治理》,巫尤译,商务印书馆2007年版,第292—293页。

互利，不仅要避免居高临下的“说教”式的一言堂灌输，更要以平等和倾听的态度，多肯定非洲的民主进程，以达到相互理解、交流，并最终互为借鉴的目标。①

（二）遵循“援助先行、投资推进、贸易强化”的基本互动原则

经过多年的发展，援助已经成为主要国际行为体，尤其是主权国家开展对外关系的重要方式，已经超越了单一的援助范畴，而发展为涉及外交、经济、安全、金融、交通、技术、文化等多个领域的、具有重要战略影响的对外政策工具。② 有学者指出，从对外关系的角度考察援助会发现，援助不是一个孤立的、单一的政策领域，而是与相关政策领域密切联系、相互影响，如果能够实现援助与其他政策领域的有机结合，就会优化、提升援助的政策效果；如果援助单独发挥作用，或者与相关领域的政策工具相矛盾，就会削弱、降低援助的实际效果。③ 因此，加强援助与贸易、投资等相关政策工具的互动就成为优化援助效果的有效路径。实践中，援助、贸易和投资作为对外政策工具，各自有其比较优势，要实现三者之间的有机互动，形成“1+1+1>3”的合力效果，就必须发挥其各自的比较优势。具体说来，应该遵循援助先行、投资推进、贸易强化的基本原则。

1.“援助先行”体现的是援助的必要性和重要性。前文已经阐释，此处不再赘述，但正是因为非洲国家普遍面临着较为严峻的发展形势，这是国际发展不平衡导致的突出问题，需要国际社会为其提供一定的经济和技术援助，以解决其发展难题。

---

① 贺文萍：《中国经验与非洲发展：借鉴、融合与创新》，《西亚非洲》2017 年第 4 期。

② 林晓光：《日本政府开发援助与中日关系》，世界知识出版社 2003 年版，第 1 页。

③ 张海冰：《发展引导性援助——中国对非援助模式研究》，上海人民出版社 2013 年版，第 161 页。

作为最大的发展中国家,中国一直坚持在力所能及范围内向发展中国家提供援助,主张通过南南合作,实现发展中国家的互利共赢、共同发展。在该理念的指导下,中国与发展中国家在平等互利的基础上取得了显著的发展成就。从经济外交的角度看,可以将中国对非援助分为两大类:一类是在力所能及的范围内履行国际人道主义责任,例如在农业、基础设施、医疗卫生、教育、人力资源开发、清洁能源、环境保护等民生领域向非洲国家和人民提供无偿援助,帮助其解决生存发展问题,这一类援助通常是无偿或赠予性质。如 2009 年,中国在中非合作论坛第四届部长会议上达成的《沙姆沙伊赫行动计划》中做出了一系列承诺,向非洲国家提供无偿援助和赠予:今后 3 年中国将为非洲国家援建 30 所医院,同时建立 30 个疟疾防治中心,为其提供价值 5 亿元人民币的医疗设备和医用物资,同时邀请受援国的医护人员来华培训,并继续做好中国向非洲国家派遣医疗队的相关工作,希望通过上述措施帮助非洲国家提升其医疗卫生水平,加强与疾病作斗争的能力。另一类是通过援助实现与非洲国家的互利合作,不是单方面的"赐予",而是通过提供低息贷款、建设成套项目、降低关税、扩大投资、开展贸易合作等方式培育和提升受援方自我发展的能力,通过在贸易和投资领域的互利合作,实现中非双方的共同发展,这是中国对非援助互利性的直接体现。

这两类援助均是致力于帮助非洲国家增强发展能力,为其实现自主发展提供条件。国际发展援助的实践也已经证明,对外援助无论多好都只能创造发展条件,而不能直接"创造"发展,只有不断地扩大本地的再生产,才能创造实实在在的经济增长和良性循环。① 因此,在援助、贸易和投资三个政策领域中,对非援助是处于基础性、前置性的地位,是贸易投资合作得以发展的前提和基础,而不是最终的目标。

在中非合作中,对非援助一般都是扮演"先行者"的角色,如通过援助来

① 任晓、刘慧华:《中国对外援助:理论与实践》,格致出版社 2017 年版,第 84 页。

解决基础设施落后的难题，利用政府提供的援款来增强企业投资的信心，为投资贸易合作提供前提和基础。如在2015年12月举行的中非合作论坛约翰内斯堡峰会上，习近平主席提出，中方愿在未来3年同非方一起实施“十大合作计划”，其中人文合作计划中就提出了“为非洲1万个村落实施收看卫星电视项目”的目标。为了推动这一目标的落实，中国政府先行提供援助，先期解决1万个村子通电视的问题，来自中国的企业四达时代集团作为实施方承建该项目，负责卫星电视系统的安装和后续技术支持、售后服务。此后，通过企业投资进一步扩大通电视的村庄规模，在帮助当地民众收看更多电视节目、更便捷地获取信息的同时，也为其带来了新的商机，未来中非企业将不断深化在相关产业中的合作。①

2.“投资推进”是指将投资与援助和贸易相结合，作为推动中非双方互利合作的重要方式和手段。这一理念既是源于过去传统发展援助的经验教训，也是基于中非合作的成功实践。减免债务是传统援助方较多采用的援助方式，这当然可以为受援方一定程度上减轻其财政负担，但来自援助方的直接投资更能够为受援方带来其发展所急需的资金，对有效性发展起到的推动作用更加明显。

中国在对外援助中重视援助与投资结合的做法可以追溯到20世纪90年代。1995年，中国进出口银行推出全新的优惠援助贷款制度，这标志着中国对外援助方式发生了重要变化和调整。通过向受援方具有投资价值、收益回报较高的领域和项目进行投资，在获得投资回报的同时帮助受援方实现经济增长和发展，这正是广大发展中国家在发展过程中迫切需要的发展方式。学者张海冰把这样的中国对非援助模式称之为“发展引导性援助”，意即打破传统的援助范式，通过“援助+合作”的方式，发挥援助在引导受援国培育自主发展能力、实现可持续发展方面的重要作用，在此基础上最终实现援助国与受援

① 参见李志伟、万宇：《非洲偏远农村看电视不再难（共商共建共享·一带一路倡议五周年）》，《人民日报》2018年10月16日。

国互利合作、共同发展的目标。①

近年来，随着中非经济合作内涵日益丰富，中国对非援助的方式也得到显著扩展，如中国与非洲国家合作建设自贸区，在充分发挥非洲国家自身禀赋优势的基础上，扩大对非投资，帮助非洲国家实现生产能力、贸易能力的提升和投资环境的改善，这在《沙姆沙伊赫行动计划》中得到了直接体现。正是通过上述一系列切实投资政策的推进，近年来中非在投资领域的合作不断深化，合作成果显著。截至 2016 年 9 月，中国对非洲投资创造了历史新高：各类对非投资存量的总和已经超过了 1000 亿美元，在非洲地区投资经营的中国企业的数量已经超过 3000 家。与此同时，中国对非投资领域也得到明显扩展，既涉及传统的基础设施、建筑、农业、纺织服装、渔业等领域，也涉及航空、电力、物流、汽车制造、金融、咨询服务等新兴领域。这些发展援助与投资的结合，能够切实推动援助效果的改善，并增强受援方的自我发展能力。有数据显示，近年来非洲国家经济增速的趋势十分明显，以 2015 年为例，这一年全球经济增长最快的 15 个国家中，有一半来自非洲，并且这其中多是与中国经济合作密切、吸引中国投资较早较多的国家，所以中国对非援助与投资的结合已经成为中非友好合作关系深入发展的有效推力。

与此同时，对非投资同样有助于中国企业“走出去”，在经济新常态和供给侧结构性改革的进程中为中国经济产业结构的升级和国际化程度提升提供重要机遇。有学者通过实证研究分析国际发展援助对受援国吸引外商直接投资（FDI）的影响，认为援助对直接投资具有“先锋效应”，能够促进受援国的直接投资，进而通过“援助、贸易和投资”的三位一体方式，带动援助国对受援国的投资、贸易，从而充分实现双方资源条件和经济结构的互补性，推动双方的全方面经济合作。② 这为实践中强化援助与投资的互动提供了理论支持。

---

① 张海冰：《发展引导性援助——中国对非援助模式研究》，上海人民出版社 2013 年版，第 96 页。

② 王翚：《国际发展援助对受援国 FDI 的影响研究》，经济科学出版社 2017 年版，第 250 页。

整体看来，中非之间的投融资合作对中非双方都有重要意义，双方在这一领域具有十分广阔的合作空间，未来中国应进一步加大对非投资力度，与非洲政府合作出台对赴非投资企业的优惠政策，投资领域也可以进一步拓展，尤其是在新兴领域的投资规模应该快速增加，在帮助非洲国家完善其投资环境的同时，也推动中国企业更好地走出去，服务于国内经济社会发展的大局。① 具体在援助方式的改革上，应该适当减少无偿援助的比例，增加低息和无息优惠贷款的规模，将有限的援外资金集中用在贷款贴息上，借助援助资金的杠杆作用撬动更大的资金量用于对外援助。② 这是因为中国优惠贷款援助在促进受援国经济社会发展的同时，也为中国企业"走出去"积累了一定经验，为后续的对外投资合作打下基础。

投资与援助的结合，在中国对外援助的成套项目中已经得到比较广泛的应用。随着"一带一路"倡议的落实以及中非合作进程的加快，我国企业承揽境外大型项目不断增多，援助与投资的结合就更加紧密，如印尼巨港电站、柬埔寨甘再水电站、埃塞俄比亚—吉布提铁路项目等，都普遍采取了"投建营一体化"的模式，即项目的投资、建设和运营过程既有中国政府提供的援助，也有中国企业的参与。实践中，已经形成了"援+投+贷"模式、"投+贷"模式等多种融资模式，为中非经济合作规划的有效落实提供了路径支持。③

3.“贸易强化”是指中非在加强援助、投资领域合作的基础上，需要通过双边和多边的贸易往来强化双方的互利合作。在经济全球化的背景下，发展中国家要实现经济发展，就必须参与到国际贸易和国际市场中来，搭上全球经济的列车，才有可能通过国际贸易改善国际收支平衡、优化产业机构、吸引更

① 参见中华人民共和国国务院新闻办公室：《中国与非洲的经贸合作（2013）》，2013 年 8 月 29 日，见 http://www.scio.gov.cn/zfbps/ndhf/2013/Document/1344913/1344913.htm。

② 梅冠群：《日本对外投资支持政策研究》，《现代日本经济》2017 年第 3 期。

③ 参见袁蔡群、梁莺莺、张海平、董瑞：《国际发展援助中"投建营一体化"模式下融资方案研究》，《中国工程咨询》2019 年第 10 期。

多的海外投资，最终在全球经济格局中赢得有利位置。

对于广大非洲国家来说，融入全球化并获得贸易机会是其实现自主可持续发展的前提。但事实上，绝大多数非洲国家都不同程度地面临贸易水平较低、参与国际贸易能力较弱的现实困境。从人口比例上看，非洲的人口数量占到全球人口总量的14%，但非洲国家的国内生产总值和所吸引到的外商直接投资占世界经济总量的比重只有约3%，非洲国家的货物贸易出口额占世界货物贸易出口总额的比例只有1.8%，非洲国家货物贸易进口额只占世界货物贸易进口总额的1.7%，具体到服务贸易领域的占比则要比货物贸易领域的占比更低。

在此背景下，尽管近年来非洲国家的经济增速明显提升，区域内的贸易规模也有所扩大，但整体看来，非洲国家的贸易能力在全球范围内还是处于相对较低的水平。[①] 贸易能力的低下直接导致非洲国家在全球贸易体系，尤其是在国际贸易规则制定方面话语权的严重缺失，进而导致其在全球贸易链条中的地位低下、抵御贸易风险的能力也相对较弱。这些问题如果不能得到有效破解，只依赖援助和投资等政策工具是没有办法让非洲国家真正实现可持续发展的。所以，贸易是中非经济合作的核心内容，在援助和投资合作的基础上深化贸易往来，是未来中非关系实现互利共赢的重要路径。

有鉴于此，中国对非援助一直十分重视对非洲国家的促贸援助，通过这一渠道实现援助与贸易的有机结合。作为落实《沙姆沙伊赫行动计划》的重要举措，中国于2010年在义乌成立了“非洲产品展销中心”，作为扩大非洲产品向中国市场出口的重要举措。该中心已于2011年5月正式开业，地点设在浙江省义乌市的国际商贸城。这是中国推出的促进非洲商品对华出口的重要举措，通过展销中心的设置可以将非洲商品直接引入国内市场，让中国国内消费

① 中华人民共和国驻埃塞俄比亚联邦民主共和国大使馆经济商务处：《非洲贸易一体化现状分析》，2014年2月5日，见 http://et.mofcom.gov.cn/article/ztdy/201402/20140200498792.shtml。

者有机会更多地了解非洲商品，有利于提升中非经贸往来，尤其是民间经贸往来的水平和规模。

2015年12月4日，习近平主席赴南非约翰内斯堡出席中非合作论坛峰会开幕式，并在会上发表重要讲话。在展望未来中非合作前景时，习近平主席提出：中国将在未来3年内同非洲国家共同实施“十大合作计划”，从而推进中非全面战略合作伙伴关系的深入发展。“十大合作计划”中的“中非贸易和投资便利化合作计划”主要涉及中非在贸易和投资领域深入合作的新规划，为了进一步推动中非在贸易和投资领域的合作，中国承诺将在未来3年内在非洲国家实施50个新的促进贸易援助项目，用以支持非洲国家改善其在贸易和投资领域的软硬件条件，中国愿意同非洲国家和非洲区域合作组织展开包括货物贸易、服务贸易、投资合作在内的全面自由贸易协定的谈判工作，同时中方承诺切实采取措施为扩大非洲商品对华出口规模提供支持和便利条件。这一合作计划的提出和实施，必将为加强中非在经贸和投资领域的合作提供有效推动。

此外，中国还积极支持非洲国家增强自我发展能力、构建多类型的发展平台，如《中国对非洲政策文件》（2015）指出，未来中国将支持非洲国家建设经济特区、自由贸易区、科技园区和产业园区等新的发展平台，尤其重视中非在合作建设经贸合作区方面的务实合作，并将其纳入中非产能合作的战略规划，将其视为新时期中非合作深入推进的重要载体和平台。中国将继续推动、扩大对非投资，推动中国企业在非洲投资设厂，实现在非洲的本土化经营，在严格遵守当地法律法规的基础上为解决当地就业问题、增加非洲地方政府财政收入作出贡献。另外，中方还大力倡导加强中非在海关、检验检疫和进出口管理领域的合作，加强双方的信息互享、联合执法，这有利于非洲国家提升其贸易水平，更好地参与国际贸易活动。中方还承诺，未来将继续推动非洲内部的区域经济合作，支持非洲国家发展区域内贸易合作，支持非洲贸易一体化进程和区域贸易自由化进程，积极与非洲联盟等区域国际组织展开对话、加强合作,推动与非洲国家在多边层面建立制度性贸易和投资合作安排。①

通过中非贸易合作,非洲国家的贸易能力和水平有了显著提升,这为非洲商品进入国际市场、参与国际贸易奠定了基础,助力非洲国家走上独立、自主发展的道路,也让援助实现了从“输血”到“造血”的转变,实现了对非经济政策之间的协调互动。

(三)形成援助、贸易和投资的合力

随着中非关系的深入发展和中非友好合作所取得的重要成果,不少非洲国家开始涌动一股“向东看”的政策热潮,对未来的中非合作报以坚定信心和更高期待,②这为中非深入合作打下了坚实基础。援助、贸易、投资的协同互动是中国对非政策效果优化的重要内容。为推动中非关系的深入发展,中国应建立一套实现援助与贸易投资互动的关系框架,即从通盘的战略高度制定中国对非政策,使援助、贸易和投资各自发挥其作用,最终形成合力实现中非关系的发展。其中,援助作为对非政策的重要工具,应积极配合中非经贸合作的战略布局,在维系中非关系深入、稳定发展的同时,为中国企业“走出去”、加强中非经贸合作和中国企业对非投资提供有力支持。在援助方式上,可以参照日本的做法,加大人民币贷款在对外援助中的比例,这样既有利于推动中国企业对受援方的投资和贸易合作,也有利于人民币国际化进程。

同时,援助还应成为推动中非关系发展的润滑剂,帮助解决或缓解双方在政治、经贸领域出现的问题,如贸易逆差问题。中国对非援助的传统优势领域包括基础设施建设、交通运输、农业、纺织业等领域;中非贸易集中于纺织品、工业制成品、能源等领域;现阶段中国对非投资则集中于矿产、能源、基建等领域,最近则重点加大对农业、资源深加工和制造业的投资。这样相互交叉的合

① 中华人民共和国中央人民政府:《中国对非洲政策文件》,2015 年 12 月 5 日,见 http://www.xinhuanet.com/2015-12/05/c_1117363276.htm。

② 贺文萍:《中国经验与非洲发展:借鉴、融合与创新》,《西亚非洲》2017 年第 4 期。

作领域为中国将援助和贸易投资政策的结合提供了现实可能性，如通过援助非洲国家建设基础设施，在改善当地基础设施条件的基础上，对当地的制造业、能源产业进行投资，通过投资合作，将非洲的发展潜力转化为发展优势，通过优势产业链的转移，加强非洲制造能力，提高产品附加值，并通过贸易合作推动非洲商品的出口，解决当地人口的就业问题并带动当地经济的发展，最终实现非洲受援国的经济与社会发展。

以中非在农业领域的合作为例，农业在非洲经济社会发展中的地位十分重要：因为非洲人口中有 70%是农业人口，农业对非洲国内生产总值的贡献率高达 30%，但很多非洲国家由于投入不足，农业基础设施薄弱、技术落后，加上自然灾害频发和社会动荡，粮食安全得不到保障。① 中国则是一个农业大国，在农业技术、人员、设备等方面都有丰富经验和明显优势，因此多年来中国通过开展农业基础设施建设、优良品种培育、建立农业示范基地等方式向非洲农业提供援助，并将支持非洲农业现代化建设作为新时期中国对非合作的优先重点领域。

中非在农业领域合作的一条成功经验就是形成了援助、贸易和投资的合力：

首先，通过援助帮助非洲国家改善农业基础设施，如建设农田灌溉设施、修建堤坝等，使之具备发展现代农业、提升农业技术水平的前提条件。在此基础上，中方积极与受援方政府、企业、农业生产者分享中方所有的农业发展经验和先进的农业科技，如先进的耕作、培育、生产加工的理念和方法，先进的农业工具和设备等，以此支持非洲国家提高农业生产能力和加工能力，进而帮助非洲国家实现粮食自给和粮食安全，减少对粮食援助的依赖程度。② 截至 2019 年 6 月，中国已与 21 个非洲国家签署了农渔业合作谅解备忘录或议定

---

① 参见黄培昭、景玥：《聚焦中非“十大合作计划”——农业现代化合作稳步推进》，《人民日报》2018 年 8 月 25 日。

② 中华人民共和国中央人民政府：《中国对非洲政策文件》，2015 年 12 月 5 日，见 http://www.xinhuanet.com/2015-12/05/c_1117363276.htm。

书，建立了双边农业联委会或工作组机制；并通过建设农业技术示范中心、派遣农业援非专家、加强对非洲农业从业人员进行技术培训等方式，有效带动受援国技术水平提升和农业发展。中国专家和技术人员在非洲9个国家共实施小型示范项目300余个，推广实用农业技术450项，培训当地农民和技术人员近3万人次。① 其中，中国援卢旺达农业技术示范中心、中国援贝宁农业技术示范中心等农业援助合作机构的确立，推动了中非农业合作的深入发展。

其次，坚持援助和投资并进的原则，鼓励和支持中国企业到非洲国家进行农业领域的投资，并与非洲政府、企业在农业种植、畜牧养殖、渔业捕捞、粮食仓储和农产品加工等领域开展投资合作，推动非洲农业的现代化进程。在这一过程中，已有多个农业合作项目得以建立并不断扩大升级，如中国在非洲最大的水稻种植项目万宝莫桑农业园项目，在中非农业合作中发挥了重要作用。

最后，鼓励和促进中非农产品贸易，建立和完善中非双边和多边的农业合作机制。在充分发挥各自比较优势的基础上，加大贸易优惠措施，将非洲农产品引进中国市场，并帮助其参与国际贸易、走向国际市场，实现发展能力的有效提升。2017年，中国与非洲的农产品贸易总额突破了60亿美元大关，比2006年增长185.3%，其中中国自非洲进口油籽、棉麻丝等农产品29.4亿美元，增长143%。② 不断扩大升级、健康发展的农业经贸合作，在促进非洲农业产能优化和产业转型升级的同时，也丰富了双方农产品市场供给，推动了中非在农业领域的合作共赢。

三、建立中国对非援助与贸易投资互动保障机制

要实现中国对非援助与贸易投资的协同互动，就必须构建一套保障机制，

① 刘浪：《中非农业合作硕果累累，首届中非农业合作论坛9月在海南举办》，2019年6月28日，见https://www.yicai.com/news/100240997.html。

② 韩长赋：《推动中非农业合作再上新台阶》，《农民日报》2018年9月1日。

为三者的协同提供有效保证。保障机制应该主要包括改革援助管理机制、完善法律制度保障、健全监督评估机制、强化内外宣传机制以及加强国际交流合作机制。

（一）优化对外援助管理机制

随着对外援助的不断发展，中国对外援助管理机构机制也在不断完善，从而保证了对外援助工作的顺利开展。从整体来看，中国对外援助的决策权集中于中央政府，并通过设置具体的主管部门和执行机构来负责援助管理工作。建国初期，对外援助任务主要是由中央人民政府直接下达，然后交有关部门负责具体执行。1952 年，中央人民政府对外贸易部正式成立，负责管理对外援助中的物资援助工作；财政部则负责拨款和管理现汇援助工作。50 年代中期，更名为中华人民共和国对外贸易部的中央机构，开始负责援助谈判和协议签订工作，国家计划委员会则负责归口管理工作。到了 1956 年，对外贸易部下设技术合作局、成套设备局和对外经济联络部等多个机构，共同负责援外工作的执行。①

进入 20 世纪 60 年代以后，随着相关国家机构设置的变化，中国对外援助管理机制也随之调整，但基本上都是由主管对外经济贸易的国务院直属部门来承担对外援助的管理工作，如对外经济联络部、对外经济贸易部、对外贸易经济合作部等。20 世纪 80 年代初期，新一轮机构改革推动形成了外交部负责援外总体协调，经贸部、外经贸部或商务部负责援外组织和实施的援外体制。②

自 2003 年起，商务部成为国务院授权的政府对外援助主管部门，负责拟

① 参见黄梅波、胡建梅：《中国对外援助管理体系的形成和发展》，《国际经济合作》2009 年第 5 期。

② 贾怀勤：《开创新时代援外工作新局面——写在国家国际发展合作署成立之际》，《国际商报》2018 年 4 月 2 日。

定对外援助政策、规章、总体规划和年度计划，审批各类援外项目并对项目实施进行全过程管理。商务部所属国际经济合作事务局、国际经济技术交流中心和国际商务官员研修学院分别受托管理援外成套项目和技术合作项目、物资项目以及培训项目的具体实施。中国进出口银行负责优惠贷款项目评估以及贷款发放和回收等管理。此外，中国驻外使（领）馆负责中国对驻在国援助项目的一线协调和管理。地方商务管理机构也会配合商务部的工作，负责协助办理管辖地有关对外援助的具体事务。① 除商务部作为援助的主管部门外，还有 23 个中央政府机构和部门参与其中，如教育部、卫生部、农业部等。另外，各地方省区商务部门也共同参与对外援助管理工作，从而形成了一套十分庞杂的援助管理机制。各相关部门在援助管理中保持密切联系和协作，并就具体援助计划和项目相互征求意见，尤其是 2008 年正式成立的对外援助部际联系机制（该机制已于 2011 年升级为部际协调机制），更是在加强援助管理方面发挥了重要作用。

2017 年 2 月，中央全面深化改革领导小组第三十二次会议审议通过了《关于改革援外工作的实施意见》，指出新时期的援外工作“要优化援外战略布局，改进援外资金和项目管理，改革援外管理体制机制，提升对外援助综合效应”②。这为中国对外援助工作的改革深化指明了方向。2018 年 3 月，根据第十三届全国人民代表大会第一次全体会议通过的《国务院机构改革方案》，新的国家援助管理机构即国家国际发展合作署得以组建。国家国际发展合作署的成立可谓是恰逢其时，既是我国多年对外援助实践经验的总结，也是为满足适应当前对外援助现实需要而进行的积极探索，既能够满足优化援外战略布局、提升对外援助综合效应的现实要求，有效解决当前我国在援助管理中面

---

① 中华人民共和国国务院新闻办公室：《中国的对外援助（2011）》，人民出版社 2011 年版，第 26—27 页。

② 新华社：《习近平主持召开中央全面深化改革领导小组第三十二次会议》，2017 年 2 月 6 日，见 http://www.xinhuanet.com/politics/2017-02/06/c_1120420090.htm。

临的现实问题，也能够推动与国际发展援助专门机构之间的接轨，提升中国在国际发展援助事务中的话语权和影响力。

作为对外援助管理的专门机构，国家国际发展合作署的功能如何得以实现，将对中国对外援助管理机制和效果产生直接影响。在援助管理实践中，如何坚持“一盘棋”战略进行全盘规划，保证援助充分发挥其所承担的外交职能和经济职能，既能够通过援助强化中国与受援方之间的友好合作关系，又能够实现双方的互利共赢，既能推动受援方的可持续发展，又能为中国企业在受援方的投资和贸易创造有利条件，这是对外援助管理中面临的一个重要议题，援助管理机制的优化改革也将任重道远。

在这方面，欧盟积累了一些援助管理的成功经验。为了改善援助政策的效果，欧盟成立了专门的援助执行机构：欧盟援助合作署（Europe Aid Cooperation Office）和欧共体人道主义援助局（European Community Humanitarian Office）。前者成立于2001年，是欧盟委员会负责执行人道主义援助以外所有对外援助的机构，负责将来自于欧洲发展基金的援助资金分配给非洲、加勒比和太平洋地区的发展中国家。该机构成立的目标是改善援助项目管理的质量和灵活性，以减少制定政策的时间，并确保协调程序。后者成立于1992年，主要负责欧盟的人道主义援助，目标是促使欧盟向第三世界国家提供的用于自然灾害和冲突的援助更加有效。这两个专门机构的成立，有效地提高了欧盟对非援助政策的实施效率。在援助管理领域，中国可以适当参考欧盟的做法，进一步简化当前相对烦冗的对外援助管理体系，以提高援助效率。

（二）完善法律制度保障

加强对外援助的法治化程度是国际发展援助领域中的必然趋势。国际社会中涉及对外援助的法律规范形式多样，法律效力也不尽相同，代表性的对外援助法律法规可以归纳为以下五种：第一类是主权国家在国内立法层面所制定的对外援助基本法，对主权国家的援助行为具有最高法律效力，从内容上看主要是规定一国对外援助的基本目的、基本原则、主要目标和管理机制、管理办法和机构设置等内容。第二类是在对外援助基本法基础上进行细化的相关法律法规，常见的是对外援助组织法，在对外援助基本法一般性规定的基础上进一步细化有关对外援助组织机制、管理办法等具体问题的法规，具有较强的现实针对性和可操作性。第三类是由国内负责对外援助管理、实施的具体机构和部门所制定的对外援助行政规章和命令，如中国商务部所出台的相关管理办法、美国国际开发署所制定的相关规章等都属于这一类的法律规范。第四类是主权国家在国际社会中签署通过的、涉及对外援助的相关国际条约，包括多边层面和双边层面的国际发展合作协议、协定等，如联合国倡导发起的"千年发展目标""2030 年可持续发展议程"等多边发展合作协定。第五类是广义上涉及对外援助的其他相关法律法规，如主权国家制定的《对外投资法》《对外贸易法》等。[①] 实践中，绝大多数国际行为体都在逐步完善自己的对外援助法律法规，为对外援助提供了健全的法律保障。美国、加拿大等传统援助方和以韩国为代表的新兴援助方，都已经制定了专门的对外援助法，如美国的《对外援助法》(1961)、英国的《国际发展法案》(2002)、加拿大的《官方发展援助责任法案》(2008)、韩国的《韩国国际发展合作框架法》(2010)等。

其中，美国作为战后发展援助的主要援助方，经过六十多年的发展已经形成了较为完备的法律体系，尤其是在援助立法方面取得重要成就。自 20 世纪 50 年代起，美国先后制定了对外援助的基本法律、专项授权法案，另外还有其他相关法律法规也涉及对外援助的相关条款以及授权法案。具体见下表：

---

① 参见孙同全、潘忠、周太东：《国际对外援助法律制度研究》，《国际经济合作》2014 年第 4 期。

美国对外援助法律的架构①

<table>
<tr><th colspan="2">法律类型</th><th>功能</th><th>示例</th></tr>
<tr><td colspan="2">基本法律（援外综合授权法案）</td><td>规定对外援助宗旨、目标、基本类型和要求、实施主体和过程等基本问题</td><td>1951 年共同安全法
1961 年对外援助法</td></tr>
<tr><td rowspan="3">专项授权法案</td><td>特定时空对象</td><td>规范某一特定时间和地域对象的援助行为</td><td>1948 年希腊-土耳其援助法案</td></tr>
<tr><td>特定领域对象</td><td>规范某一特定问题领域的援助行为</td><td>1954 年农业贸易发展和援助法案</td></tr>
<tr><td>特定项目或用途</td><td>规范某一特定援助项目的运作</td><td>1961 年和平队法案
1980 年非洲开发基金法案
2003 年千年挑战法案</td></tr>
<tr><td colspan="2">其他法律中涉及对外援助的相关条款</td><td>不以援助为规范对象但涉及对外援助的法律</td><td>1976 年武器出口控制法案
1998 年国际宗教自由法案</td></tr>
<tr><td colspan="2">拨款法案</td><td>为具体援助项目提供财政保障：每个财政年度政府所有对外援助项目的资金均需拨款法案批准划拨</td><td>2009 财年综合拨款法案（其中的 H 部分）</td></tr>
</table>

自中国共产党第十五次全国代表大会召开以来，中国将“依法治国”确立为党领导人民治理国家的基本方略。法治是国家治理现代化的重要内容，援助、贸易和投资作为重要的对外政策工具也应该依法进行、依法治理。目前，我国对外贸易、投资的法律规范十分健全，但对外援助领域的法治化程度还有待提升，因此加强援助立法、实现援助法治化，就成为当前对外经济领域中的一个重要议题。

近年来，中国对外援助的法治化建设成果比较显著，商务部作为对外援助的主管部门，已经制定出台了多部法规，如《对外援助管理办法（试行）》（2014）、《对外援助物资项目管理办法（试行）》（2016）、《对外援助标识使用管理办法（试行）》（2016）、《对外援助成套项目管理办法（试行）》（2016）、

① 丁韶彬：《美国对外援助的法律架构及其演进》，《国际论坛》2012 年第 2 期。

《对外援助项目采购管理规定(试行)》(2016)等一系列有关对外援助运行管理的规章制度得以建立,从而为对外援助的有序进行提供了制度保障。从整体来看,我国对外援助工作的法律依据主要是商务部所制定的部门规章和规范性文件;从内容上看,其内容主要集中于实施主体和具体项目的管理;从法律位阶上看,法律效力层次相对较低;从法律权限上看,也主要集中于商务部内部,对参与援助的其他行为主体的约束力度相对较差。

考虑到中国对外援助水平的不断提升,有关对外援助的法律法规、规章制度也应该进一步健全完善,在参考国际援助方经验的基础上应该尽快制定实施一整套有关对外援助的法律体系,包括基本法律、部门规章、单行条例和具体办法,对援助的目的、性质、方式、管理运行、评估、监管等问题作出明确的法律规定,从而为援助实践提供明确的法律依据。

需要注意的一点是,在加强国内援助立法的同时,对外援助还涉及遵守国际法律法规的问题,主要包括三类规范:对外援助领域的国际法基本原则、规范对外援助行为的国际条约以及指导对外援助实践的国际组织和国际会议决议。①

(三)健全监督评估机制

监督评估是援助管理的重要组成部分,也是对援助、贸易和投资互动成果、成效进行检验、改进的重要环节。实践中,主要国际行为体均有自己的援助监督评估体系,尤其是援助评估体制,这是因为一项援助政策、计划或是项目的实施效果如何,援助目标实现程度如何,存在哪些成功经验和问题,未来的援助决策要如何进行修正和调整,这都需要以准确客观的援助评估为依据。

作为战后主要国际援助方之一,通过以美国国际开发署、国务院和千年挑

① 李小瑞:《对外援助的国际法律规范分析》,《国际关系学院学报》2012 年第 2 期。

战公司为代表的援助评估机构的实践，一套复杂的美国对外援助评估机制得以建立。绩效评估与影响评估方法的采用，有效性、影响、效率、可持续性、可复制性等评估标准的确立，共同推动了美国援助评估工作的深入发展。但援助目标不清、资金和人员限制、援助方法有限等问题则成为美国援助评估机制面临的严峻挑战。美国对外援助评估机制及其特征对当前中国对外援助评估机制的构建，包括援助评估理念的树立、评估机构的建立、评估标准和方法的采用等有重要借鉴作用。

中国对外援助监督评估机制正在逐步完善的过程中。自 2014 年 12 月 15 日开始实施的《对外援助管理办法(试行)》规定了中国援外项目监督管理的一般原则：由商务部负责对援外项目的安全、质量、功能、进度、资金使用等方面进行监督与检查，对援外项目中方实施主体资格进行管理，按照财政预算相关规定管理援外资金，建立项目预算编报、执行、调整的配套制度，建立援外项目评估制度，对援外项目实施情况进行有效评估，参照国际惯例逐步建立、完善针对对外援助实施主体诚信情况进行信用评价的评价体系，针对援助实施主体建立起完整的过程评估、效果评估和影响评估机制。通过上述相关规定，一套以商务部为主导的援助评估体制初步建立。

但考虑到援助评估工作的复杂性，尤其是援助、贸易、投资互动体系更加复杂多样，还应从通盘高度建立一套完善的监督评估机制。在监督评估机制建立过程中，可适当考虑引进第三方，从而强化评估程序、方法、结果的客观中立性。具体到专门监督评估机构的建立、评估方法和评估工具的选择上，中国援助评估机制的建立可以借鉴当前国际社会的成功经验，通过制度化建设确立严格的评估标准，采用科学的评估方法和工具，将项目评估和地区评估、主题评估相结合，既有过程评估，也有影响评估。要对援助项目做出准确评估，需要有严格的评估标准，在国际社会普遍采用的评估标准基础上，中国应补充扩展新的评估标准，如关注援助计划或项目对受援方需求的满足程度；援助计划或项目对可持续发展的影响；援助项目自身成本(包括环境成本和经济、社会成本)与产出的比例关系等。同时,中国的援助评估机制应该加强对援助评估报告的公布和使用,从而增强援助管理的公开性和透明度,并为援助决策提供科学依据。

中国对外援助监督、评估、反馈机制应该服务于中国对外援助的大局,即改善援助效果,提高援助效率,深化与发展中国家的互利合作。中国对外援助监督评估机制的建立也应该反映出中国对外援助的特征,符合中国对外援助管理的现实需求。因此,中国对外援助评估机制应遵循加强与受援方的互利合作原则,通过发挥双方在援助进程中不同阶段的比较优势,保证援助评估工作的顺利进行,从而有效改善援助效果。与此同时,加强与国际援助评估机构的交流与合作也是推进中国援助评估工作深入开展的重要途径。

(四)强化内外宣传机制

中国应尽快构建一套与中国对非援助与贸易投资合作现状相匹配的宣传机制。“多做少说”是中国对外援助的优良传统,在积极落实对非援助承诺的同时,却未能对中国的对非援助工作进行有效的宣传,从而导致当前国际社会对中国的援助政策缺少真正的了解,并给其提供了很多批评中国的“靶子”。国内民众同样缺少对中国对外援助的系统了解,近年来,中国对非援助成为网民关注的话题之一,其中不乏批评和质疑的声音。

为了改善这一局面,中国应构建一套援助政策的宣传机制,对中国的援助政策进行有效的宣传:第一,在宣传对象方面,既包括受援国和其他援助方,也包括国内民众,全面且重点突出的宣传能够有效缓解现存的各方对中国援助的误解、担忧和批评。第二,在宣传机构设置方面,可考虑设置专门的宣传机构,负责将援助信息定期发布,从而增强所披露信息的权威性,减少外界的质疑。第三,加强与非洲受援国的交流与对话,经由受援国当地媒体或是民众对中国对非援助做出客观的评价,这样在国际社会中更具说服力。第四,实现援助宣传手段和方式的多样化,积极利用传统媒体和新兴媒体的传播作用,尤其是互联网的广泛性和时效性,及时准确地公开有关中国对外援助的相关信息。

(五)加强对外援助的国际交流与合作

为了进一步加强援助与贸易投资的有机互动、协调配合,中国应积极参与国际援助事务,加强国际合作,通过与其他国际援助方之间的合作增强中国在国际合作事务中的话语权和影响力,并进一步提升中国对外援助理念、政策在国际社会中的认可度。国际合作主要包括增强与联合国等国际多边援助机构的合作;与美国、日本、欧盟等主要国际援助方之间的沟通与协调;与印度、巴西等新兴援助方之间的对话与合作等。事实证明,通过与其他援助方的合作,中国可以有更广阔的国际舞台向国际社会展示自己的援助理念和政策成果,既可以加深理解,也可以交流经验,从而为中国在国际援助事务中获得更多的话语权提供平台。

中国还应以自身和发展中国家整体在国际事务中的发言权和代表性得到提升为契机,通过举行有关国际援助和发展合作的国际会议而不断提升自己在国际援助事务中的影响力。典型案例是:2004 年 5 月,中国在上海承办了由世界银行主办的全球扶贫大会,与会各方围绕全球减贫问题展开深入交流并达成广泛共识,这次会议既推动了国际社会对全球扶贫理念和实践的再认识,也起到了宣传中国发展道路、促进南北对话、加强南南合作的积极作用,并推动中国扶贫和发展的经验得到普遍认同。通过这样的方式,中国可以将自己在援助事务中的成功经验与援助方和受援方进行交流,进而让国际社会更加充分地认识到中国在对外援助领域所取得的成果和做出的贡献。

此外,积极参与国际援助事务规范的制定也是提升中国国际援助事务话语权的重要途径。以欧盟为例,作为国际援助事务的积极参与方,欧盟自成立之初就积极参与国际发展合作,十分重视发展合作作为政策工具的作用,从《雅温得协定》到《洛美协定》,从《科托努协定》到《关于援助有效性的巴黎宣言》,欧盟已经成为国际发展合作领域的规范制定者。中国也应该抓住历史机遇,积极参与“2030年可持续发展议程”的制定落实推进工作,从而以自身的实际行动影响和塑造国际援助事务的发展进程,传播中国援助理念、丰富国际发展合作范式。

结　论

中国是最大的发展中国家，非洲是发展中国家最集中的大陆，中国和非洲历来是命运共同体。当前，非洲各国普遍期待加快工业化和农业现代化进程，致力于实现经济独立和自主可持续发展，中国正在全面深化改革，推进经济结构调整，具备了更多同非洲国家在优势互补基础上实现互利共赢发展的条件。中非发展战略高度契合，中非合作发展迎来了前所未有的历史性机遇。

——2015 年 12 月 1 日，在对南非进行国事访问前夕，
中国国家主席习近平在南非《星报》发表题为
《让友谊、合作的彩虹更加绚丽夺目》的署名文章

中非合作是新时期中国外交的重要组成部分，中非关系有着扎实的历史基础，也必将迎来更加辉煌灿烂的未来。本书以推动构建中非命运共同体、实现中非关系新发展为目标，围绕着"中国对非援助与贸易投资的互动关系"这一问题展开研究，在对中非援助、贸易和投资合作的现状、美日欧等西方传统援助方的经验教训，以及中国对非援助与贸易投资互动的成功案例进行系统分析的基础上，提出了构建中国对非援助与贸易投资互动体系的指导理念、基本原则和保障机制，以期为新时期中非关系的深入发展提供助力。与此同时，

还应将中非关系纳入国际体系中予以考察，中非合作不只是促进了非洲国际地位的提升和国际对非合作机制的发展，更为重要的是提升了中非双方的国际政治、经济和战略地位，促进了国际体系向着更为公平合理的方向发展。①

这里需要强调说明的一点是，本书通过探索构建中国对非援助与贸易投资的互动体系，来为中国创新改革对外援助体系、实现中非关系新发展提供理论参考，但研究并不否认中国对非援助所具有的"利他性"，因为这是正确义利观指导下中非合作不可或缺的坚实基础。本研究也无意效仿其他国际行为体将对外援助的"利己性"作为其制定、实施对外援助战略和政策的最高出发点的做法，相反，本研究是在中非互利合作共赢理念的基础上，探讨如何通过援助、贸易和投资的互动来推动中非关系的优化，实现双方共同的、可持续的、自主的发展，从而为新时期中非关系的发展提供助力，为中非命运共同体理念的落地生根提供参考。

1. 研究结论

通过对中非友好关系历史和现状的分析，以及对中国对外援助与贸易投资关系的揭示，结合相关案例和经验启示，本研究主要得出以下三个方面的研究结论。

(1)中非友好合作具有坚实的历史基础和强烈的现实需求，携手构建更加紧密的命运共同体是新时期中非合作的目标指引，也是中非双方共同的诉求。未来中非合作应以携手打造责任共担、合作共赢、幸福共享、文化共兴、安全共筑、和谐共生的中非命运共同体为目标，有效落实中非"十大合作计划"和"八大行动"，加强中非在"一带一路"倡议中的交流合作，完善合作对话机制，打造新型合作平台，为中非命运共同体构建提供有力保障和支撑。

(2)作为新时期中非合作的重要组成部分，中国对非援助与贸易投资互

① 参见外交部非洲司编：《中非联合交流计划 2012—2013 年课题研究报告选编》，世界知识出版社 2014 年版，第 227 页。

动具有突出的必要性和重要性,是推动构建中非命运共同体的有效助力。这一结论是对“中国对非援助与贸易投资为什么要互动”这一问题的回答。随着中非合作的不断深入以及中非双方自身的发展变化,创新中非合作模式已经成为当前中非关系中的一个重要议题。鉴于经济合作在中非关系中的重要位置,要更好地实现中非互利共赢,就必须改善中国对非援助效果、加强中非贸易投资合作。这是本研究的出发点,也是中非关系发展的现实需求。非洲国家的快速发展、中国经济的持续转型,都要求中非对以往的援助、贸易和投资合作方式进行发展创新,实现三者的协同配合,形成中非经济合作的合力,推动中非关系的新发展。

(3)要构建中非命运共同体,推动中非全面战略合作伙伴关系的深入发展,就需要从机制建设、平台建设等方面着手,其中的一个对策建议即为构建中国对非援助与贸易投资的互动体系。中国对非援助与贸易投资的互动不是纸上谈兵式的理论构想,而是在实践中已经多次践行并取得成功的有效经验。为了构建中国对非援助与贸易投资的互动体系,应从战略高度统筹安排中国对非经济战略和政策,树立中国特色新型对非援助观,将中国对外援助与“一带一路”倡议、金砖国家、亚投行等新兴国际组织和平台相结合,遵循“援助先行、投资推进、贸易强化”的基本互动原则,充分发挥援助所具有的外交、经济和战略属性,改革中国对外援助的构成,增加人民币优惠贷款的比例,在推动受援国实现自主可持续发展的同时为中国企业“走出去”提供便利条件,从而实现双方的互利共赢。

2. 研究不足

本书围绕着“中国对非援助与贸易投资的互动关系”这一主题展开了较为深入的探讨,也取得了一定的阶段性研究成果,但仍存在以下两个方面明显不足:

第一,在研究资料的获取上,受限于工作岗位,获取第一手的研究资料存在一定难度,导致研究中占有的二手资料较多,作者已经尽最大努力保证研究资料(主要是统计数据)的权威性和准确性,但还应该进一步增加第一手研究资料的占有和使用。

第二,中国对非援助与贸易投资的互动是一个十分宏大的体系框架,本研究主要从中国对非援助这一视角出发,以对非援助为主要研究对象,分析探讨其与贸易投资等其他政策工具之间的互动关系,这导致研究缺少对中国对非贸易、投资的系统深入研究,更多的是关注其与援助之间能否互动、如何互动的思考探讨。

3.研究展望

鉴于本研究工作已经取得的成果和存在的不足,未来将在此基础上继续以下三个方面的研究工作:

第一,将中国对非援助与中国特色社会主义进入新时代的时代背景有机结合,在中国国际地位和国际责任发生显著变化的基础上探讨"我国日益走近世界舞台中央、不断为人类作出更大贡献的时代"中国对外援助的新发展。

第二,将中国对非援助与中国对外援助的宏观战略相结合,将中国对非援助的成功经验推广至中国对外援助的实践中去,推动中国对外援助范围和规模的扩展、援助效果和质量的提升,带动中国对东南亚、拉美等其他国家和地区援助的新发展,从而为提升中国国际影响力、构建人类命运共同体提供有力支持。

第三,将中国对非援助与全球治理体系变革相结合,在"2030年可持续发展议程"的框架体系中探讨以中国为代表的发展中国家和新兴国家在全球治理体系变革中所发挥的重要作用,将中国对非援助与"一带一路""二十国集团"、南南合作等国际合作平台、机制相结合,为新时期中国全球治理观的发展实践提供理论参考。

参考文献

一、中文文献

（一）著作类

[印度]阿比吉特·班纳吉、[法]埃斯特·迪弗洛著:《贫穷的本质:我们为什么摆脱不了贫穷》,景芳译,中信出版社 2013 年版。

艾周昌、沐涛主编:《中非关系史》,华东师范大学出版社 1996 年版。

[美]安格斯·迪顿著:《逃离不平等:健康、财富及不平等的起源》,崔传刚译,中信出版社 2014 年版。

白云真:《中国对外援助的支柱与战略》,时事出版社 2016 年版。

[美]保罗·巴兰著:《增长的政治经济学》,蔡中兴、杨宇光译,商务印书馆 2000 年版。

[美]黛博拉·布罗蒂加姆著:《龙的礼物——中国在非洲真实的故事》,沈晓雷、高明秀译,社会科学文献出版社 2012 年版。

[赞比亚]丹比萨·莫约著:《援助的死亡》,王涛、杨惠等校译,刘鸿武审校,世界知识出版社 2010 年版。

丁韶彬:《大国对外援助:社会交换论的视角》,社会科学文献出版社 2010 年版。

方连庆、王炳元、刘金质主编:《国际关系史(战后卷)》,北京大学出版社 2006 年版。

贺文萍、袁武:《中非关系中的话语权建设:经验、挑战与启示》,中国社会科学出版社 2017 年版。

韩念龙主编:《当代中国外交》,中国社会科学出版社 1988 年版。

胡美:《中国对非援助编年研究(1956—2015)》,中央编译出版社 2017 年版。

黄梅波、徐秀丽、毛小菁主编:《南南合作与中国的对外援助:案例研究》,中国社会科学出版社 2017 年版。

霍海丹:《中国军事顾问团援越抗法实录:当事人的回忆》,中共党史出版社 2002 年版。

金熙德:《日本政府开发援助》,社会科学文献出版社 2000 年版。

[新西兰]克·穆尔著:《没有壁垒的世界——自由、发展、自由贸易和全球治理》,巫尤译,商务印书馆 2007 年版。

李安山主编:《中国非洲研究评论(2011)》,北京大学出版社 2012 年版。

黎家松主编:《中华人民共和国外交大事记》,世界知识出版社 2001 年版。

李小云、王伊欢、唐丽霞:《国际发展援助——发达国家的对外援助》,世界知识出版社 2013 年版。

林晓光:《日本政府开发援助与中日关系》,世界知识出版社 2003 年版。

林毅夫:《从西潮到东风》,中信出版社 2012 年版。

林毅夫:《新结构经济学》,苏剑译,北京大学出版社 2014 年版。

林毅夫、王燕:《超越发展援助——在一个多极世界中重构发展合作理念》,宋琛译,北京大学出版社 2016 年版。

刘鸿武、黄梅波等:《中国对外援助与国际责任的战略研究》,中国社会科学出版社 2013 年版。

潘忠:《国际多边发展援助与中国的发展——以联合国开发计划署援助为例》,经济科学出版社 2008 年版。

庞珣:《全球治理中的金砖国家外援合作》,世界知识出版社 2016 年版。

钱其琛:《外交十记》,世界知识出版社 2003 年版。

任晓、刘慧华:《中国对外援助:理论与实践》,格致出版社 2017 年版。

石林主编:《当代中国的对外经济合作》,中国社会科学出版社 1989 年版。

施勇杰:《突出包围的强国之路——新形势下中非经贸合作战略研究》,中国商务出版社 2015 年版。

孙同全、周太东等:《对外援助规制体系比较研究》,社会科学文献出版社 2015 年版。

王昶:《中国高层谋略·外交卷》,陕西师范大学出版社 2001 年版。

王翚:《国际发展援助对受援国 FDI 的影响研究》,经济科学出版社 2016 年版。

[美]威廉·伊斯特利著:《白人的负担:为什么西方的援助收效甚微》,崔新钰译,中信出版社 2008 年版。

谢益显:《当代中国外交史》,中国青年出版社 2009 年版。

叶如根主编:《方毅传》,人民出版社 2008 年版。

张春:《中非关系国际贡献论》,上海人民出版社 2013 年版。

张海冰:《发展引导性援助——中国对非援助模式研究》,上海人民出版社 2013 年版。

张宏明主编:《中东非洲黄皮书:中东非洲发展报告(2010—2011)——解析中东非洲国家的"向东看"现象》,社会科学文献出版社 2011 年版。

张宏明主编:《非洲黄皮书:非洲发展报告(2011—2012)——新世纪中非合作关系的回顾与展望》,社会科学文献出版社 2012 年版。

张宏明主编:《非洲黄皮书:非洲发展报告(2012—2013)——中国与非洲区域经济合作的机遇与路径》,社会科学文献出版社 2013 年版。

张宏明主编:《非洲黄皮书:非洲发展报告(2013—2014)——大国对非政策动向与中非关系的国际环境》,社会科学文献出版社 2014 年版。

张宏明主编:《非洲黄皮书:非洲发展报告(2014—2015)——中国在非洲的软实力建设:成效、问题与出路》,社会科学文献出版社 2015 年版。

张宏明主编:《非洲黄皮书:非洲发展报告(2015—2016)——中国企业在非洲:成效、问题与对策》,社会科学文献出版社 2016 年版。

张宏明主编:《非洲黄皮书:非洲发展报告(2016—2017)——非洲工业化与中国在非洲产业园区建设》,社会科学文献出版社 2017 年版。

张宏明主编:《非洲黄皮书:非洲发展报告(2017—2018)——非洲形势:新情况、新特点和新趋势》,社会科学文献出版社 2018 年版。

张颖:《首脑外交视域下的中非关系》,时事出版社 2017 年版。

张悦、刘文勇:《发展经验的嵌入:援助实践的叙事》,中国农业科学技术出版社 2016 年版。

张忠祥:《中非合作论坛研究》,世界知识出版社 2012 年版。

周弘主编:《对外援助与国际关系》,中国社会科学出版社 2002 年版。

周弘、张浚、张敏:《外援在中国》,社会科学文献出版社 2007 年版。

(二)期刊报纸类

白云真:《21 世纪日本对外援助变革及其对中国的启示》,《教学与研究》2014 年第

7 期。

白云真:《“一带一路”倡议与中国对外援助转型》,《世界经济与政治》2015 年第 11 期。

保建云:《“一带一路”与中非命运共同体》,《人民论坛》2018 年第 26 期。

曹俊金:《日本官方发展援助制度及对我国的启示》,《太平洋学报》2017 年第 11 期。

柴逸扉:《正确义利观——中国外交的一面旗帜(习近平主席治国理政关键词 40)》,《人民日报(海外版)》2016 年 8 月 11 日。

陈承新:《国内“全球治理”研究述评》,《政治学研究》2009 年第 1 期。

程诚:《“造血”金融——“一带一路”升级非洲发展方式》,人大重阳研究报告第 23 期,2017 年 5 月。

崔文星:《2030 年可持续发展议程与中国的南南合作》,《国际瞭望》2016 年第 1 期。

刁莉、何帆:《中国的对外发展援助战略反思》,《当代亚太》2008 年第 6 期。

丁明:《友谊之桥连万里——新中国与非洲关系速写》,《党史文汇》2010 年第 3 期。

丁韶彬:《美国对外援助的法律架构及其演进》,《国际论坛》2012 年第 2 期。

丁韶彬、阚道远:《对外援助的社会交换论阐释》,《国际政治研究》2007 年第 3 期。

傅政罗:《采取灵活贸易方式　增进中非经贸合作》,《西亚非洲》1993 年第 1 期。

樊千、邱晖:《PPP 的本质、产生动因及演化发展动力机制》,《商业研究》2015 年第 5 期。

冯康、罗国芳:《我国八项举措全面推进中非合作》,《中国青年报》2009 年 11 月 9 日。

冯兴艳:《境外经贸合作区与中非投资合作的战略选择》,《国际经济合作》2011 年第 4 期。

郭宏宇:《从经济协调的重点领域看中国对非经济外交》,《外交评论》2011 年第 2 期。

郭西山:《印媒称非洲进入“印度时间”》,《环球时报》2011 年 5 月 20 日。

光明日报评论员:《充实中非合作时代内涵——三论深入学习习近平主席在中非合作论坛北京峰会开幕式主旨讲话》,《光明日报》2018 年 9 月 6 日。

韩长赋:《推动中非农业合作再上新台阶》,《农民日报》2018 年 9 月 1 日。

贺文萍:《关于加强中非全方位合作的若干思考》,《西亚非洲》2006 年第 8 期。

贺文萍:《中国援助非洲:发展特点、作用及面临的挑战》,《西亚非洲》2010 年第 7 期。

贺文萍:《中国援非,带着尊重与友谊》,《人民日报》2011 年 8 月 8 日。

贺文萍:《中国经验与非洲发展:借鉴、融合与创新》,《西亚非洲》2017 年第 4 期。

贺文萍:《以更大的战略定力构建中非命运共同体》,《人民论坛》2018 年第 26 期。

胡兵、丁祥平、邓富华:《中国对非援助能否推动对非投资》,《当代经济研究》2015 年第 1 期。

黄梅波、施莹莹:《新世纪美国的对外援助及其管理》,《国际经济合作》2011 年第 3 期。

黄梅波、唐露萍:《南南合作与中国对外援助》,《国际经济合作》2013 年第 5 期。

黄梅波、刘斯润:《非洲经济发展模式及其转型——结构经济学视角的分析》,《国际经济合作》2014 年第 3 期。

黄梅波、张博文:《政府贷款与对外直接投资:日本经验及启示》,《亚太经济》2016 年第 6 期。

黄培昭、景玥:《聚焦中非"十大合作计划"——农业现代化合作稳步推进》,《人民日报》2018 年 8 月 25 日。

黄伟:《日本对外直接投资的发展历程及启示》,《中国物价》2013 年第 5 期。

蒋华杰:《农技援非(1971—1983):中国援非模式与成效的个案研究》,《外交评论》2013 年第 1 期。

姜业庆:《时报聚焦第九届金砖国家峰会　金砖国家金融合作空间巨大》,《中国经济时报》2017 年 7 月 31 日。

雷文弢、张杰:《日本政策性金融支持国际合作的经验及启示》,《海外投资与出口信贷》2017 年第 1 期。

李安山:《为中国正名:中国的非洲战略和国家形象》,《世界经济与政治》2008 年第 4 期。

李安山:《论中非合作论坛的起源——兼谈对中国非洲战略的思考》,《外交评论》2012 年第 3 期。

李安山:《中非关系研究中国际话语的演变》,《世界经济与政治》2014 年第 2 期。

李安山:《国际援助的历史与现实:理论批判与效益评析》,载李安山、潘华琼:《中国非洲研究评论(2014)》,社会科学文献出版社 2015 年版。

李安山:《中国对非援助与国际合作:理念、历史与挑战》,载北京大学国际战略研究院编著:《中国国际战略评论 2017》,世界知识出版社 2017 年版。

李丹、陈友庚:《对外援助与我国境外经贸合作区建设》,《开放导报》2015 年第 1 期。

李红岩:《美国对外经济政策及其独特性》,《科学决策月刊》2007 年第 11 期。

李满、杜尚泽、李锋:《习近平同卢旺达总统卡加梅会谈》,《人民日报》2018 年 7 月 24 日。

李明哲:《国外 PPP 发展动态述评》,《建筑经济》2014 年第 1 期。

李伟红:《习近平同纳米比亚总统根哥布会谈》,《人民日报》2018 年 3 月 30 日。

李小瑞:《对外援助的国际法律规范分析》,《国际关系学院学报》2012 年第 2 期。

李志伟、李逸达:《"吉布提的未来正与中国一同书写"(行走一带一路)》,《人民日报》2017 年 5 月 10 日。

李志伟、万宇:《非洲偏远农村看电视不再难(共商共建共享·一带一路倡议五周年)》,《人民日报》2018 年 10 月 16 日。

林松添:《十九大指引中非合作新时代》,《中国投资》2017 年第 22 期。

廖心文:《开启和发展中非关系的两个里程碑——兼谈周恩来的历史贡献》,《党的文献》2013 年第 2 期。

刘鸿武:《凤凰浴火　涅槃新生——丹比萨·莫约的〈援助的死亡〉述评》,《西亚非洲》2011 年第 7 期。

刘鸿武:《2018 年北京峰会推动中非命运共同体建设迈向新高度》,《非洲研究》2018 年第 2 期。

刘鸿武、林晨:《中非关系 70 年与中国外交的成长》,《西亚非洲》2019 年第 4 期。

刘善文:《老照片见证中国援建坦赞铁路的岁月》,《党史文苑》2017 年第 12 期。

刘毅:《关系取向、礼物交换与对外援助的类型学》,《世界经济与政治》2014 年第 12 期。

娄亚萍:《美国对外经济援助的运作模式论析》,《深圳大学学报》(人文社会科学版)2012 年第 1 期。

陆苗耕:《周恩来与非洲领导人的深情》,《党史纵横》2008 年第 2 期。

陆苗耕:《毛泽东的非洲情结》,《湘潮》2010 年第 3 期。

陆苗耕:《周恩来访问非洲十国》,《百年潮》2015 年第 2 期。

罗建波:《中非关系与中国的世界责任》,《世界经济与政治》2013 年第 9 期。

毛小菁:《中国对非援助之路》,《经济》2011 年第 10 期。

梅冠群:《日本对外投资支持政策研究》,《现代日本经济》2017 年第 3 期。

闵森:《中国对非洲投资的现状、潜力和对策》,《国际经济合作》2000 年第 9 期。

沐涛:《再论万隆会议对现代中非关系的开创意义》,《史学集刊》2015 年第 4 期。

欧晓理:《政策沟通:为“一带一路”唱出共鸣》,《求是》2017 年第 11 期。

庞中英、王瑞平:《全球治理:中国的战略应对》,《国际问题研究》2013 年第 4 期。

邱锐:《中国非洲“圈地”真相调查》,《凤凰周刊》2015 年第 11 期。

[美]斯蒂芬·哈珀著:《华盛顿共识的兴衰》,程早霞、宋伟译,《中国浦东干部学院学报》2012 年第 4 期。

舒运国:《中国援非政策的理论基础及发展进程》,《上海师范大学学报(哲学社会科学版)》2013 年第 2 期。

舒运国:《非洲在世界格局中的重要地位——李克强总理定位非洲为“三个一极”》,《当代世界》2014 年第 6 期。

孙同全、潘忠、周太东:《国际对外援助法律制度研究》,《国际经济合作》2014 年第 4 期。

唐晓阳:《中国对非洲农业援助形式的演变及其效果》,《世界经济与政治》2013 年第 5 期。

田伊霖、武芳:《推进中非贸易高质量发展的思考—— 2018 年中非贸易状况分析及政策建议》,《国际贸易》2019 年第 6 期。

王丽娟、姜新茹:《美国对非援助的影响及实质评价》,《太平洋学报》2014 年第 2 期。

王敏玉:《中国对外经济技术援助八项原则的提出》,《百年潮》2012 年第 1 期。

王涛、邓荣秀:《日本对非洲投资的历史透视与现状解析》,《日本学刊》2017 年第 1 期。

汪文卿、赵忠秀:《中非合作对撒哈拉以南非洲国家经济增长的影响——贸易、直接投资与援助作用的实证分析》,《国际贸易问题》2014 年第 12 期。

汪晓东、杜尚泽、胡泽曦:《习近平同塞内加尔总统萨勒举行会谈》,《人民日报》2018 年 7 月 23 日。

王小林、刘倩倩:《中非合作:提高发展有效性的新方式》,《国际问题研究》2012 年第 5 期。

王妍:《日本对外援助的发展及政策演变》,《国际经济合作》2014 年第 7 期。

王毅:《共筑中非命运共同体,开启团结合作新征程——写在 2018 年中非合作论坛北京峰会召开之际》,《人民日报》2018 年 8 月 30 日。

王寅:《携手共筑更加紧密的中非命运共同体》,《红旗论坛》2018 年第 17 期。

王迎新:《中国对外援助与外贸、对外投资的协调发展》,《经济研究参考》2012 年第 56 期。

王志芳、杨莹、林梦、孔维升:《中国境外经贸合作区的发展与挑战——以赞比亚中国经济贸易合作区为例》,《国际经济合作》2018 年第 10 期。

翁明:《临行点将——“乔老爷”首次率团赴联大》,载符浩、李同成主编:《经天纬地——外交官在联合国》,中国华侨出版社 1995 年版。

吴洪波:《2015 年后的国际发展合作——联合国的视角》,《国际展望》2013 年第 3 期。

吴妙发:《非洲支持中国恢复在联合国合法权益斗争始末》,《党史纵横》2006 年第 10 期。

徐伟忠:《中国参与非洲的安全合作及其发展趋势》,《西亚非洲》2010 年第 11 期。

徐秀丽、徐莉莉:《国际发展话语的重塑——中国与非洲国家农业合作的方式与反思》,《中国农业大学学报》(社会科学版)2011 年第 4 期。

谢来辉:《从“扭曲的全球治理”到“真正的全球治理”——全球发展治理的转变》,《国外理论动态》2015 年第 12 期。

谢旭人:《加强务实合作　实现互利共赢——纪念中国与世界银行合作三十周年》,《人民日报》2010 年 9 月 8 日。

谢宜泽:《中国工程“走出去”:从坦赞铁路到亚吉模式》,《非洲研究》2018 年第 2 期。

薛琳:《坦赞铁路的决策与建设历程研究——兼谈周恩来的历史贡献》,《非洲研究》2015 年第 2 期。

肖鹏:《毛泽东的对外援助思想及其实践》,《上海党史与党建》2016 年第 11 期。

杨思灵:《日本对印度的官方发展援助研究》,《南亚研究》2013 年第 1 期。

杨郁卉:《非洲是建设“一带一路”的重要方向和落脚点——访外交部非洲司司长林松添》,《天津日报》2017 年 8 月 29 日。

姚桂梅:《中国对非洲投资合作的主要模式及挑战》,《西亚非洲》2013 年第 5 期。

姚桂梅:《“一带一路”建设下的中非产能合作》,《当代世界》2017 年第 7 期。

姚桂梅、许蔓:《中非合作与“一带一路”建设战略对接:现状与前景》,《国际经济合作》2019 年第 3 期。

尹承德:《周恩来:中非友谊的开拓者和奠基人》,《党史博览》2014 年第 7 期。

俞可平:《全球治理的趋势及我国的战略选择》,《国外理论动态》2012 年第 10 期。

余南平:《一种新的国际援助混合模式?——以华刚公司在刚果金项目为分析视角》,《华东师范大学学报》(哲学社会科学版)2015 年第 1 期。

郧文聚:《中非合作开发农业的战略选择》,《中国软科学》1998 年第 12 期。

袁蔡群、梁莺莺、张海平、董瑞:《国际发展援助中"投建营一体化"模式下融资方案研究》,《中国工程咨询》2019 年第 10 期。

曾巧生:《全球治理的价值、内涵及中国的国家定位》,《求实》2016 年第 11 期。

赵明昊、杨迅:《习近平同尼日利亚总统布哈里会谈》,《人民日报》2016 年 4 月 13 日。

张博文:《日本对东南亚国家的援助:分析与评价》,《国际经济合作》2014 年第 4 期。

张春:《中非关系:应对国际对非合作的压力和挑战》,《外交评论》2012 年第 3 期。

张春:《涉非三方合作:中国何以作为?》,《西亚非洲》2017 年第 3 期。

张宏明:《改革开放以来中非关系快速发展的内在逻辑与成功经验》,《当代世界》2018 年第 7 期。

张小峰:《中非金融合作:进展、挑战与应对》,《国际问题研究》2013 年第 6 期。

张宇燕:《全球治理的中国视角》,《世界经济与政治》2016 年第 9 期。

张忠祥:《当前非洲经济转型的特点》,《上海师范大学学报》(哲学社会科学版)2016 年第 2 期。

郑宇:《援助有效性与新型发展合作模式构想》,《世界经济与政治》2017 年第 8 期。

周弘:《对外援助与现代国际关系》,《欧洲》2002 年第 3 期。

周弘:《中国援外六十年的回顾与展望》,《外交评论》2010 年第 5 期。

周琪:《新世纪以来的美国对外援助》,《世界经济与政治》2013 年第 9 期。

(三)领导人著作、讲话、政策文件及统计年鉴类

《毛泽东文集》第 8 卷,人民出版社 1999 年版。

《毛泽东年谱》第 6 卷,中央文献出版社 2013 年版。

《周恩来外交文选》,中央文献出版社 1990 年版。

《邓小平文选》第 2 卷,人民出版社 1994 年版。

《邓小平文选》第 3 卷,人民出版社 1993 年版。

《邓小平外交思想学习纲要》,世界知识出版社 2000 年版。

《习近平谈治国理政》,外文出版社 2014 年版。

《习近平谈治国理政》第 2 卷,外文出版社 2017 年版。

《邓小平在联大第六届特别会议上的发言》,《人民日报》1974 年 4 月 11 日。

《胡锦涛主席在中非合作论坛北京峰会开幕式上的讲话》,《人民日报(海外版)》2006年11月5日。

习近平:《推进中非新型战略伙伴关系新发展——在第二届中非民间论坛开幕式上的主旨讲话》,2012年7月10日,见 http://www.gov.cn/ldhd/2012-07/10/content_2180243.htm。

习近平:《中欧友谊和合作:让生活越来越好——在比利时〈晚报〉的署名文章》,《人民日报》2014年3月29日。

习近平:《弘扬和平共处五项原则　建设合作共赢美好世界——在和平共处五项原则发表60周年纪念大会上的讲话》,《人民日报》2014年6月29日。

习近平:《共创中韩合作未来　同襄亚洲振兴繁荣——在韩国国立首尔大学的演讲》,《人民日报》2014年7月5日。

习近平:《弘扬传统友好　共谱合作新篇——在巴西国会的演讲》,《人民日报》2014年7月18日。

习近平:《迈向命运共同体,开创亚洲新未来——在博鳌亚洲论坛2015年年会上的主旨演讲》,《人民日报》2015年3月29日。

习近平:《弘扬万隆精神　推进合作共赢——在亚非领导人会议上的讲话》,《人民日报》2015年4月23日。

习近平:《致2015中非媒体领袖峰会的贺信》,《人民日报》2015年12月2日。

习近平:《在华盛顿州当地政府和美国友好团体联合欢迎宴会上的演讲》,《人民日报》2015年9月24日。

习近平:《谋共同永续发展　做合作共赢伙伴——在联合国发展峰会上的讲话》,《人民日报》2015年9月27日。

习近平:《坚定信心　共谋发展——在金砖国家领导人第八次会晤大范围会议上的讲话》,《人民日报》2016年10月17日。

习近平:《在第三届世界互联网大会开幕式上的视频讲话》,《人民日报》2016年11月17日。

习近平:《深化互利合作　促进共同发展——在新兴市场国家与发展中国家对话会上的发言》,《人民日报》2017年9月6日。

习近平:《抓住世界经济转型机遇　谋求亚太更大发展——在亚太经合组织工商领导人峰会上的主旨演讲》,《人民日报》2017年11月11日。

习近平:《携手共命运　同心促发展——在二〇一八年中非合作论坛北京峰会开幕式上的主旨讲话》,《人民日报》2018年9月5日。

《关于构建更加紧密的中非命运共同体的北京宣言》,《人民日报》2018 年 9 月 5 日。

《中华人民共和国对外关系文件集》第 2 集,世界知识出版社 1958 年版。

《新华通讯社受权发表关于中华人民共和国政府继续不同南非殖民当局发生任何经济贸易关系的声明》,《中华人民共和国国务院公报》1963 年第 13 期。

周恩来在第一届全国人大常委会第十五次扩大会议上的报告:《关于亚非会议的报告》,《人民日报》1955 年 5 月 17 日。

《坦桑尼亚总统尼雷尔在李先念主席举行的宴会上的讲话》,《人民日报》1985 年 8 月 20 日。

中华人民共和国中央人民政府:《中国对非洲政策文件》,2006 年 1 月 12 日,见 http://www.gov.cn/gongbao/content/2006/content_212161.htm。

中华人民共和国中央人民政府:《中国对非洲政策文件》,2015 年 12 月 5 日,见 http://www.xinhuanet.com//world/2015-12/05/c_1117363276.htm。

中华人民共和国国务院新闻办公室:《中国的对外援助(2011)》,人民出版社 2011 年版。

中华人民共和国国务院新闻办公室:《中国的对外援助(2014)》,人民出版社 2014 年版。

中华人民共和国国务院新闻办公室:《中国与非洲的经贸合作(2010)》,2010 年 12 月 23 日,见 http://www.scio.gov.cn/ztk/dtzt/46/12/document/835919/835919_1.htm。

中华人民共和国国务院新闻办公室:《中国与非洲的经贸合作(2013)》,2013 年 8 月 29 日,见 http://www.gov.cn/jrzg/2013-08/29/content_2476529.htm。

中华人民共和国商务部:《中国与"促贸援助"》,2015 年 8 月 11 日,见 http://images.mofcom.gov.cn/yws/201508/20150811093443012.pdf。

中华人民共和国商务部:《对外援助管理办法(试行)》,2014 年 11 月 15 日,见 http://www.gov.cn/gongbao/content/2015/content_2814796.htm。

商务部、国家统计局、国家外汇管理局:《2014 年度中国对外直接投资统计公报》,中国统计出版社 2015 年版。

中华人民共和国商务部:《对外援助物资项目管理办法(试行)》,2015 年 12 月 9 日,见 http://www.mofcom.gov.cn/article/fgsjk/201512/20151202649879.shtml。

中华人民共和国商务部:《对外援助成套项目管理办法(试行)》,2015 年 12 月 9 日,见 http://yws.mofcom.gov.cn/article/m/a/201601/20160101225874.shtml。

中华人民共和国商务部:《对外援助项目采购管理规定(试行)》,2015 年 12 月 18

日,见 http://www.mofcom.gov.cn/article/h/redht/201601/20160101228874.shtml。

中华人民共和国商务部:《对外援助标识使用管理办法(试行)》,2016 年 5 月 23 日,见 http://www.mofcom.gov.cn/article/fgsjk/201605/20160502649881.shtml。

中华人民共和国商务部西亚非洲司:《2016 年中非贸易数据统计》,2017 年 2 月 22 日,见 http://xyf.mofcom.gov.cn/article/tj/zh/201702/20170202520439.shtml。

中华人民共和国商务部西亚非洲司:《2016 年中国对非洲投资数据统计》,2017 年 2 月 22 日,见 http://xyf.mofcom.gov.cn/article/tj/zh/201702/20170202520441.shtml。

中华人民共和国国务院新闻办公室:《中国健康事业的发展与人权进步》,2017 年 9 月 29 日,见 http://www.scio.gov.cn/ztk/dtzt/36048/37159/37161/Document/1565175/1565175.htm。

中华人民共和国商务部:《党的十八大以来中国与西亚非洲地区经贸合作成就》,2017 年 10 月 17 日,见 http://www.mofcom.gov.cn/article/ae/ai/201710/20171002656824.shtml?from=singlemessage&isappinstalled=0。

中华人民共和国商务部对外投资和经济合作司:《2017 年我对"一带一路"沿线国家投资合作情况》,2018 年 1 月 16 日,见 http://www.mofcom.gov.cn/article/tongjiziliao/dgzz/201801/20180102699459.shtml。

中华人民共和国商务部:《中国对外投资发展报告 2018》,2019 年 1 月 28 日,见 http://images.mofcom.gov.cn/fec/201901/20190128155348158.pdf。

中华人民共和国商务部西亚非洲司:《2018 年中非经贸合作数据统计》,2019 年 5 月 15 日,见 http://xyf.mofcom.gov.cn/article/tj/zh/201905/20190502863235.shtml。

中华人民共和国商务部综合司:《中国对外贸易形势报告(2019 年春季)》,2019 年 5 月 24 日,见 http://zhs.mofcom.gov.cn/article/cbw/201905/20190502866408.shtml。

(四)电子网络文献

商务部新闻办公室:《商务部与世界银行在京共同举办国际发展合作能力建设研讨会》,2011 年 8 月 29 日,见 http://www.mofcom.gov.cn/aarticle/ae/ai/201108/20110807716557.html。

《中国对非援助是感恩甚于"打肿脸充胖子"》,2011 年 10 月 28 日,见 http://world.people.com.cn/GB/16060997.html。

刘东凯、赵颖:《胡锦涛:开创中非新型战略伙伴关系新局面》,2012 年 7 月 19 日,见 http://finance.people.com.cn/n/2012/0719/c1004-18552770.html。

李安山:《中国对非援助:国际援助体系中的独特模式》,2012 年 9 月 7 日,见

http://news.ifeng.com/guandong/detail_2012_09/07/17434970_0.shtml。

史桃李、姚蒙、陶短房:《法国想在非洲延续大国梦　对比中国相形见绌》,2013 年 1 月 25 日,见 http://mil.huanqiu.com/paper/2013-01/3582370.html。

《印度对非援助注重“软硬兼施”——第二届印非峰会首日综述》,2013 年 5 月 25 日,见 http://news.xinhuanet.com/2011-05/25/c_13892692.htm。

顾时宏:《中国在 WTO 框架下开展“促贸援助”成果显著》,2013 年 12 月 4 日,见 http://www.chinanews.com/gn/2013/12-04/5580479.shtml。

中华人民共和国驻埃塞俄比亚联邦民主共和国大使馆经济商务处:《非洲贸易一体化现状分析》,2014 年 2 月 5 日,http://et. mofcom. gov. cn/article/ztdy/201402/20140200498792.shtml。

《商务部部长介绍中国与安哥拉经贸合作情况》,2014 年 5 月 10 日,见 http://www.gov.cn/xinwen/2014-05/10/content_2676852.htm。

新华社:《习近平在中共中央政治局第二十七次集体学习时强调推动全球治理体制更加公正更加合理　为我国发展和世界和平创造有利条件》,2015 年 10 月 13 日,见 http://www.gov.cn/xinwen/2015-10/13/content_2946293.htm。

中华人民共和国驻喀麦隆共和国大使馆经商处:《第三届印非峰会强调建立“印非命运共同体”》,2015 年 10 月 25 日,见 http://www. mofcom. gov. cn/article/i/jyjl/k/201510/20151001151757.shtml。

陈贽、邓玉山、杨依军:《习近平和彭丽媛出席中非合作论坛峰会欢迎宴会》,2015 年 12 月 4 日,见 http://www.xinhuanet.com//world/2015-12/04/c_1117350155.htm。

龚刚:《推动中国对外经济战略转型》,2016 年 2 月 3 日,见 http://www.cssn.cn/zk/zk_qqjj/201602/t20160203_2857020_2.shtml。

中国驻瓦努阿图大使馆经济商务参赞处:《美国千年挑战公司对瓦援助项目信息》,2016 年 5 月 23 日,见 http://vu.mofcom.gov.cn/article/sqfb/200605/20060502266293.shtml。

王磊:《中国举办 G20 峰会与非洲的主要期待》,2016 年 8 月 27 日,见 http://theory.gmw.cn/2016-08/27/content_21667707.htm。

贺文萍:《“一带一路”建设中的非洲参与和非洲机遇》,2017 年 4 月 13 日,见 http://opinion.china.com.cn/opinion_30_162730.html。

《“一带一路”国际合作高峰论坛“政策沟通”平行主题会议签署 32 个合作协议》,2017 年 5 月 15 日,见 http://www.beltandroadforum.org/n100/2017/0515/c26-421.html。

王秦、邸天成:《“一带一路”中非合作发展论坛在北京隆重举行》,2017 年 9 月 20 日,见 http://www.chinareports.org.cn/djbd/2017/0920/2319.html。

常正乐:《中国石油的非洲之路》,2018 年 9 月 4 日,见 http://www.sohu.com/a/251931540_505855。

曾爱平:《中非合作新主张新举措　助力共筑中非命运共同体》,2018 年 9 月 14 日,见 http://www.xinhuanet.com//world/2018-09/14/c_129952837.htm。

二、外文文献

Abdoulaye Wade, "Time for the West to Practice What It Preaches", *Financial Times*, 23 January 2008.

African Union, "Common Africa Position (CAP) on the Post-2015 Development Agenda", Addis Ababa, Ethiopia, March 2014.

African Union Commission, "Agenda 2063: The Africa We Want", Final Edition, April 2015.

Alberto Alesina and David Dollar, "Who Gives Foreign Aid to Whom and Why?", NBER Working Paper No.6612, 1998.

Angus Deaton, "Weak States, Poor Countries", September 2013, http://www.project-syndicate.org/commentary/economic-development-requires-effective-governments-by-angus-deaton.

Anup Shah, "Foreign Aid for Development Assistance", September 28, 2014, http://www.globalissues.org/article/35/foreign-aid-development-assistance.

Bernt Berger, "China's Engagement in Africa: Can the EU Sit Back? ", *South African Journal of International Affairs-China in Africa*, Vol.13, Issue 1, 2006, pp.115-127.

Bruce D. Larkin, *China and Africa 1949-1970*, Berkeley: University of California Press, 1971.

Carol Lancaster, "The Chinese Aid System", Center for Global Development, June 2007, http://www.cgdev.org.

Commission of the European Communities, "From Cairo to Lisbon: The EU-Africa Strategic Partnership", Brussels, June 27, 2007.

Craig Burnside, David Dollar, "Aid, Policies and Growth", *American Economic Review*, 2004, 90(4): 847-868.

Deborah Brautigam, "China's African Aid: Transatlantic Challenges", The German Marshall Fund of The United States, April 2008.

Deborah Brautigam, "Chinese Development Aid to Africa: What, Where, Why, and How Much? ", in Jane Golley and Ligang Song eds., *The Rising China: Global Challenges and Opportunities*, ANUE Press, 2011, pp.203-222.

ECDPM, ODI, DIE, "Post - 2015: Global Action for an Inclusive and Sustainable Future", European Report on Development 2013, European Union, 2013.

European Commission. "External Aid Programmers Financial Trends (1989-2002)", April 2003.

European Commission, Commission Staff Working Document, "European Union's Development and External Assistance Policies and Their Implementation in 2012", [COM(2013) 594 final], Brussels, August 21, 2013, SWD(2013) 307 final.

Farah Abuzeid, "Foreign Aid and the 'Big Push' Theory: Lessons from Sub-Saharan Africa", *Stanford Journal of International Relations*, Fall 2009, Vol.XI, pp.16-23.

Fredrik Erixon, "Why Aid Doesn't Work", BBC News, 11 September 2005, http://news.bbc.co.uk/2/hi/science/nature/4209956.stm.

George Ayittey, *Africa in Chaos*, New York: St.Nartins, 1998.

Robert Gillanders, "The Eects of Foreign Aid in Sub-Saharan Africa", August 4, 2010, http://www.edge-page.net/jamb2010/papers/The%20Effects%20of%20Foreign%20Aid.pdf.

G.Karras, "Foreign Aid and Long-run Economic Growth: Empirical Evidence for a Panel of Developing Countries", *Journal of International Development*, Vol. 18, No. 7, pp. 15-28, 2006.

Gordon Crawford, *Foreign Aid and Political Reform*, NewYork: Palgrave, 2001.

Harms P. Lutz, M. Aid, "Governance and Private Foreign Investment: Some Puzzling Findings for the 1990s", *The Economic Journal*, 2006, 116 (513) :773-790.

Hidemi Kimura, Yasuyuki Todo, "Is Foreign Aid a Vanguard of Foreign Direct Investment? A Gravity-Equation Approach", *World Development*, Vol. 38, No. 4, pp. 482-497, 2010.

John Van Oudenaren, "Unipolar Versus Unilateral", *Policy Review*, April/May, 2004:69.

Joint Statement by the Council and the Representatives of the Governments of the Member States Meeting Council, the European Parliament and the European Commission, "The New European Consensus on Development Our World, Our Diginity, Our Future", Brussels, 7

June 2017.

Karakaplan U. M., Neyapti B., Sayek S., "Aid and Foreign Direct Investment: International Evidence", Turkish Economic Association Discussion Paper, Bilkent Universit, 2005:(5) .

Leonard M. Dudley, Claude Montmarquette, "A Model of the Supply of Bilateral Foreign Aid", *American Economic Review*, March 1976, 66(1), pp.132–142.

Margaret Callan and Robin Davies, "When business meets aid: analyzing public-private partnerships for international development", Development Policy Centre Discussion Paper 28, Crawford School, 2013.

Mosley Paul, *Foerign Aid: Its Defence and Perform*, Lexington: The University Press of Kentucky, 1987.

Nathan Andrews, "Foreign Aid and Development in Africa: What the Literature Says and What the Reality Is", *Journal of African Studies and Development*, Vol. 1(1) pp. 8–15, November, 2009.

N. B. Miller, "Underdevelopment and U. S. Foreign Policy", in Neal D. Houghton, ed. *Struggle against History: U.S. Foreign Policy in an Age of Revolution*, New York: Simon Schuster, 1968, p.138.

Ngaire Woods, "Whose aid? Whose influence? China, emerging donors and the silent revolution in development assistance", *International Affairs*, 84:6 (2008) 1205–1221.

"Nigeria: We Need Investment, Not Aid–FG", http://allafrica.com/stories/200808120791.html.

Norimitsu Onishi, "Senegalese Loner Works to Build Africa, His Way", *New York Times*, April 10, 2002, A3.

Paul Collier, David Dollar, "Development Effectiveness: What Have We Learnt?", The World Bank Development Research Group, January 2001.

Penny Davies, *China and the End of Poverty in Africa–towards Mutual Benefit*? Sundbyberg, Sweden: Diakonia, August 2007.

Peter Bauer and Basil S. Yamey, *The Economics of Under-developed Countries*, Cambridge University Press, 1957, p.271.

Peter Bauer, "Economic History as Theory", *Economica*, 38:163–179, 1971.

Raghuram G. Rajan and Arvind Subramanian, "What Undermines Aid's Impact on Growth?", IMF Working Paper 126, International Monetary Fund, 2005.

Ravinder Rena,"Is Foreign Aid Panacea for African Problems? The Case of Namibia", *Managing Global Transitions*, Vol.11, No.3, Fall 2013, pp.223-241.

SPIEGEL, Interview with African Economics Expert, "For God's Sake, Please Stop the Aid!", April 7, 2005, http://www.spiegel.de/international/spiegel/spiegel-interview-with-african-economics-expert-for-god-s-sake-please-stop-the-aid-a-363663-druck.html.

Theodora Xenogiani, "Migration Policy and Its Interactions with Aid, Trade and Foreign Direct Investment Policies: A Background Paper", OECD Development Centre, Working Paper No.249, July 2006.

Tim Büthe, Helen V.Milner, "The Politics of Foreign Direct Investment into Developing Countries: Increasing", *American Journal of Political Science*, Vol.52, No.4, October 2008, pp.741-762.

United States of America, Department of State and USIAD, "Leading through Civilian Power: The First Quadrennial Diplomacy and Development Review", December 2012.

W.Mayer, P.Raimondos-Møller, "The Politics of Foreign Aid", epru Working Paper 99-107, Economic Policy Research Unit, University of Copenhagen, Copenhagen, 1999. http://www.econ.ku.dk/epru/files/wp/wp9907.pdf.

White House, "National Security Strategy", May 2010.

White House Office of the Press Secretary, "Fact Sheet: U.S.Global Development Policy", September 22, 2010, http://www.whitehouse.gov/the-press-office/2010/09/22/fact-sheet-us-global-development-policy.

William Easterly and Jeffrey Sachs, "The Big Push Déjà Vu: A Review of Jeffrey Sachs's 'The End of Poverty: Economic Possibilities for Our Time'", *Journal of Economic Literature*, Vol.44, No.1 (Mar., 2006), pp.96-105.

Yash Tandon, *Ending Aid Dependence*, Fahamu Books, 2nd Revised edition, 2008.

附录一　中国对非洲政策文件（2006）

2006年1月

前　　言

新世纪之初，国际形势继续发生深刻复杂的变化，全球化深入发展。和平与发展仍然是当今时代的主题，维护和平、促进发展、加强合作是各国人民的共同愿望，也是不可阻挡的历史潮流。与此同时，国际形势中不确定、不稳定因素增加，各种安全问题相互交织。和平问题尚未解决，发展问题更加突出。

中国是世界上最大的发展中国家，追求和平发展，奉行独立自主的和平外交政策，愿在和平共处五项原则基础上，同所有国家发展友好关系，增进友谊，加强合作，促进世界的和平稳定与各国的共同繁荣。

非洲是发展中国家最集中的大陆，是实现世界和平与发展的一支重要力量。新形势下中非传统友好关系面临新的发展机遇。中国政府制订对非洲政策文件，旨在宣示中国对非政策的目标及措施，规划今后一段时期双方在各领域的合作，推动中非关系长期稳定发展、互利合作不断迈上新的台阶。

第一部分　非洲的地位和作用

非洲历史悠久，幅员广袤，资源丰富，发展潜力巨大。非洲人民经过长期斗争，挣脱殖民统治桎梏，铲除种族隔离制度，赢得独立和解放，为人类文明的进步做出了重大贡献。

非洲国家独立后，积极探索适合国情的发展道路，联合自强，谋求和平、稳定与发展。在非洲各国以及非洲统一组织/非洲联盟的共同努力下，非洲政局总体稳定，地区冲突逐步解决，经济连年增长。“非洲发展新伙伴计划”勾画了非洲振兴和发展的宏伟蓝图。非洲国家积极参与南南合作，推动南北对话，在国际事务中发挥着日益重要的作用。

非洲的发展还面临不少挑战。只要非洲国家坚持努力，国际社会继续支持，非洲在新世纪里就能克服困难，实现振兴。

第二部分　中国与非洲的关系

中非友谊源远流长，基础坚实。中非有着相似的历史遭遇，在争取民族解放的斗争中始终相互同情、相互支持，结下了深厚的友谊。

新中国成立和非洲国家独立开创了中非关系新纪元。半个多世纪以来，双方政治关系密切，高层互访不断，人员往来频繁，经贸关系发展迅速，其他领域的合作富有成效，在国际事务中的磋商与协调日益加强。中国向非洲国家提供了力所能及的援助，非洲国家也给予中国诸多有力的支持。

真诚友好、平等互利、团结合作、共同发展是中非交往与合作的原则，也是中非关系长盛不衰的动力。

第三部分　中国对非洲政策

加强同非洲国家的团结与合作，始终是中国独立自主和平外交政策的重要组成部分。中国坚定不移地继承和发扬中非友好的传统，从中国人民和非洲人民的根本利益出发，与非洲国家建立和发展政治上平等互信、经济上合作

共赢、文化上交流互鉴的新型战略伙伴关系。中国对非政策的总体原则和目标是:

——真诚友好,平等相待。坚持和平共处五项原则,尊重非洲国家自主选择发展道路,支持非洲国家联合自强。

——互利互惠,共同繁荣。支持非洲国家发展经济、建设国家,同非洲国家开展形式多样的经贸及社会发展领域的合作,促进共同发展。

——相互支持,密切配合。加强与非洲在联合国等多边机制内的合作,支持彼此正当要求与合理主张;继续推动国际社会重视非洲的和平与发展。

——相互学习,共谋发展。相互学习借鉴治国理政和发展的经验,加强科教文卫领域的交流合作,支持非洲国家加强能力建设,共同探索可持续发展之路。

一个中国原则是中国同非洲国家及地区组织建立和发展关系的政治基础。中国政府赞赏绝大多数非洲国家恪守一个中国原则,不同台湾发展官方关系和官方往来,支持中国统一大业。中国愿在一个中国原则基础上与未建交国建立和发展国家关系。

第四部分　加强中非全方位合作

一、政治方面

(一)高层交往

保持中非领导人互访和对话势头,加强沟通,加深友谊,增进相互了解和信任。

(二)立法机构交往

中国全国人民代表大会与非洲各国议会及泛非议会在相互尊重、加深了解、发展合作的基础上加强多层次、多渠道的友好往来。

(三)政党交往

中国共产党在独立自主、完全平等、相互尊重、互不干涉内部事务的原则基础上,与非洲各国友好政党和政治组织开展各种形式的交往,增进了解与友谊,谋求信任与合作。

(四)磋商机制

建立并完善中国与非洲国家之间的国家双边委员会、外交部政治磋商、经贸合作联(混)合委员会、科技混委会等机制,以灵活、务实的方式推进双方对话、磋商的机制化。

(五)国际事务合作

继续加强中非在国际事务中的团结与合作,对重大国际和地区问题经常交换看法、协调立场,在涉及各自国家主权、领土完整、民族尊严和人权等重大问题上相互支持。中国支持非洲国家平等参与国际事务,共同致力于加强联合国的作用,维护《联合国宪章》的宗旨和原则,建立公正合理、平等互利的国际政治经济新秩序,推进国际关系的民主化和法治化,维护发展中国家的合法权益。

(六)地方政府交往

中国中央政府重视中非地方政府之间的交往,积极支持双方建立友好省州或友好城市,促进双方在地方发展和治理方面的交流与合作。

二、经济方面

(一)贸易

中国政府将采取积极措施为更多非洲产品进入中国市场提供便利,认真实施给予非洲最不发达国家部分对华出口商品免关税待遇,以扩大和平衡双边贸易,优化贸易结构。通过多、双边友好协商,互谅互让,妥善解决贸易分歧和摩擦。推动双方企业界成立“中国—非洲联合工商会”。中国愿在条件成熟时与非洲国家或地区组织商签自由贸易协定。

(二)投资

中国政府鼓励和支持中国企业到非洲投资兴业,继续为此提供优惠贷款和优惠出口买方信贷,并愿与非洲国家探讨促进投资合作的新途径和新方式。继续制订和完善相关政策,加强引导,注重服务,提供便利。欢迎非洲企业到中国投资。继续与非洲国家商签并落实《双边促进和保护投资协定》和《避免双重征税协定》,与非洲国家共同营造良好的投资合作环境,保护双方投资者的合法权益。

(三)金融合作

积极发展中非在金融领域的合作关系。中国政府支持中国金融机构与非洲国家和地区金融机构加强交流与合作。

(四)农业合作

继续开展多层次、多渠道、多形式的中非农业合作与交流。重点加强在土地开发、农业种植、养殖技术、粮食安全、农用机械、农副产品加工等领域的合作。加大农业技术合作力度,积极开展农业实用技术培训,在非洲建立农业技术试验示范项目。加快制订中非农业合作规划。

(五)基础设施建设

加强中非在交通、通讯、水利、电力等基础设施建设领域的合作。中国政府积极支持中国企业参与非洲国家的基础设施建设,进一步扩大对非承包工程业务规模，逐步建立对非承包工程的多、双边合作机制。加强技术和管理方面的合作，注重帮助非洲国家提高自主发展能力。

（六）资源合作

加强中非在资源领域的信息交流与合作。中国政府鼓励和支持有实力的中国企业按照互惠互利、共同发展的原则，采取形式多样的合作方式与非洲国家共同开发和合理利用资源，帮助非洲国家将资源优势转化为竞争优势，促进非洲国家和地区实现可持续发展。

（七）旅游合作

积极落实中国公民组团赴部分非洲国家旅游的工作，并将根据非洲国家的要求和实际可行性，把更多非洲国家列为“中国公民组团出境旅游目的地”。中国欢迎非洲国家公民来华旅游观光。

（八）减免债务

中国政府愿继续通过友好协商帮助有关非洲国家解决和减轻对华债务。继续呼吁国际社会，特别是发达国家在减免非洲国家债务问题上采取更多实质性行动。

（九）经济援助

中国政府将根据自身财力和经济发展状况，继续向非洲国家提供并逐步增加力所能及和不附加政治条件的援助。

（十）多边合作

加强中非在多边经贸、金融机构和体系中的磋商与协调，共同推动联合国和其他国际组织进一步重视发展问题，促进南南合作，推动建立公正、合理的多边贸易体制,扩大发展中国家在国际金融事务中的发言权和决策权。中国政府愿与其他国家和国际组织加强合作,共同支持非洲的发展,为非洲实现千年发展目标做出贡献。

三、教、科、文、卫和社会方面

(一)人力资源开发和教育合作

充分发挥中国政府设立的“非洲人力资源开发基金”在培训非洲人才方面的作用。根据非洲国家的实际需要,确定重点,拓展领域,加大投入,提高实效。

继续与非洲互派留学生。中国将适当增加政府奖学金名额。继续派遣援非教师。帮助非洲国家开展汉语教学。实施教育援助项目,促进非洲有关薄弱学科的发展。加强在职业技术教育和远程教育等方面的合作。鼓励双方教育、学术机构开展交流与合作。

(二)科技合作

以相互尊重、优势互补、利益共享为原则,促进中非在应用研究、技术开发、成果转让等方面的合作。加强在双方共同感兴趣的农业生物技术、太阳能利用技术、地质勘查和采矿技术、新药研发等领域的科技合作。继续为非洲国家举办实用技术培训班,开展技术援助示范项目。积极推动中国科技成果和先进适用技术在非洲的推广和应用。

(三)文化交流

落实与非洲各国签订的文化合作协定和相关执行计划,保持双方文化主管部门的经常性交往,加强双方文化艺术及体育专业人员的交流。根据双方文化交流及市场需要,积极引导和推动民间团体和机构开展多种形式的文化交流活动。

（四）医疗卫生合作

促进双方医务、卫生人员和相关信息的交流。中国将继续向非洲国家派遣医疗队，提供药品和医疗物资援助，帮助非洲国家建立和改善医疗设施、培训医疗人员。加强与非洲国家在艾滋病、疟疾等传染病和其他疾病防治、传统医药研究及应用、公共卫生应急机制等方面的交流与合作。

（五）新闻合作

鼓励双方新闻媒体开展多层次、多形式的交流与合作，增进相互了解，全面、客观报道对方情况。加强双方相关政府部门的联系与沟通，就处理与国内外传媒的关系交流经验，为媒体交流提供指导和便利。

（六）行政合作

在公务员制度建设、公共行政改革和政府部门人才培训方面开展交流与合作，探讨建立中非人事行政交流合作机制。

（七）领事合作

定期或不定期地与非洲国家举行领事磋商，就双边或多边领事关系中亟待解决或共同关心的问题进行友好商谈，增进了解，促进合作。便利双方人员往来，保障双方侨民安全。

（八）民间交往

鼓励并积极引导中非民间团体交往，特别是加强青年、妇女的交流，增进双方人民之间的理解、信任与合作。鼓励并引导志愿者赴非洲国家服务。

(九)环保合作

加强技术交流,积极推动中非在气候变化、水资源保护、防治荒漠化和生物多样性等环境保护领域的合作。

(十)减灾、救灾和人道主义援助

积极开展在减灾、救灾领域的人员交流、培训和技术合作。中国将积极回应非洲国家的紧急人道主义援助要求,鼓励并支持中国红十字会等非政府组织与非洲国家相关团体开展交流与合作。

四、和平与安全方面

(一)军事合作

密切双方军队高层往来,积极开展军事专业技术交流与合作。中国将继续协助非洲国家培训军事人员,支持非洲国家加强国防和军队建设,维护自身安全。

(二)冲突解决及维和行动

支持非洲联盟等地区组织及相关国家为解决地区冲突所做的积极努力,并提供力所能及的援助。积极推动联合国安理会关注并帮助解决非洲地区冲突问题,继续支持并参与联合国在非洲的维和行动。

(三)司法和警务合作

促进双方司法、执法部门的交流与合作,在法制建设、司法改革方面相互借鉴。共同提高防范、侦查和打击犯罪能力,协同打击跨国有组织犯罪及腐败犯罪。加强双方在司法协助、引渡和遣返犯罪嫌疑人方面的合作。

密切与非洲各国移民管理部门在惩治非法移民方面的交流与合作，加强移民管理信息的沟通，建立高效畅通的情报信息交流渠道。

（四）非传统安全

加强情报交流，探讨在打击恐怖主义、小武器走私、贩毒、跨国经济犯罪等非传统安全领域深化合作的有效途径和方式，共同提高应对非传统安全威胁的能力。

第五部分　中非合作论坛及后续行动

2000年创立的中非合作论坛已成为中非进行集体对话与多边合作的有效机制，构筑了中非间长期稳定、平等互利新型伙伴关系的重要框架和平台。

中国重视中非合作论坛在加强中非政治磋商和务实合作方面的积极作用，将与非洲国家一道，认真落实《中非合作论坛北京宣言》《中非经济和社会发展合作纲领》《中非合作论坛—亚的斯亚贝巴行动计划（2004—2006）》及后续行动，继续在论坛框架内出台新举措，增进中非政治互信，推动务实合作全面发展。不断完善论坛机制，积极探索论坛与“非洲发展新伙伴计划”间加强合作的最佳方式和途径。

第六部分　中国与非洲地区组织的关系

中国赞赏非洲联盟在维护地区和平与稳定、促进非洲团结与发展中的重要作用，重视与非洲联盟在各领域的友好合作，支持其在地区和国际事务中发挥积极作用并提供力所能及的帮助。

中国赞赏并支持非洲次区域组织在推动各自地区政治稳定、经济发展和一体化进程中的积极作用，愿意加强与各组织的友好合作。

附录二　中国对非洲政策文件（2015）

2015 年 12 月

2006 年，中国政府首次发表对非洲政策文件。近 10 年来，政策文件内容得到全面有效落实，为指导中非关系全面发展发挥了重要作用。今年是中非合作论坛成立 15 周年，今年 12 月在南非举办中非合作论坛第二次峰会，这是中非峰会首次在非洲大陆举办，对于加强中非团结、引领中非合作具有里程碑意义。值此之际，中国政府发表第二份对非洲政策文件，旨在进一步明确中国致力于发展对非友好合作关系的坚定决心和良好意愿，全面阐述新形势下中国对非洲政策新理念、新主张、新举措，以指导今后一段时期中非各领域交流与合作。

第一部分　建立和发展中非全面战略合作伙伴关系，巩固和夯实中非命运共同体

中非从来都是命运共同体。半个多世纪以来，无论国际风云如何变幻，中非始终是风雨同舟的好朋友、休戚与共的好伙伴、肝胆相照的好兄弟。中非传统友好深得人心，已成为中非双方的宝贵财富。长期以来，中非双方坚持真诚友好、平等相待，这是中非关系历久弥坚的精神内核。新形势下，中非双方将

在此基础上，致力于合作共赢、共同发展，为中非关系赋予新的内涵，注入不竭动力。

2006年中国政府提出中非建立和发展政治上平等互信、经济上合作共赢、文化上交流互鉴的新型战略伙伴关系。10年来，双方共同制订并落实了一系列深化中非合作的重大举措，极大地促进了中非各领域友好合作关系快速发展。中非政治互信进一步增强，在国际和地区事务中协调与配合更加紧密。中非务实合作成果丰硕。中国自2009年起成为非洲第一大贸易伙伴国，2014年中国对非贸易额增至2006年的4倍。中非人文交流快速增长，中非人员往来每年近300万人次，中非友好的社会和民意基础进一步扩大。中非交往与合作的广度和深度前所未有，中国对非洲经济发展的贡献率显著提升。

10年来，中非各自情况发生很大变化，肩负着新的发展使命。中国正在按照全面建成小康社会、全面深化改革、全面依法治国、全面从严治党的战略布局，为实现“两个一百年”奋斗目标和中华民族伟大复兴的中国梦而奋斗。非洲正在积极谋求加快工业化和现代化进程，朝着《2063年议程》描绘的美好梦想前行。中国梦与非洲梦都是为了让人民过上更加美好的幸福生活。

中非发展战略高度契合，中非合作发展互有需要、互有优势，合作共赢、共同发展迎来了难得的历史性机遇。中国发展经验、适用技术、资金、市场等相对优势，有助于非洲破除基础设施不足和人才不足两大制约发展的瓶颈，有助于非洲把丰富的自然、人力资源优势和潜能转化为发展动力和惠及民生的成果，加速工业化和农业现代化进程，更好地实现经济独立和自主可持续发展，更好地实现持久和平与稳定。

10年来，国际形势发生很大变化。世界多极化进一步发展，新兴市场国家和发展中国家快速发展已成为不可阻挡的历史潮流，是维护世界和平、促进共同发展的重要力量。联合国已通过2030年可持续发展议程，各国都面临实现包容、可持续发展的重要任务。非洲已成为全球经济增长最快和最具发展潜力的大陆之一，是世界政治舞台上的重要一极，全球经济增长新的一极，人类文明的多彩一极。中国已成长为全球第二大经济体,是现行国际体系的重要参与者、建设者、贡献者。中国同非洲等广大发展中国家需要进一步增强在国际事务中的代表性和发言权。中非双方应充分发挥政治互信和经济互补两大优势,推动中非合作全面发展,加强南南合作,促进南北合作,为构建以合作共赢为核心的新型国际关系树立样板。

当前,中非关系已经站在新的历史起点上。共同的发展任务、高度契合的战略利益、合作共赢的广阔前景,使中非人民更加坚定地并肩跨步前行。中国愿同非洲国家一道,在传承与发扬中非传统友好的基础上,建立和发展政治上平等互信、经济上合作共赢、文明上交流互鉴、安全上守望相助、国际事务中团结协作的全面战略合作伙伴关系,促进中非友好合作全面发展,共同发展、共圆梦想,共同为中非人民创造更多福祉,为世界的和平稳定与发展繁荣作出更大贡献。

第二部分　坚持正确义利观,践行真实亲诚对非工作方针

加强同非洲国家的团结与合作始终是中国独立自主和平外交政策的重要基石,是中国长期坚定的战略选择。新形势下,中国将秉持真实亲诚对非政策方针和正确义利观,推动中非友好互利合作实现新的跨越式发展。

“真”,即平等互信、团结互助,永远做非洲的最可靠朋友和真诚伙伴。中国尊重非洲国家自主选择发展道路,尊重非洲国家推动经济社会发展、改善人民生活的实践和努力,愿在平等自愿基础上同非洲开展治国理政经验交流,促进双方对彼此政治制度和发展道路的了解、认同和借鉴。中国一贯真诚支持非洲发展,不干涉非洲国家内政,不把自己的意志强加于非方,对非援助不附加任何政治条件。在涉及彼此核心利益和重大关切的问题上,与非方加强沟通协调,相互理解、相互支持,维护共同利益。

“实”,即务实高效、合作共赢,秉持言必信、行必果的理念,不折不扣落实

对非互利合作方针和举措，在支持非洲实现自主发展的过程中实现中非共同发展。中国愿本着“筑巢引凤”、“授人以渔”理念，坚定支持非洲国家致力于基础设施建设和人力资源开发，帮助非洲破除长期制约发展的两大瓶颈，积极开展产业对接和产能合作，助力非洲工业化和农业现代化进程。坚持以发展促和平，以和平谋发展，坚定支持非洲致力于自主可持续发展和“以非洲方式解决非洲问题”，在地区热点问题上发挥更大建设性作用。

“亲”，即人心相通、和谐共处，推动中非文明互鉴，促进思想融通、政策贯通、民心沟通，为中非友好提供坚实的民意和社会基础。加强中非在科教文卫等社会人文领域的交流与合作，扩大民间交往，促进智库、高校、媒体交流，支持地方往来与合作，鼓励各自在对方国家和地区的人员与当地人民和睦相处，共存共荣。中国政府鼓励在非企业和公民进一步关心当地福祉，积极回馈当地社会；努力为非洲人在华工作、学习和生活营造良好氛围，不断扩大和夯实中非友好的社会基础。

“诚”，即以诚相待、妥善解决问题，坚持从战略高度和长远角度看待和推进中非关系，共同为中非友好互利合作营造良好的环境。中方愿与非方加强政策协调和沟通，本着相互尊重、合作共赢的原则，通过平等友好协商，坦诚面对并妥善处理中非合作中出现的新情况、新问题，使双方都能从真诚友好和互利合作中受益。

正确义利观是中国对发展中国家外交的一面旗帜，讲求的是义利相兼、以义为先、情义为重，核心要义是把帮助非洲等发展中国家实现自主可持续发展同促进中国自身的发展紧密结合起来，实现合作共赢、共同发展，推动世界更加均衡、包容和可持续发展。中国开展对非合作绝不走过去殖民者的老路，绝不以牺牲非洲的自然生态环境和长远利益为代价。

支持和帮助非洲国家实现自主可持续发展不仅符合非洲人民的利益，也符合全世界人民的利益，是国际社会的共同责任。中国开展对非合作始终尊重和维护非洲国家和人民的根本利益，秉持公道，为非洲伸张正义；坚持互利共赢,真心诚意支持和帮助非洲实现和平、稳定与发展。

一个中国原则是中国同非洲国家及地区组织建立和发展关系的政治前提和基础。中国政府赞赏非洲国家恪守一个中国原则,支持中国统一大业,不同台湾发展官方关系和官方往来。中方坚持在和平共处五项基本原则基础上全面发展同非洲各国的友好合作。

中国赞赏国际社会采取建设性行动、支持和帮助非洲实现持久和平与可持续发展的努力,愿本着"非洲提出、非洲同意、非洲主导"原则,以积极、开放、包容的态度同其他国家及国际和地区组织加强协调与合作,在非洲探讨开展三方和多方合作,共同为非洲实现和平、稳定、发展作出贡献。

第三部分　推动中非合作全面发展

(一)增强政治互信

1. 密切高层交往

发挥高层交往的政治引领作用,保持中非领导人频繁互访和对话势头,就双边关系和共同关心的重大问题加强沟通,巩固传统友谊、增强政治互信,在涉及彼此核心利益和重大关切问题上相互理解、相互支持,维护共同利益,共谋发展,深化合作,为双边和中非关系发展提供强有力政治保障。

2. 加强治国理政经验交流

相互尊重和支持对方探索和完善符合自身国情的发展道路和政治制度。中方愿同非洲国家积极开展形式多样的经验交流活动,本着平等交流、相互借鉴、共同进步的原则,从各自文明和发展实践中汲取智慧,加强国家治理经验交流,促进共同发展。

3. 完善政府间磋商与合作机制

充分发挥中国同非洲国家之间外交部政治磋商、经贸合作联(混)合委员会和高层级经贸合作机制、科技混合委员会等双边机制的统筹协调作用，进一步丰富和完善政府间对话与磋商机制，促进中非政府间对话与合作。

4. 促进立法机构、协商机构、政党、军队、地方政府等各领域交往

秉持相互尊重、加深了解、发展合作的宗旨，加强中国全国人民代表大会同非洲各国议会及泛非议会等组织多层次、多渠道、多形式、全方位的友好交往，不断丰富中非全面战略合作伙伴关系的内涵。

扩大和加强中国人民政治协商会议同非洲国家议会、泛非议会及非盟经济社会文化理事会、非洲各国经济社会理事会等相关机构的交往。

中国共产党愿在独立自主、完全平等、相互尊重、互不干涉内部事务的原则基础上，扩展和深化与非洲各国友好政党和政治组织各种形式的交往与合作。积极探索建立集体交流对话的新平台，增进相互了解和友谊，深化治国理政经验交流，增进双方对彼此执政体制和理念的了解和认同，相互学习借鉴，共同提高执政能力，促进国家关系发展。

保持双方军队领导人互访势头，加强政策对话，扩大青年军官交流。

支持双方建立更多友好省州或友好城市，加强中非地方政府之间的交往，促进双方在地方发展和治理方面的交流与合作。

（二）深化国际事务合作

进一步加强中非在联合国等国际机构和其他国际场合的交流与合作，就重大国际和地区问题保持沟通与协调，在涉及各自国家主权、领土完整、民族尊严和发展利益等重大问题上相互理解和支持，维护双方和发展中国家的共同利益。

共同维护以《联合国宪章》宗旨和原则为核心的国际秩序和国际体系。中国坚定支持增加发展中国家在国际治理体系中的代表性和发言权。中国支持对联合国进行全面改革，主张优先增加非洲国家在联合国安理会和其他机构中的代表性和发言权，以解决非洲遭遇的历史不公。共同致力于维护《联合国宪章》宗旨和原则，切实维护国际公平正义，推动国际秩序朝着更加公正合理的方向发展。

呼吁国际社会继续推动全球经济治理改革，特别是尽快落实国际货币基金组织份额改革承诺，增加新兴市场国家和发展中国家的代表性和发言权。呼吁二十国集团加强与非洲的对话，支持非洲参与二十国集团事务。

共同推动国际社会同舟共济，权责共担，落实联合国发展峰会通过的2030年可持续发展议程，增强各国发展能力，改善国际发展环境，优化发展伙伴关系，健全发展协调机制，努力实现均衡、可持续发展和包容性增长，共同走出一条公平、开放、全面、创新的发展之路，努力实现共同发展，增进人类共同利益。继续坚持和弘扬平等互信、互利共赢、团结合作等原则，在新形势下推动南南合作向更高水平、更广范围、更大规模方向演进。

重申《联合国气候变化框架公约》在国际应对气候变化进程中的基础性地位，同意共同维护发展中国家团结，坚持《联合国气候变化框架公约》及其《京都议定书》的原则和规定，特别是公平原则、"共同但有区别的责任"原则和各自能力原则，推动建立公平合理、合作共赢的全球气候治理体制，促进公约的全面、有效和持续实施。注意到《联合国关于在发生严重干旱和/或荒漠化的国家，特别是在非洲防治荒漠化公约》取得积极进展，同意共同维护发展中国家利益，推动公约全面有效实施。

(三)深化经贸合作

1. 助推非洲工业化

将优先支持非洲工业化进程作为新时期中国对非合作的突破口和着力点，以产业对接和产能合作为龙头，以点带面，助推非洲加快工业化进程，为非洲实现经济独立和自主可持续发展提供坚实基础。积极支持非洲国家根据自身国情、发展需求和切实可行的国际规则，改善投资发展的软硬环境，完善吸引保护外国投资的法律法规和政府服务，破解基础设施建设滞后和人才不足两大制约发展瓶颈,积极有序推进中非产业对接与产能合作,助推非洲工业化和经济多元化进程,提高非洲国家生产、生活和就业水平。支持非洲国家建设经济特区、工业园区、科技园区,筑巢引凤。引导、鼓励和支持中国企业在非洲共同建设经贸合作区,作为推进中非产能合作的重要平台,吸引更多中国企业到非洲投资,建立生产和加工基地并开展本土化经营,增加当地就业、税收和创汇,促进产业转移和技术转让。

坚持"义利并举、合作共赢、开放包容、市场运作"的原则,在条件适宜的非洲国家优先打造中非产能合作先行先试示范区。充分发挥双方政府的引导、协调、管理和服务职能,加强宏观经济管理领域经验交流;创新双方在投资保护、金融、税收、海关、签证、移民、警务人员往来等方面合作机制,帮助非洲国家增强执法能力建设和提高管理服务水平。共同促进产能合作取得早期收获,积累发展与合作经验,发挥示范引领作用,促进、带动同其他非洲国家的合作发展。

2. 助力非洲农业现代化

将支持非洲农业现代化建设作为新时期中国对非合作的优先重点领域,切实加大投入,扩大合作,着力帮助非洲国家解决这一事关国计民生和经济独立的基础产业发展问题。中国愿同非洲国家分享农业发展经验和技术,支持非洲国家提高农业技术、农牧渔业产品生产和加工技术水平,带动农业产业链建设,增强粮食自主生产能力,促进粮食安全,提升棉花等特色产业的国际竞争力,增加收入,改善农民生活。完善并继续建设农业技术示范项目,实施农业优质高产示范工程,加强种子研发、推广和普及,派遣高级农业专家组和农业职业教育教师组,扩大农业管理和技术培训的规模和效果。建立和完善双边农业合作机制,发挥各自优势和作用,加强项目监督和评估,提高合作质量和水平。鼓励和促进中非农产品贸易。鼓励和支持中国企业到非洲国家开展农业种植、粮食仓储、畜牧养殖、渔业捕捞及农产品加工等领域投资合作,增加当地就业、产品附加值和创汇,推进非洲农业现代化建设。帮助非洲国家推广灌溉技术,有效利用水资源,提高防洪、抗旱能力。

3. 全面参与非洲基础设施建设

鼓励和支持中国企业和金融机构扩大参与非洲基础设施建设,充分发挥政策性金融作用,创新投融资合作模式。坚持市场运作为主、点面结合、注重效益的原则,鼓励和支持中国企业采取多种模式参与非洲铁路、公路、通信、电力、区域航空、港口以及水资源开发保护、水利等基础设施建设,参与项目投资、运营和管理。鼓励双方在项目规划设计、工程建设、技术标准、工程监理、大型装备和管理运营等方面开展合作。

坚持基础设施建设与产业发展协调推进,注重规模和集约效益,优先支持经济特区、工业园区、科技园区等相配套的基础设施系统建设,为非洲产业发展和中非产能合作创造有利条件。积极推进跨国跨区域基础设施互联互通,促进非洲一体化进程。

4. 加强中非金融合作

充分发挥优惠贷款等政策性金融、中非发展基金、非洲中小企业专项贷款、非洲共同增长基金、中非产能合作基金、金砖国家新开发银行等投融资平台作用,创新中非金融合作。支持中国金融机构与非洲国家、地区以及国际金融和开发机构加强交流并探讨联合融资合作,支持中非金融机构按照商业化原则合作建立合资银行。加强央行间货币合作,商讨扩大跨境本币结算和互换安排,鼓励双方企业在贸易投资中使用本币结算。支持互设金融机构,加大融资保险支持力度。加强中非在国际金融组织和机制中的协调配合,完善和改革国际金融体系,提高发展中国家的代表性和话语权。

5. 促进中非贸易与投资便利化

支持更多非洲产品进入中国市场,根据履行双边换文手续情况,继续对原产于与中国建交的最不发达国家97%税目产品实施零关税。鼓励中非企业利用港口优势建设区域物流和商品批发中心。加强对非出口产品质量管理和营销渠道建设,加大双方检验检疫合作力度,共同打击进出口假冒伪劣商品。

推动中非海关合作,加强信息互换、监管互认和执法互助,共同打击商业瞒骗行为,营造守法便利的贸易环境。帮助非洲国家加强海关、检验检疫能力建设,支持非洲国家提高贸易便利化水平,助力非洲区内贸易发展。支持非洲自贸区建设和一体化进程,积极探讨与非洲国家和区域组织建立制度性贸易安排。

结合非洲需要和中方优势,在平等互利、合作共赢基础上,积极推动中非经贸合作提质增效,支持非洲加快工业化和农业现代化进程,鼓励和支持中国企业扩大和优化对非工业、农业、基础设施、能源等领域投资合作,并继续为符合条件的项目提供优惠性质贷款及出口信用保险支持等,适当提高优惠贷款优惠度。

6. 深化资源能源合作

本着合作共赢、绿色、低碳和可持续发展的原则,扩大和深化中非资源能源领域互利合作,帮助非洲国家加强资源能源勘探开发和加工能力,提高初级产品附加值,增加当地就业和创汇,将资源能源禀赋转化为可持续发展和惠及民生的成果。创新中非资源能源合作模式,扩大能矿领域全产业链合作。支持非洲国家和区域电网建设,推进风能、太阳能、水电等可再生能源和低碳绿色能源开发合作,促进非洲可再生能源合理开发利用,服务非洲工业化。

7. 拓展海洋经济合作

充分发挥非洲有关国家的丰富海洋资源及发展潜力,支持非洲国家加强海洋捕捞、近海水产养殖、海产品加工、海洋运输、造船、港口和临港工业区建设、近海油气资源勘探开发、海洋环境管理等方面的能力建设和规划、设计、建设、运营经验交流,积极支持中非企业开展形式多样的互利合作,帮助非洲国家因地制宜开展海洋经济开发,培育非洲经济发展和中非合作新的增长点,使非洲丰富的海洋资源更好地服务国家发展、造福人民。

(四)加强中非发展合作

1. 持续增加对非洲发展援助

作为最大的发展中国家,中国长期并将继续坚持向非洲国家提供力所能及的援助。每当中国遭受重大自然灾害时,也及时得到非洲国家的支持和援助。中国愿继续本着患难与共、风雨同舟的精神,秉持不附加任何政治条件、不干涉别国内政、不强人所难的原则,根据自身财力和经济发展状况,针对非洲国家急迫需求,继续向非洲国家提供紧急和必要的援助并逐步增加援助规模,创新援助模式,优化援助条件,重点用于人力资源开发、基础设施建设、医疗卫生、农业和粮食安全、气候变化、防治荒漠化、野生动植物和环境保护以及人道主义援助等领域,帮助非洲国家减少贫困、改善民生、增强自主发展能力。

中方将认真落实免除对非洲有关最不发达国家、内陆发展中国家、小岛屿发展中国家截至2015年底到期未还的政府间无息贷款债务承诺。

2. 支持非洲加强公共卫生防控体系和能力建设

总结中非合作抗击埃博拉疫情、疟疾的经验,深化扩大中非公共卫生合作。加强公共卫生政策沟通,支持非洲加强公共卫生防控体系和能力建设,积极参与非洲疾病控制中心筹建,协助非洲国家提高实验室技术能力和开展卫生人力资源培训,重点帮助防控影响非洲人民健康的慢性非传染性疾病、虫媒传染病以及疟疾、霍乱、埃博拉出血热、艾滋病、结核病等可预防的传染性疾病和新发疾病。发挥自身优势,优先支持非洲各国口岸卫生检疫核心能力建设、传染病监测哨点建设、妇幼医疗能力建设和现有医疗机构专业科室建设。继续支持非洲国家卫生基础设施建设。继续向非洲国家派遣医疗队,开展中非对口医院的合作,加强专科医学、传统医药等交流与合作,着力提高当地医护水平。继续推动白内障手术"光明行"等短期义诊活动。加强医疗机构和药品监督管理部门之间的对口交流与合作。支持同世界卫生组织、非盟等国际和地区组织开展合作,鼓励中国医药制造企业在非投资,降低非洲医药产品成本,提高非洲医药产品可及性。

3. 扩大教育和人力资源开发合作

扩大中非教育合作,大力支持非洲教育事业发展。根据非洲国家经济和社会发展需要,加大投入,提高实效,帮助非洲国家培养培训更多急需人才,特别是师资和医护人才。加强双方教育部门和教育机构之间的交流与合作。继续实施“非洲人才计划”，逐步增加对非洲国家的政府奖学金名额，鼓励地方政府、高校、企业和社会团体设立奖学金，欢迎更多非洲青年来华学习，鼓励和支持他们在中非务实合作中发挥更大作用。鼓励双方更多高等院校建立合作伙伴关系，支持中非教师和学生交流，扩大“中非高校 20+20 合作计划”项目的合作成果。坚持学用结合，扩大师资培训和职业技术教育合作规模，扩展人力资源开发途径。

4. 分享和推广减贫经验

贫困是中非面临的共同挑战。中方将认真兑现向国际社会所作的支持实现 2030 年可持续发展议程有关承诺，积极落实《中国和非洲联盟加强中非减贫合作纲要》，加强中非减贫领域合作，发挥中国与联合国共同设立的中国国际扶贫中心等国际减贫交流平台的作用，鼓励和支持双方政府、学术机构、企业和非政府组织开展形式多样的减贫经验交流与务实合作。共同分享中国通过农村扶贫开发实现大规模减贫的成功经验，加强项目示范合作，支持非洲国家增强自主减贫和发展能力。

5. 加强科技合作与知识共享

继续推动实施中非科技伙伴计划，鼓励双方加强农业、水资源、能源、航空航天、通信、环境保护、荒漠化防治、医疗、海洋等领域科技交流与合作。支持非洲国家科技能力建设，在重点领域共建联合实验室、联合研究中心或科技园区，继续资助非洲杰出青年科学家来华开展短期科研工作，加强适用技术和政策培训，共建先进适用技术应用与示范基地。积极推进中国科技成果和先进适用技术在非洲的推广和应用。

6. 加强气候变化和环境保护协作

大力发展和巩固中非在《联合国气候变化框架公约》和其他相关机制下合作，积极推动双方开展应对气候变化磋商、交流和相关项目合作。创新合作领域，深化务实合作，共同提高应对气候变化能力。加强环境政策对话，密切中非在双多边环境领域的协调与合作。加强在生态保护、环境管理、污染防治、生物多样性保护、水资源保护和荒漠化防治等领域的教育和人力资源培训和综合治理示范合作。推动适用环境友好型产能合作与技术转让。加强环保法律、法规交流,积极开展在濒危野生动植物种保护领域的对话与合作,加强情报交流和执法能力建设,严厉打击走私濒危野生动植物的跨国有组织犯罪活动。在履行《生物多样性公约》《濒危野生动植物种国际贸易公约》等国际事务中加强沟通、协调立场,共同促进全球野生动植物保护和可持续利用。

(五)深化和扩大人文领域交流与合作

1. 拓展文化、体育交流与合作

保持文化高层交往势头,实施双边文化合作协定及其执行计划。鼓励并支持非洲国家开展汉语教学,继续在非洲国家增设孔子学院,鼓励和支持中非互设文化中心。支持在中国和非洲举办“国家年”活动。丰富“中非文化聚焦”、“中非文化人士互访计划”和“中非文化合作伙伴计划”等活动内容,提高文化交流实效,尊重彼此文化多样性,促进中非文化兼容并蓄、共同繁荣,增进双方人民彼此了解和友谊。推动双方文化机构和人员往来,加强人才培养和文化产业合作。

根据突出重点、量力而行原则,加强与非洲国家的体育交流和务实合作,继续提供援助,支持非洲国家体育事业发展。

2. 扩大旅游合作

继续为公民赴对方国家和地区旅游提供签证、服务等便利,支持对方在本国、本地区境内举办旅游推介活动,鼓励双方航空公司开辟更多中非间航线航班,扩大人员往来。中方欢迎具备条件的非洲国家提出成为中国公民出境旅游目的地的申请,并将予以积极考虑。支持双方企业在旅游基础设施建设等领域开展互利合作,改善和优化旅游环境。

3. 扩大新闻和广播影视合作

大力推动中非新闻媒体开展形式多样的交流与合作，积极为此创造条件并提供指导和便利。加强政府新闻主管部门对话与磋商，就深化新闻合作、加强网络空间管理、处理与媒体关系交流经验，优先支持非洲媒体加强能力建设。支持办好中非新闻交流中心，加大对中国与非洲各自发展以及中非关系信息传播力度和全面、客观报道，增进双方人民彼此了解和认知。鼓励中非媒体加强新闻研讨、人员培训、内容互换、联合采制和新媒体领域等合作。加强中非广播影视技术交流与产业合作，鼓励中非广播电视机构互联互通。继续支持非洲推进广播电视数字化，提供融资、技术支持和人才培训，鼓励中非企业开展合资合作。

4. 鼓励学术和智库交流

鼓励中非高校开展合作研究，壮大中非学术研究力量。积极实施"中非联合研究交流计划"和"中非智库 10+10 合作伙伴计划"。积极支持中非学术研究机构和智库开展课题研究、学术交流、研讨会、著作出版等多种形式的交流与合作，优先支持双方开展治国理政、发展道路、产能合作、文化与法律异同等促进中非友好合作的课题研究与成果分享。

5. 增进民间交流

继续加强中非民间交往，促进民意沟通，推动民生合作。落实《中非民间交流合作倡议书》，鼓励实施"中非民间友好行动"、"中非民间友好伙伴计划"等，支持民间组织和社会团体开展形式多样的友好交流和公益活动。

着力推动中非青年交流势头。推动双方政府青年事务部门和政党青年组织交往。积极开展双方社会各界青年杰出人才交流活动。鼓励和引导中国青年志愿者赴非洲国家服务，开展扶贫、支教等活动。

继续加强中非性别平等领域的交流与合作，进一步深化妇女机构和组织交往，加强妇女问题高层对话，保持在多边妇女事务上的良好协作，共同促进中非妇女事业发展。继续向非洲国家提供必要妇幼领域援助，加强技能培训合作。

开展残疾人服务体系和社会保障政策等方面的交流。加强在康复、教育就业、社会保障、扶贫开发等领域合作。

加强中非工会组织之间的友好交流与合作。

(六)促进非洲和平与安全

1. 支持非洲实现和平与安全

支持非洲国家以非洲方式自主解决非洲问题的努力。在充分尊重非洲意愿、不干涉内政、恪守国际关系基本准则基础上,为维护和促进非洲和平与安全发挥建设性作用。积极探索具有中国特色的建设性参与解决非洲热点问题的方式和途径,为非洲和平与安全发挥独特的影响力、作出更大的贡献。进一步发挥中国政府非洲事务特别代表的作用。

加强同非洲地区组织和非洲国家在和平与安全事务上的对话与磋商,坚持以发展促和平、以和平谋发展,认真贯彻共同、合作、综合和可持续的安全共识。支持非洲国家、非洲联盟以及次区域组织致力于维和维稳能力建设和有关努力。落实"中非和平安全合作伙伴倡议",继续为非洲常备军、非洲危机快速反应部队等非洲集体安全机制建设提供力所能及的支持。

在联合国等多边场合主持公道,伸张正义,维护非洲和发展中国家共同利益。重视并支持联合国在维护非洲和平与稳定方面发挥重要作用,继续支持并扩大参与联合国在非洲的维护和平与建设和平的努力。

2. 深化军事合作

进一步加强中非军事交流与合作,深化军事专业技术领域合作,积极开展部队联合训练。根据非方需要,扩大对非洲国家军事人员的培训规模,创新培训模式。继续支持非洲国家加强国防和维稳能力建设,维护自身安全与地区和平。

3. 支持非洲应对非传统安全威胁

加强情报交流与能力建设合作,共同提高应对非传统安全威胁的能力。支持国际社会打击海盗的努力,继续派遣军舰参与执行维护亚丁湾和索马里海域国际海运安全任务，积极支持非洲国家维护几内亚湾海运安全。

支持非洲国家和地区组织提高反恐能力和致力于反恐努力，帮助非洲国家发展经济，消除恐怖主义滋生土壤，维护地区安全稳定，促进非洲持久和平与可持续发展。加强与非盟和地区重点国家反恐交流合作。

（七）加强领事、移民、司法、警务领域交流与合作

积极支持便利中非人员往来的制度性安排，为扩大中非友好互利合作和人员有序往来提供保障。

有序在对方国家增设领事机构。加强同非洲国家领事磋商，就双边或多边领事关系中亟待解决或共同关心的问题进行友好商谈。密切移民管理部门在打击非法移民方面的交流与合作，支持非洲加强移民执法能力建设。

加强双方司法、警务部门交流与合作，在法制建设、司法改革等方面相互借鉴，支持非洲加强防暴、维稳和执法能力建设，采取切实有效措施，保障在本国境内对方人员和机构的安全与合法权益。

加强双方在司法协助、引渡和遣返犯罪嫌疑人等领域合作。扩大司法协助类条约签署、打击犯罪和追逃追赃等领域合作。共同打击跨国犯罪，保障双方经贸和人员交往的正常秩序和正当合法权益。加强双方在监狱管理、社区矫正、戒毒康复和移管被判刑人员方面交流与合作。

第四部分　中非合作论坛机制建设及其后续行动

自2000年成立以来，在中非双方共同推动下，中非合作论坛已经成为中非开展集体对话的重要平台和促进务实合作的有效机制。15年来，中非双方共同举办北京峰会和5届部长级会议，制定出一系列重要的纲领性合作文件，推动实施了一系列支持非洲发展、深化中非友好互利合作的重大举措，取得丰硕成果。

中非双方通过部长级会议、外长联大政治磋商、高官会和论坛中方后续行动委员会秘书处与非洲驻华使团磋商等平等对话机制积极开展对话,增进相互理解和政治互信。论坛构筑起全方位的务实合作平台,推动中非贸易和相互投资跨越式增长,促进了互利共赢、共同发展。论坛拉紧中非人文交往和民间友好纽带,促进双方各界交流日益频繁,巩固和拓展了中非友好的社会和民意基础。论坛增强了中非国际沟通与协作,共同维护中非和发展中国家的整体利益。

中方愿与非方共同努力,进一步加强论坛机制建设,拓展合作领域和途径,丰富合作内涵,推动中非在工业化、农业现代化、基础设施建设、人力资源开发、产能合作、金融、科技、教育、文化、卫生、减贫、法律、地方政府、青年、妇女、民间、智库、媒体等领域建立和完善分论坛机制,深化相关领域合作,使论坛框架下中非合作更加务实、更加富有成效,取得更多实实在在的成果,更好地惠及中非人民。

第五部分　中国与非洲区域组织关系

中国重视并坚定支持非洲联盟在推进非洲联合自强和一体化进程中发挥领导作用、在维护非洲和平安全中发挥主导作用、在地区和国际事务中发挥更大作用,赞赏并支持非盟通过并实施《2063 年议程》及其第一个十年规划。2014 年中国设立驻非盟使团,标志中国与非盟关系发展进入新阶段。中国愿意进一步加强同非盟高层交往,充分发挥双方战略对话机制作用,加强政治对话和互信,促进双方在发展规划、减贫经验分享、公共卫生、和平安全和国际事务等领域合作。

中国赞赏非洲次区域组织在促进各自地区和平、稳定、发展方面所发挥的积极作用,愿意加强与各组织的友好交往与合作,支持非洲次区域组织能力建设。

中方愿意同非盟和次区域组织建立和完善各种对话合作机制,加强中非区域和次区域层面政治、经贸、人文等各领域合作。

附录三　关于构建更加紧密的中非命运共同体的北京宣言（2018）

2018 年 9 月 4 日

1.1　我们，中华人民共和国和 53 个非洲国家的国家元首、政府首脑、代表团团长和非洲联盟委员会主席，于 2018 年 9 月 3 日至 4 日在中国举行 2018 年中非合作论坛北京峰会。围绕“合作共赢，携手构建更加紧密的中非命运共同体”主题，致力于推进中非合作论坛建设，深化中非全面战略合作伙伴关系，协商一致通过《关于构建更加紧密的中非命运共同体的北京宣言》。

1.2　我们对中非合作论坛约翰内斯堡峰会召开以来，冈比亚共和国、圣多美和普林西比民主共和国、布基纳法索 3 国成为中非合作论坛新成员表示热烈祝贺。

2.　当今世界正处于大发展大变革大调整时期，和平与发展仍然是我们的共同核心任务，世界各国相互联系和依存日益加深，唯有携手合作，才能有效应对恐怖主义、冲突、贫富差距、贫困、气候变化、土地退化、粮食安全、重大传染性疾病、保护主义等全球性挑战。

3.1　共同忆及和充分肯定中非领导人近年来在双多边场合提及“人类命运共同体”和“中非命运共同体”理念，共同倡议世界各国同心协力，构建人类命运共同体，建设持久和平、普遍安全、共同繁荣、开放包容、清洁美丽的世界，建设相互尊重、公平正义、合作共赢的新型国际关系,维护和促进世界和平与发展。

3.2　我们一致认为,中非历来是命运共同体。中国是最大的发展中国家,非洲是发展中国家最集中的大陆。基于共同历史遭遇、发展任务和政治诉求,中非人民同呼吸、共命运,结下深厚友谊。一致承诺,加强集体对话,增进传统友谊,深化务实合作,携手打造更加紧密的中非命运共同体。

4.1　我们赞赏"一带一路"倡议遵循共商共建共享原则,遵循市场规律和国际通行规则,坚持公开透明,谋求互利共赢,打造包容可及、价格合理、广泛受益、符合国情和当地法律法规的基础设施,致力于实现高质量、可持续的共同发展。"一带一路"建设顺应时代潮流,造福各国人民。

4.2　非洲是"一带一路"历史和自然延伸,是重要参与方。中非共建"一带一路"将为非洲发展提供更多资源和手段,拓展更广阔的市场和空间,提供更多元化的发展前景。我们一致同意将"一带一路"同联合国2030年可持续发展议程、非盟《2063年议程》和非洲各国发展战略紧密对接,加强政策沟通、设施联通、贸易畅通、资金融通、民心相通,促进双方"一带一路"产能合作,加强双方在非洲基础设施和工业化发展领域的规划合作,为中非合作共赢、共同发展注入新动力。

4.3　非洲国家支持中国于2019年举办第二届"一带一路"国际合作高峰论坛,中国欢迎非洲国家积极参与相关活动。

5.1　我们一致高度评价中非合作论坛18年来对中非关系发展的促进作用。2015年论坛约翰内斯堡峰会提出的中非"十大合作计划"及《中非合作论坛—约翰内斯堡行动计划(2016—2018)》各项后续行动落实取得丰硕成果。

5.2　我们一致认为论坛机制日益高效,引领国际对非合作。同意维护论坛现有机制,保持特色和优势,更好促进新时代中非关系和中非合作发展。同意将论坛作为中非共建"一带一路"的主要平台。

6.　中方愿继续秉持习近平主席提出的真实亲诚理念和正确义利观,加强同非洲国家团结合作。我们致力于共同努力，发挥好各自优势，照顾好彼此关切，不断建设和丰富中非全面战略合作伙伴关系，造福中非人民。

7.1 中方赞赏非洲一体化进程，承诺继续支持非洲谋求联合自强、加快推进一体化、维护和平稳定、实现经济更快增长等努力。注意到近年非盟首脑会议在上述方面取得令人鼓舞的成果。

7.2 我们欢迎中方继续同非盟及其所属机构、非洲区域经济组织等加强合作，支持非盟委员会在推动中非跨国跨区域合作中发挥建设性作用。中方欢迎非盟在北京设立驻华代表处，支持非盟改革，提升非盟能力建设和工作效率。

8. 我们一致同意，继续坚定支持彼此维护国家领土完整、主权、安全和发展利益。论坛非方成员承诺继续坚定奉行一个中国原则，支持中国统一大业；支持中方同相关国家通过友好磋商和谈判，和平解决领土和海洋争议问题。中方重申愿在一个中国原则基础上同所有非洲国家发展友好合作关系、分享中国发展机遇；重申坚定奉行不干涉内政原则，支持非洲国家自主探索适合本国国情的发展道路。

9. 中方承诺同非洲国家加强发展战略对接，加强治国理政经验交流，分享减贫发展特别是乡村地区经济社会发展以及性别平等、妇女和青年赋权经验，支持非洲国家实现发展振兴，支持非洲实施《2063 年议程》及其第一个十年规划，实现自主可持续发展。

10. 我们赞赏中非在反腐败领域合作取得的显著成就和相关合作取得的积极成果，决心继续对腐败采取“零容忍”态度，不断完善反腐败合作制度和机制。欢迎非洲启动“反腐主题年”，愿以此为契机深化南南合作，加强经验交流分享，共同打击腐败、倡导廉洁。

11. 我们积极评价双方就新形势下加强互利合作达成的共同发展、集约发展、绿色发展、安全发展和开放发展五大合作发展理念。充分肯定中非经贸合作取得的丰硕成果，高度评价中非贸易、投融资、基础设施等领域合作的显著成效。一致认为经贸合作始终是中非关系发展的“压舱石”和“推进器”。中方愿继续秉持互利共赢原则,以支持非洲培育不依赖原材料出口的内生增长能力为切入点,增强非洲第二、三产业生产能力,推动中非经贸合作转型升级,为非洲发展提供不附加政治条件的各类帮助和支持。非方重申坚持走可持续、多元化、社会经济协调发展之路,确保实现共赢结果。

12.　我们呼吁国际社会同舟共济,以贸易和投资促进发展,推动经济全球化朝着更加开放、包容、普惠、平衡、共赢的方向发展。面对当前严峻形势,坚定主张多边主义,反对一切形式的单边主义和保护主义,支持以世界贸易组织为核心、以规则为基础、透明、非歧视、开放、包容的多边贸易体制,推动建设开放、包容的世界经济。推动世贸组织争端解决机制正常运转,继续落实以往部长级会议成果,决心加强在“77 国集团加中国”等机制内的合作,用实际行动共同维护多边贸易体制,支持全球发展。

13.1　非方领导人欢迎中国国家主席习近平在博鳌亚洲论坛 2018 年年会开幕式上宣布了中国进一步扩大开放的一系列新的重大措施,赞赏中方在能力建设等方面作出的具体、有针对性的努力,认为上述措施和努力将惠及包括非方在内的世界各国,认为中国发展为开放型世界经济发展提供了重要机遇和动力。非方领导人欢迎中方 2018 年 11 月在上海举办首届中国国际进口博览会,并愿积极参加。

13.2　中方赞赏 2018 年 3 月在卢旺达首都基加利举行的非洲自贸区建设特别首脑会议取得的重要成果,欢迎非洲启动单一航空运输市场建设,欢迎支持人员和货物自由流动的决定,支持非洲自贸区和单一航空运输市场建设尽早取得成果。中方致力于同非方加强贸易、投资便利化等领域合作,加强政策分享、信息交流和能力建设。中方支持非洲国家加强互联互通建设,支持非洲基础设施发展与工业化,愿鼓励双方企业根据市场规律,积极探讨多种形式的互利合作模式。

13.3　非方赞赏中方支持非洲铁路建设,尤其是支持非盟《2063 年议程》

有关目标。非方欢迎中方成为非洲铁路发展的战略伙伴,欢迎中方加大对非洲旅游业投资,扩大中非航空合作。

14. 我们欢迎《二十国集团支持非洲和最不发达国家工业化倡议》,敦促发达国家按时足额兑现对发展中国家特别是非洲国家的官方发展援助承诺,提供资金、技术和能力建设等更多支持,确保联合国2030年可持续发展议程得到全面落实。

15. 我们呼吁各国尊重文明多样性。强调人文交流合作对中非人民增进了解、友谊与合作具有重要意义,鼓励深化在文化、教育、科技、体育、卫生、旅游、媒体机构、地方政府等领域交流、互鉴与合作,持续巩固中非关系的民意社会基础。

16.1 我们强调秉持共同、综合、合作、可持续的安全观,坚持以对话解决争端、以协商化解分歧,统筹应对传统和非传统安全威胁,反对任何形式、任何方式、发生在任何地点及任何原因导致的恐怖主义。

16.2 中方坚定支持非洲国家和非盟等地区组织以非洲方式自主解决非洲问题的努力,支持非洲常备军、危机应对快速反应部队建设,支持有关地区国家采取积极措施应对恐怖主义威胁。中方支持联合国为非洲自主和平行动提供可预见、可持续的资金支持,支持非方实现2020年建成"消弭枪声的非洲"。中方愿根据非方需要,继续建设性参与非洲热点问题斡旋和调解。我们一致欢迎中非加强在联合国安理会层面相关事务中的沟通协调,通过中国与安理会非洲非常任理事国会晤、磋商等机制,密切在涉非和平安全事务中的协作,维护共同利益。欢迎中方同非盟和平安全理事会在会议、磋商等机制下加强合作,维护共同利益。

16.3 我们注意到当前非洲难移民问题突出,非盟、非洲各次区域组织和非洲各国在非盟《2063年议程》及相关框架内致力于推动解决此问题。中非将探讨加强在人道主义响应、早期预警、应对气候变化、干旱和沙漠化、灾害管理与应对等领域的合作。

17. 我们强调维护联合国宪章的宗旨和原则,支持联合国在国际事务中发挥积极作用。主张相互尊重、平等协商,坚决摒弃冷战思维和强权政治,走对话而不对抗、结伴而不结盟的国与国交往新路。秉持共商共建共享的全球治理观,主张多边主义,倡导国际关系民主化,坚持国家不分大小、强弱、贫富一律平等,反对干涉别国内政,反对在国际事务中滥用武力或以武力相威胁。重申继续在联合国等场合深化彼此理解支持,加强相互协调配合。

18. 我们主张应对包括安理会在内的联合国进行必要改革,以更好地履行联合国宪章赋予的职责,提高联合国应对全球威胁和挑战、加强全球治理的能力。强调应纠正非洲国家遭受的历史不公,优先增加非洲国家在联合国安理会和其他机构的代表性,共同推动国际治理体系变革朝着有利于发展中国家共同利益的方向发展。中国愿与安理会非洲非常任理事国加强沟通协调,共同维护中非以及发展中国家利益。我们也主张应对包括布雷顿森林体系机构在内的国际金融机构进行改革。

19.1 我们呼吁在2018年《联合国气候变化框架公约》第24次缔约方大会上达成《巴黎协定》实施细则。我们根据第22次缔约方大会上通过的《关于气候和可持续发展的马拉喀什行动宣言》,重申将坚定不移地共同应对气候变化问题。我们决定将坚持环境友好,合作应对气候变化,保护海洋生物多样性,加强海洋科学研究,发展蓝色经济,构筑绿色发展的全球生态体系,保护好人类赖以生存的家园,为小岛屿国家发展创造更好条件。呼吁发达国家尽快落实承诺,在资金、技术转让、加强能力建设方面支持非洲国家应对气候变化和保护环境。

19.2 中方赞赏非方在野生动植物保护方面作出的努力,注意到非方面临的挑战,致力于同非方合作打击野生动植物非法贸易,并提供必要支持。

20. 我们祝贺南非共和国成功主办金砖国家领导人第十次会晤,并延续由“金砖+”合作倡议和金砖领导人与非洲外围对话组成的“金砖+”领导人对话会。各国领导人积极评价会晤通过的成果文件和相关举措,认为会晤成果丰硕，有助于为金砖合作第二个“金色十年”奠定坚实基础，使各国加强合作，共同从第四次工业革命中广泛受益。

21. 我们赞赏双方参加中非合作论坛第七届部长级会议的部长们的不懈努力和出色工作。根据本宣言精神，通过了《中非合作论坛—北京行动计划（2019—2021）》，中非双方将通过密切合作，确保行动计划获得及时全面落实。

22.1 我们感谢中华人民共和国主席习近平和南非共和国总统西里尔·拉马福萨共同主持2018年中非合作论坛北京峰会。

22.2 我们感谢南非共和国在2012年至2018年担任论坛共同主席国期间对论坛发展和中非关系发展所作的贡献。

23. 我们感谢中华人民共和国政府和人民在2018年中非合作论坛北京峰会期间给予各方的热情接待和便利。

24. 我们欢迎塞内加尔共和国接任论坛共同主席国，决定中非合作论坛第八届部长级会议将于2021年在塞内加尔共和国召开。

附录四　中非合作论坛—北京行动计划（2019—2021）

2018 年 9 月 4 日

1. 序言

1.1　2018 年 9 月 2 日至 4 日，中非合作论坛北京峰会暨第七届部长级会议在北京召开。来自中国和 53 个非洲国家的国家元首、政府首脑、代表团团长、非洲联盟委员会主席（以下称“双方”）以及外交部长和负责经济合作事务的部长分别出席了峰会和部长会。

1.2　双方满意地回顾了中非关系发展历程，高度评价中非合作论坛，认为论坛成立 18 年来，日益成熟高效，不断丰富中非关系内涵，促进中非合作全面深入发展，引领和带动了国际对非合作，并一致认为应继续维持论坛现行机制。

1.3　双方对中非“十大合作计划”及《中非合作论坛—约翰内斯堡行动计划（2016—2018）》各项后续行动得到全面、有效落实感到振奋，决心本着《关于构建更加紧密的中非命运共同体的北京宣言》精神，共同推进“一带一路”合作，共同建设面向未来的中非全面战略合作伙伴关系，共筑更加紧密的中非命运共同体，更好造福中非人民。

1.4　双方认为，中国是最大的发展中国家，正在致力于实现“两个一百年”奋斗目标，实现中华民族伟大复兴的中国梦，非洲是发展中国家最集中的大陆，正在全面推进落实非盟《2063 年议程》，致力于建设一体化、繁荣、和平的非洲，双方发展理念相通，发展战略契合，发展优势互补。双方将以共建“一带一路”为契机，加强全方位、宽领域、深层次合作，实现合作共赢、共同发展。

1.5　双方认为非洲是共建“一带一路”的重要伙伴，决心充分发挥中非合作论坛优势，支持中非共建“一带一路”。

1.6　中方将秉持真实亲诚理念和正确义利观，以支持非洲培育内生增长能力为重点，回应非方减少贫困、改善民生、吸引投资、提振出口等诉求，持续加大对非洲的投入和合作力度。

1.7　为落实会议成果，围绕“合作共赢，携手构建更加紧密的中非命运共同体”这一主题，规划今后 3 年或更长时间中非各领域友好互利合作，双方共同制定并一致通过本行动计划。

1.8　中方愿在中非“十大合作计划”基础上，同非洲国家密切配合，未来 3 年和今后一段时间重点实施产业促进行动、设施联通行动、贸易便利行动、绿色发展行动、能力建设行动、健康卫生行动、人文交流行动、和平安全行动“八大行动”，支持非洲国家加快实现自主可持续发展。“八大行动”内容将在本行动计划各分领域条款中具体体现。

2. 政治合作

2.1　高层互访与对话

2.1.1　继续密切高层交往，深化传统友谊，增进政治互信，加强战略协作，夯实中非关系政治基础。

2.1.2　深化治国理政经验交流。中方支持非洲国家自主探索适合自身国情的发展道路，制定国家发展战略规划，加强能力建设，提升治理水平。中方愿同非方分享改革开放成功做法和经验，举办中非治国理政论坛，在中非合作中不断加强发展思路和理念对接。

2.2　磋商与合作机制

2.2.1　为加强中非关系与合作的规划和落实,双方同意完善中国与非洲国家双边委员会、战略对话、外交部政治磋商、经贸联(混)合委员会以及联合工作组、指导委员会等机制建设。

2.2.2　继续增强中非外长定期政治磋商机制作用。

2.3　立法机关、协商机构、政党、地方政府交往

2.3.1　加强中国全国人民代表大会与非洲各国议会以及泛非议会、非洲议会联盟等非洲区域性议会组织友好交往,增进立法领域交流互鉴,深化友谊,促进合作。

2.3.2　扩大和加强中国人民政治协商会议全国委员会与非洲国家议会、地区议会、泛非议会和非洲议会联盟的交流与合作。

2.3.3　深化中国经济社会理事会与非盟经济社会文化理事会及非洲各国经济社会理事会等相关机构的交往。

2.3.4　加大政党高层交往频率,深化政治互信,提升干部培训合作水平,深化双边和多边政治对话,加强治国理政和发展经验交流。

2.3.5　加强地方政府交流,支持双方建立更多友好省市关系,丰富友城关系内涵,完善"中非地方政府合作论坛"机制,推动中非地方合作持续发展。

2.4　中国与非洲联盟及非洲次区域组织

2.4.1　双方认识到非盟在维护非洲和平稳定、一体化建设方面发挥的重要作用,非方赞赏中方为支持非洲和平稳定与发展所作的努力和贡献。

2.4.2　同意巩固和加强中国同非盟和非洲次区域组织友好交往势头,不断增强战略互信,深化务实合作。

2.4.3　中方赞赏非盟委员会加入中非合作论坛以来发挥的积极作用,欢迎非盟在北京设立代表处。

2.4.4　中方将继续同非盟和非洲次区域组织开展磋商与对话,就非洲整体和次区域经济发展、地区重要问题等加强沟通,并继续支持非盟和非洲次区

域组织加强能力建设。

2.4.5　中方赞赏非洲大陆自贸区协议的签署。双方愿探讨扩大自贸区建设领域合作。

3. 经济合作

3.1　农业、粮食安全与食品安全

3.1.1　非方赞赏中方积极落实"中非农业现代化合作计划"。感谢自上届峰会以来中方向非洲提供紧急粮食援助,助力有关国家缓解危机、提升粮食安全水平。中方将根据非方急需,继续提供粮援,非方将为上述工作提供支持和配合。

3.1.2　中方支持非洲实现农业现代化,将帮助非洲推动农业升级,改善农业基础设施,提高农业产量和农产品附加值,提升粮食安全保障能力,调试农业机械适应非洲本土情况,培育有售后服务保障能力的非洲经销商,支持非洲乡镇产业发展,促进包容性增长和共同繁荣,支持非洲在 2030 年前基本实现粮食安全。

3.1.3　中方将与非洲共同制定并实施中非农业现代化合作规划和行动计划,实施 50 个农业援助项目,向非洲受灾国家提供 10 亿元人民币紧急人道主义粮食援助,向非洲派遣 500 名高级农业专家,培养农民致富带头人。

3.1.4　中方支持非洲增强高科技粮食生产、农产品加工等农业生产能力,帮助非洲应对粮食安全挑战以及粮食短缺问题。双方鼓励发展可持续农业和有机农业,提高食品安全与粮食安全水平、环境友好型生产技术利用能力和自然资源管理效率,利用可再生能源和节水系统,降低生产成本,提高气候变化适应力。

3.1.5　双方将共同努力完善粮食安全风险管理体系并建立应急反应机制,中方愿为该机制运行提供支持。非方赞赏中方开展农业技术能力服务,实施高级农业技术人员互派项目,培养青年农业发展带头人,开展农业科研、技术培训与转让等合作,支持非洲建立生产—加工—营销等农业全产业链。中方将与非方继续加强农业政策磋商、规划设计等合作,支持非洲国家实施《非洲农业综合发展计划》,包括非盟主导的食品安全项目与活动。

3.1.6　中方将帮助非洲加强能力建设,通过开展专家交流向非方进行技术转移,开发新的农业研究成果,包括分子级别植物疾病检测与识别、病虫害分析、种子检测认证、生物安全级别高危物质隔离检疫等。

3.1.7　共同推动中非农业领域合作机制化,建立中国—非盟农业合作委员会,定期举办中非农业合作论坛。深化中非农业领域人力资源合作和农业科研机构"10+10"合作,帮助非方培养青年农业科研领军人才。

3.1.8　建立中非绿色农业发展研究中心,积极推进中非农业企业、社会组织间的合作,广泛开展投资促进、技术交流、联合研究和技术推广等活动。

3.1.9　中方将加强与非洲棉花生产国合作,全面提升非洲棉花产业规划、品质标准、生产加工、储运贸易能力,促进棉花价值链增值,扩大非洲在国际棉花市场份额。

3.1.10　中方将加强蔗糖业领域对非合作,积极研究推动潜力大的糖产品贸易的可能性。

3.1.11　双方将在农产品加工领域开展合作,增加农业企业产品区域市场出口能力,增强基层现代农业管理能力,双方将探讨家禽养殖废物处理技术合作。

3.2　产业对接与产能合作

3.2.1　中非开展产业对接与产能合作互有需要、互有优势,双方愿充分发挥中方在装备、技术等方面的综合优势,对接中非双方的供给能力和经济发展需求,共同发展实体经济。

3.2.2　中方鼓励政策性金融机构、开发性金融机构、中非发展基金、中非产能合作基金和非洲中小企业发展专项贷款等加大对中非产能合作的支持力度,支持非洲工业化进程。

3.2.3　全面推进"一带一路"建设与非盟《2063 年议程》引领下的中非产

能合作,充分发挥产能合作机制作用,推动具体项目取得务实成果,充分发挥大项目合作对深化产能合作的示范效应。中国决定在华设立中国—非洲经贸博览会。

3.2.4 中方将加强对非洲加工制造业、经济特区、产业园区等产业发展的支持力度,支持中国民营企业在非洲建设工业园区、开展技术转让,提升非洲国家经济多元化程度和自主发展能力。

3.2.5 非洲国家将继续完善法律法规和基础设施、提供高效务实的政府服务,为吸引中国企业投资、开展产能合作创造良好条件和环境。

3.3 基础设施建设

3.3.1 赞赏双方共同积极落实"中非基础设施合作计划"。双方将秉持集约发展理念,以项目经济社会效益为导向,进一步加强基础设施规划、设计、建设、运营、维护和良好治理等领域互利合作,保持非洲有关国家债务可持续性。中方支持中国企业利用先进的装备、技术、标准、服务等帮助非洲改善基础设施条件,促进互联互通。

3.3.2 双方愿根据非洲跨国跨地区基础设施建设规划,在兼顾国家发展实际需求和项目经济社会效益基础上,探讨并推进非洲大陆、地区和次区域互联互通项目的建设合作。中国决定和非盟启动编制《中非基础设施合作规划》,支持中国企业以投建营一体化等模式参与非洲基础设施建设,重点加强能源、交通、信息通信、跨境水资源等合作,同非方共同实施一批互联互通重点项目。

3.3.3 中方愿在中非区域航空合作框架下,向非洲国家供应民用支线客机,为非方培训专业航空人才,增强非洲与国际民用航空组织标准和建议措施接轨的能力,支持中国企业同非方设立合资航空公司,建设机场等配套基础设施,共同推动非洲区域航空发展。

3.3.4 中方支持非洲单一航空运输市场建设。中非将在实现航空市场准入目标方面相互支持,推动实现非盟《2063 年议程》旗舰项目非洲单一航空运输市场建设,支持双方空运、海运企业建立更多中非航线。双方将积极研究签署更加自由、灵活协议的可行性,增进航空市场准入合作。中方鼓励和支持有实力的中国企业投资非洲港口、机场和航空公司,非方对此表示欢迎。双方继续开展通信和遥感卫星及应用等领域合作。

3.3.5　双方认识到信息通信技术对经济社会发展发挥着战略性和全局性影响,将加强主管部门交流合作,分享信息通信发展经验,共同把握数字经济发展机遇,鼓励企业在信息通信基础设施、互联网、数字经济等领域开展合作。

3.3.6　双方将积极探讨和促进云计算、大数据、移动互联网等新技术应用,中方愿支持非洲国家建设"智慧城市",提升信息通信技术在维护社会治安、反恐和打击犯罪等方面的作用,与非方共同维护信息安全。

3.3.7　双方鼓励和支持各自企业合作参与非洲国家光缆骨干网、跨境互联互通、国际海缆、新一代移动通信网络、数据中心等通信基础设施建设,并在相关基础设施建设、运营、服务等方面开展互利合作。

3.3.8　双方愿加强在国际电信联盟等国际组织中的合作,促进在人员培训、网络互联互通、创新中心建设等方面的协作。双方愿就信息通信技术政策和发展开展战略咨询,共同努力缩小非洲数字鸿沟,推进非洲信息社会建设。

3.4　能源资源合作

3.4.1　中非将加强能源、资源领域政策对话和技术交流,对接能源、资源发展战略,开展联合研究,共同制定因地制宜、操作性强的能源发展规划。双方愿共同努力推动在非洲设立中非能源合作中心,进一步促进中非能源交流与合作。

3.4.2　双方鼓励和支持中非企业按照互利共赢的原则开展能源贸易、能源项目投资、建设和运营,实施绿色金融能源示范项目,探索绿色、可持续的能源合作方式。中方将支持可再生能源,主要是太阳能在非洲的发展,支持使用蓄电池和完善电网。

3.4.3　中方支持非洲能源领域能力建设，为相关国家政府主管部门、研究机构及重点企业的人员开展专业培训，切实提高非洲国家建设和管理本国能源体系的能力。

3.4.4　中方愿在尊重非洲国家意愿的基础上探讨与第三方开展对非能源领域合作，发挥各自优势，为非洲能源发展提供政策建议，推动项目取得进展。

3.4.5　双方愿积极考虑共同建立"中非地学合作中心"，开展国家资源可持续利用与环境问题合作研究，提高各自国家资源可持续开发与利用能力。

3.5　海洋经济

3.5.1　双方认识到海洋经济领域的巨大合作潜力，将共同推进蓝色经济互利合作。

3.5.2　中方将继续在国际海事组织技术合作框架下提供资金和技术援助，帮助非洲国家培养海运人才和加强能力建设，促进海运业可持续发展。

3.5.3　双方将加强港口间的交流合作。中方将为非洲国家编制海岸带、海洋经济特区、港口和临港工业区建设以及海洋产业相关规划提供技术援助和支持，支持非洲国家推进港口信息化建设，加强促进蓝色经济的合作，开展投融资合作。

3.5.4　双方愿积极考虑共建"中非海洋科学与蓝色经济合作中心"，继续加强在近海水产养殖、海洋运输、船舶修造、海上风电、海上信息服务、海上安全、海洋资源开发利用、海岛保护与管理、海洋科学研究、海洋观测、极地考察等方面合作与交流。

3.5.5　双方鼓励中非航海院校和海洋科研机构加强交流合作。中方将通过技术支持、人才培训等方式提升非洲国家海洋领域能力建设。

3.5.6　中方支持非方加强海上执法和海洋环境保障能力建设，为海洋资源开发与合作创造良好安全环境，通过发展蓝色经济，推动环境、社会、经济效益高的可持续发展模式。

3.6　旅游

3.6.1　中方支持更多非洲国家成为中国公民组团出境旅游目的地。双方将推动实施更加便利的旅游签证政策,简化通关手续,不断提升旅游便利化水平,力争实现双向旅游交流人数稳步增加。

3.6.2　双方将继续邀请对方国家参加旅游展会、举办旅游宣介会等活动,为中非旅游部门和旅游业界交流经验、洽谈业务、推介产品搭建平台。

3.6.3　鼓励双方地方政府、旅游和旅游贸易企业间增进对话,加强合作,增加人员往来和游客数量,扩大双向投资,利用各种渠道加强旅游发展信息和经验交流。

3.6.4　鼓励双方开展旅游及相关产业从业人员能力建设和培训交流活动,不断提升旅游服务接待水平。双方将合作改善非洲与旅游业发展相关的基础设施,包括促进赴非洲国家邮轮旅游和过境旅游的发展。

3.7　投资与经济合作

3.7.1　非方赞赏中方积极落实"中非工业化合作计划",推进中非产业对接和产能合作,合作新建或升级工业园区等经济贸易合作区所做努力,为非洲劳动人口提供有效和可持续的基础职业技能培训,助力非洲将人口红利转化为发展优势。中方将继续支持非洲经济转型,提高产业竞争力,增加就业。

3.7.2　继续鼓励和支持双向投资,努力减少投资壁垒,合作商签、更新和落实双边投资协定,为双方投资创造良好环境。中方将鼓励中国企业扩大对非投资,在非洲新建和升级一批经贸合作区,推动中国企业未来3年对非洲投资不少于100亿美元,支持成立中国在非企业社会责任联盟,支持非洲为私营部门投资区域性项目协调相关政策和法律法规。

3.7.3　用好中方对非合作倡议及其相关工具,用好中非发展基金、中非产能合作基金来鼓励中国企业赴非洲投资,用好对非投资论坛平台,加强发展经验交流、产能合作和投资贸易合作,分享投资政策和机会、法律法规、经济发展与合作领域等方面信息,进一步发挥对非投资智库联盟作用,为优化非洲投资环境、吸引更多双方共同感兴趣领域投资提供智力支持。

3.7.4 继续开展税收领域务实合作。中方通过技术援助和人员培训等支持非洲国家提高税收征管能力，进一步商签和落实中国与非洲国家的避免双重征税协定，解决跨境纳税人涉税争议，为中非投资和经贸往来提供良好税收环境。

3.8 贸易

3.8.1 非方赞赏中方积极落实“中非贸易和投资便利化合作计划”，通过支持非洲国家提高海关、税务等执法能力，升级海关设施、交通运输设施等，助力非洲推进贸易畅通。中方将继续在市场准入、人员培训、海关等方面开展对非合作。

3.8.2 中方支持非洲大陆自由贸易区建设，继续同非洲有意愿的国家和地区开展自由贸易谈判，愿秉持互利、共赢、开放原则，与非方积极探讨合作可行性。

3.8.3 中方支持非洲提振出口能力，决定扩大进口非洲商品特别是非资源类产品，重点关注扩大非洲含附加值农产品和工业制成品对华出口，支持地方政府和商协会组织企业赴非开展贸易促进活动，定期举办中非品牌面对面活动。中国支持非洲国家参加中国国际进口博览会，免除非洲最不发达国家参展费用，欢迎非洲企业参加中国进出口商品交易会、中国国际农产品交易会等重要展会，并提供必要的优惠和便利措施。

3.8.4 中方将继续积极落实给予同中国建交的非洲最不发达国家97%税目输华产品零关税待遇承诺，根据双边换文情况给予有关国家上述优惠待遇，并采取有效举措促进受惠国家享惠便利化。

3.8.5 中方支持企业遵循互利共赢原则，与非方开展合作，支持金融机构在风险可控的前提下，对中方企业承揽的铁路、电信、电力等重点项目提供出口信贷及出口信用保险支持，支持设立50亿美元的自非洲进口贸易融资专项资金。双方欢迎并支持成立中非民营经济合作论坛。

3.8.6　中方将积极拓展与非洲国家服务贸易合作，加强信息交流和能力建设，帮助非洲国家加强服务贸易和服务外包产业人才培养，推进相关领域的合作、交流和培训。

3.8.7　继续加强市场监管及海关方面交流合作。中方将支持非洲国家海关提高管理和现代化水平，扩大与非洲国家海关的通关便利、执法和能力建设合作，打击濒危物种及其制品走私、假冒侵权、商业瞒骗等违法犯罪行为，为非洲实施50个贸易畅通项目，促进中非贸易健康顺利发展。

3.8.8　中方将同非洲开展电子商务合作，建立电子商务合作机制，包括提高出口管理水平和能力，建设互联网签证系统，引入电子证书提升贸易便利化水平。

3.8.9　中方将加强同非洲国家在标准和计量领域的交流与合作，支持非洲国家提升标准和计量能力建设。

3.8.10　为促进互利合作，中方将继续促进非洲在华设立企业便利化，并保护非洲在华投资企业合法权益。

3.9　金融

3.9.1　中方将向非洲国家提供优惠性质贷款、出口信贷及出口信用保险额度支持，适当提高优惠贷款优惠度，创新融资模式，优化贷款条件，支持中非共建"一带一路"，支持中非产能合作和非洲基础设施建设、能源资源开发、农业和制造业发展以及全产业链综合开发。中方将提供200亿美元信贷资金额度，支持设立100亿美元的中非开发性金融专项资金。

3.9.2　在对非投融资合作中，中方秉持不附加政治条件、互利共赢、集约发展等原则，支持非洲走多元化、可持续发展之路，并愿为非洲国家解决债务可持续问题，提高自主发展能力，实现经济社会发展良性循环继续作出积极努力。

3.9.3　非方欢迎《"一带一路"融资指导原则》。中方将同非洲开发银行等非洲地区多边开发银行加强合作，做好非洲共同增长基金的后续投资管理。

3.9.4 支持双方政策性银行、开发性金融机构、商业银行、多边金融机构、股权投资基金、出口信用保险机构间加强合作，建立中非开发性金融论坛和中非金融合作银联体，为非洲国家提供形式多样的资金组合安排。双方将加强合作吸引保险公司、主权财富基金等有长期投资倾向的机构投资者的投资。

3.9.5 在遵循多边规则和程序的前提下，加强在亚洲基础设施投资银行、新开发银行、丝路基金、世界银行、非洲开发银行等多边开发机构框架下的合作，为促进非洲基础设施建设和可持续发展发挥积极作用。

3.9.6 继续加强本币结算合作，扩大本币在双边贸易和投融资中的使用，支持非洲人民币清算行业务发展。中方欢迎非洲主权、多边机构、金融机构等在中国债券市场发行熊猫债券，愿为此提供便利，助力非洲市场主体融资渠道多元化，提高非方持有人民币作为储备货币的便利性。

3.9.7 继续鼓励并支持双方金融机构在符合各自法律法规和审慎监管规则的基础上，在对方国家增设分支机构，扩大业务往来。中方金融监管部门愿继续加强与非洲各国金融监管部门合作，共同维护中非金融体系稳健运行、良性发展。

4. 社会发展合作

4.1 发展合作

4.1.1 非方赞赏中方长期以来在力所能及的范围内向非洲国家和人民提供不附加任何政治条件的援助。中方将加大对非洲国家特别是非洲最不发达国家援助力度，深化南南合作，促进共同发展。

4.1.2 非方赞赏中方在南南合作援助基金下帮助非洲国家减少贫困、改善民生，推动落实 2030 年可持续发展议程。中方将同非方加强发展经验交流，支持开展经济社会发展规划方面合作，继续利用南南合作援助基金，支持非洲国家实现 2030 年可持续发展目标和非盟《2063 年议程》。

4.1.3 非方赞赏中方支持非盟和次区域组织升级改造公共服务设施，改善政府办公条件,提高政府公共服务能力。

4.1.4　中方将向非方提供150亿美元的无偿援助、无息贷款和优惠贷款,免除与中国有外交关系的非洲最不发达国家、重债穷国、内陆发展中国家、小岛屿发展中国家截至2018年底到期未偿还政府间无息贷款债务。

4.2　医疗与公共卫生

4.2.1　非方赞赏中方积极落实"中非公共卫生合作计划",共同应对重大突发性疾病挑战,支持非洲公共卫生防控和救治体系建设。中方将继续扩大对非医疗卫生援助力度,开展公共卫生交流和信息合作,支持非洲全面提升公共卫生水平和自主发展能力,建设有应变力的公共卫生体系,为非洲国家实施《国际卫生条例(2005)》卫生相关能力建设提供技术支持。

4.2.2　中方将继续支持非洲国家提升医疗卫生服务水平和医院管理能力,更好地为非洲民众服务;继续支持中国和非洲医院开展示范合作,加强专业科室建设;继续为非洲国家培训医护人员、公共卫生人员和行政管理人员。

4.2.3　中方将优化升级50个医疗卫生援非项目,重点援建非洲疾控中心总部、中非友好医院等旗舰项目,实施中非新发再发传染病、血吸虫、艾滋病等疾控合作项目,为非洲培养更多专科医生,继续派遣并优化援非医疗队,开展"光明行"、"爱心行"、"微笑行"等医疗巡诊活动,向非洲国家提供医疗及技术支持。

4.2.4　中方将继续与非洲国家开展控制疟疾项目,支持非洲2030年加速消除艾滋病、肺结核和疟疾框架,与国际社会共同推动全球疟疾控制和清除目标。中方将支持中非双方开展药品医疗器械监管合作,鼓励中国医疗机构和企业赴非洲合作经营医院、生产药品、完善信息系统,与非洲合作提高卫生和临床诊断服务及医药产品的可及性,提高非洲医疗卫生领域的自主可持续发展能力。非方将为此方面合作提供便利。

4.2.5　继续加强卫生健康领域高层交流,开展机制性的中非卫生领域高层对话,继续举办中非部长级卫生合作发展会议,作为中非合作论坛框架内的分论坛。

4.2.6　支持中医药和非洲传统医药合作，加强高层交流，鼓励中医药和非洲传统医药机构在非洲建立中医药和非洲传统医药中心，开展医疗、教育、科研和产业合作。

4.2.7　中方将通过双边或非洲疾控中心和地区合作中心等渠道同非方加强国境卫生检疫合作，建立合作机制，及时通报疫情防控信息，帮助非洲国家培训卫生检疫专业技术人员。

4.2.8　中方将继续帮助非洲加强卫生体系建设和政策制定，实现普惠医疗，包括加强基础医疗，缩小软硬件医疗条件差距，增强重要药品生产能力，在双方友好协商的基础上探讨医疗技术转移。

4.2.9　中方将通过加强双多边合作、分享临床技术、支持重点项目等方式，帮助非洲抗击艾滋病、肺结核、疟疾、血吸虫病等传染性疾病和癌症、心血管疾病等非传染性疾病。

4.2.10　非洲大陆面临的主要问题之一是医疗卫生基础设施不健全，导致流行病疫情反复暴发。为促进非洲卫生事业发展，中方已承诺支持全非公共卫生机构——非洲疾控中心建设。埃塞俄比亚政府已为该中心提供优质地块。非方赞赏中方所作贡献，承诺为中方支持建设非洲疾控中心提供一切必要支持以及承诺建成后充分利用这一个机构，发挥其在非洲公共卫生事业中的作用。期待该项目早日在亚的斯亚贝巴建成。

4.3　教育与人力资源开发

4.3.1　非方赞赏中方积极落实“中非人文合作计划”，支持非洲升级改造文化艺术设施，落实卫星电视项目，提供学历学位教育和政府奖学金名额，促进双方在文化艺术、新闻媒体、学者智库、社会组织、青年妇女等领域交流合作，夯实中非友好合作关系社会基础。中方将继续支持非洲弘扬传统文化，增进民心相通。非方欢迎中方支持其在学校建设气象监测站，以进行早教、教育、培训、数据收集和环境管理。

4.3.2　非方赞赏中方设立南南合作与发展学院,总结分享中国及广大发展中国家的治国理政成功经验,支持发展中国家培养政府管理高端人才。中方将继续支持南南合作与发展学院的平台作用,推动开展平等互信、互利共赢、团结互助的南南合作,支持广大发展中国家探索适合自身国情的发展道路。

4.3.3　中方将实施头雁计划,为非洲培训1000名精英人才,为非洲提供5万个中国政府奖学金名额,为非洲提供5万个研修培训名额,为非洲培养更多各领域专业人才,继续实施“中非高校20+20合作计划”,搭建中非高校交流合作平台。

4.3.4　中方将继续支持非洲现有孔子学院(课堂)发展,支持非洲符合条件的教育机构申办孔子学院(课堂),欢迎非洲各国将汉语教学纳入国民教育体系。中方愿通过派出汉语教师和志愿者,赠送汉语教材和教学材料,提供孔子学院奖学金,帮助培养本土汉语教师等多种方式,进一步支持非洲各国开展汉语教学。

4.3.5　注意到中方在联合国教科文组织成功设立的援非教育信托基金项目实施顺利,成果显著,双方支持该项目继续实施并延长四年(2018年至2021年)。

4.3.6　中国将继续支持津巴布韦哈拉雷非洲能力建设基金总部的非洲能力发展学院建设,为非盟《2063年议程》实施提供能力建设支持,确保非洲国家和各次区域组织人力资源水平、机构能力和协调能力不断提高。

4.4　减贫经验交流

4.4.1　非方赞赏中方积极落实“中非减贫惠民合作计划”,实施“幸福生活工程”等减贫项目,提升非洲乡村公共服务能力,加强就业技能培训,改善乡村社区环境和生活条件,保护非洲妇女儿童健康。非方赞赏中方免除非洲最不发达国家截至2015年底到期未偿还的政府无息贷款债务。

4.4.2　中方将继续支持非洲减贫事业发展,帮助非洲人民不断提高生活质量和幸福指数。

4.4.3　中方将继续举办“中非减贫与发展会议”、“中非青年减贫与发展交流项目”等活动，不断加强减贫经验交流和共享。广泛动员中非企业、社会组织、研究机构等各方力量共同参与中非减贫合作，逐步建立政府间、社会间的多层次减贫对话机制。

4.4.4　中方将根据非洲国家需求，继续举办减贫政策与实践研修班，并向非洲国家提供减贫与发展专业学位教育项目，帮助非洲国家培养专业人才。中方愿不断创新培训模式，扩大培训效果，积极构建中非减贫学习交流网络。

4.4.5　中方将与非洲国家及相关机构开展联合研究，合作开发减贫知识产品，为非洲国家提供减贫政策咨询，并派出专家或志愿者提供技术支持。

4.4.6　中方将继续与非洲国家合作开展村级（社区）减贫试点项目，启动非洲农村带头人培养计划，为非洲国家村级减贫与发展提供基础支持。

4.4.7　中方将与非洲国家共同研究实施减贫示范工程，为非洲国家减贫与发展探索新的模式和路径。

4.5　科技合作与知识共享

4.5.1　中方将继续推进实施“一带一路”科技创新行动计划和“中非科技伙伴计划2.0”，重点围绕改善民生和推动国家经济社会发展的科技创新领域，并与非方合作推进实施“非洲科技和创新战略”，帮助非方加强科技创新能力建设。

4.5.2　加强科技人文交流合作，中方欢迎非方科技人员积极参与“先进适用技术与科技管理培训班”、“国际杰出青年科学家交流计划”与“藤蔓计划（国际青年创新创业计划）”，开展“非洲青年科技人员创新中国行”活动，鼓励中非双方智库开展科技创新政策对话，增进中非政产学研各界的交流和了解。中方将采取举措支持中非青年创新创业合作，鼓励和支持对非技术转移。双方都认识到，创新和研发是实现增长、稳定和发展的关键因素。中国依靠创新成果维持高速增长。中国将增强与非洲的科技和创新能力合作。

4.5.3　双方认识到,随着人工智能和量子计算机的发展,一个崭新的时代在来临。计算领域量子物理规则的应用将给操作系统、网络安全、大数据、区块链和其他应用方面带来巨大影响。中国将结合自身优势,为非洲国家提供力所能及的帮助。

4.5.4　双方将加强与科研创新战略和政策相关的信息和经验交流,强化科研创新实践和法律的信息和资料收集。

4.5.5　中方理解并重视小岛屿发展中国家由于特殊的地理和其他自然条件,在气候变化、海平面上升、极端天气等问题上的特殊关切。

4.5.6　结合非洲国家的发展需求,鼓励双方大学、科研机构和企业等在双方共同感兴趣的重点领域共建联合实验室,开展高水平联合研究,培养科技人才,促进技术转移转化,建立长期稳定的合作关系。

4.5.7　探讨开展科技园区合作,中方愿与非方分享中国科技园区建设和发展经验,在园区规划、政策咨询、人才培养、产业对接等方面开展务实合作。

4.5.8　中方将继续支持非洲大陆的科技旗舰项目——国际大科学计划平方公里阵列射电望远镜项目(SKA)。

4.5.9　继续支持"中非联合研究中心"建设和发展,重点围绕生态环境保护和生物多样性保护、农业和粮食安全、水环境治理与饮用水安全、公共健康、先进适用技术研发和示范等方面开展科研和人才培养合作,联合部署一批重点科研合作项目。尤其是可再生能源合作项目,以扩大可再生能源在非洲的使用和加快相关技术的应用,从而应对多种目标,重点包括扩大能源服务可及性,加强能源供应安全和保护环境。

4.5.10　继续支持"中非联合研究中心"实施科教融合,中方愿结合科研合作,向非洲国家提供150个硕士和博士留学名额,培养一批非方急需的高端科技人才。

4.5.11　中方愿加大对非洲国家的支持,帮助其设立连接研究和生产领域的中间机构(即技术转移局)。这些机构的主要任务包括技术转移,向企业推广有价值的研究活动,研究并评估发明创造的技术和经济潜力,促进地方、地区和国家经济发展。中国国家知识产权局将和非洲各国知识产权主管机构在知识产权领域加强培训、公众意识、知识产权审查与注册的体系和实践等方面合作。

4.6 生态保护和应对气候变化

4.6.1 非方赞赏中方积极落实“中非绿色发展合作计划”,增强非洲绿色、低碳、可持续发展能力,落实清洁能源和野生动植物保护、环境友好型农业和智慧型城市建设项目,支持非洲致力于绿色、低碳和可持续发展的努力。

4.6.2 中方决定为非洲实施50个绿色发展和生态环保援助项目,重点加强在应对气候变化、海洋合作、荒漠化防治、野生动物和植物保护等方面的交流合作,共同开展环境保护宣传教育合作。

4.6.3 共同推进中非环境合作中心建设,通过加强环境政策交流对话、推动环境产业与技术信息交流合作、开展环境问题联合研究等多种形式,深化中非环境合作。继续实施中非绿色使者计划,在环保管理、污染防治、绿色经济等领域为非洲培养专业人才,加强能力建设,促进非洲国家绿色发展。

4.6.4 持续推进森林可持续经营合作,并争取通过中非政府间、科研机构等渠道,开展试点、示范、推广等务实合作,推动双方逐步走上森林可持续经营道路,为全球生态治理作出贡献。

4.6.5 共同推进中非竹子中心项目建设,积极开展竹藤资源可持续经营、竹藤产业创新发展、竹藤产品开发与扶贫、竹藤产业政策与标准化等领域对非能力建设援助,争取合作实施竹藤国际合作示范项目,提升整个非洲可持续利用竹藤资源、发展现代竹藤产业的能力。

4.6.6 中方愿支持非洲加强荒漠化防治能力建设,欢迎非洲有关国家根据实际需要引进中国荒漠化治理模式和技术,开展实地示范项目。

4.6.7 非方高度赞赏中国政府支持非洲保护野生动植物资源、大力打击盗猎、野生动植物非法贸易,主动停止国内商业性加工销售象牙等行动。双方将加强在保护野生动植物领域的合作,加强在政府间协议、国际公约等多边场合的立场沟通与协商。中方将继续同非洲国家合作提升野生动植物保护能力,为非洲国家提供生态保护领域培训名额,探讨合作实施野生动植物保护示范项目,联合打击野生动植物及其制品非法交易,积极鼓励在打击盗猎及野生动植物非法贸易中作出突出贡献的人员。

4.6.8　中方愿继续为非洲国家提供风云气象卫星数据和产品以及必要的技术支持,继续向非洲国家提供气象和遥感应用设施和教育培训援助,支持非洲气象(天气和气候服务)战略的实施,提升非洲国家防灾减灾和应对气候变化能力。

4.6.9　中方愿继续在应对气候变化南南合作框架下,深化与非洲各国的务实合作,通过物资赠送及能力建设培训等方式帮助非洲国家提高应对气候变化能力,共同应对全球气候变化挑战。

4.6.10　完善多层次的防灾减灾救灾合作对话机制,扩大在旱灾风险监测与风险评估、实用抗旱技术推广、增强社区抵御旱灾风险能力、灾害应急、灾后恢复重建等领域的交流。

4.6.11　针对非洲灾害管理人员、专业技术人员和社区公众,中方将定期举办灾害风险管理类、减灾救灾技术应用类和公众意识提高类的研修班和技能提高班,并视情派出中方专家实地指导和开展有关培训和社区能力建设活动。

4.6.12　在灾害应急期间,应非洲国家要求,中方将提供基于空间技术的灾害应急快速制图服务。

5. 人文合作

5.1　文化

5.1.1　持续推进中非文化交流,共同倡导不同文明间开展平等对话、互鉴交融,维护世界文化多样性,推动人类文明进步和世界和平发展。

5.1.2　不断拓展交流合作层次,继续落实政府间文化协定执行计划,保持各级政府间互访对话势头，同时加强地方交往，通过友城等渠道打造中非城市间文化交流合作机制。

5.1.3 推动中非互设文化中心，继续鼓励和支持中非文化艺术团组参与对方举办的国际性艺术节，扩大中非文化艺术的国际认知度。

5.1.4 中方将继续支持非洲创意经济发展，对接《非盟文化和创意产业行动计划》需求，根据非方需要推进和扩大对非文化人力资源培训。

5.1.5 中方将实施 50 个文体旅游项目，支持非洲国家加入丝绸之路国际剧院、博物馆、艺术节等联盟。

5.1.6 探索中非文化产业合作的可能性，鼓励和支持双方政府和业界在文化产业和文化贸易领域加强交流与合作。

5.1.7 鼓励和支持中非开展文化领域的思想对话和沟通，共同推动国际汉学和非洲研究的发展。

5.1.8 探讨在双方培训研究机构和其他类似文化机构间建立友好伙伴关系的可行性。

5.2 新闻与媒体

5.2.1 共同打造中非媒体合作网络。中方将继续实施中非新闻交流中心项目，继续举办非洲国家新闻官员和记者研修班，推动双方更多新闻媒体人员交流互访，支持双方更多新闻机构互派记者。

5.2.2 中方将积极为非方广播电视数字化建设和产业发展提供技术支持和人才培训。非方欢迎中国企业在非洲国家开展广播电视传输播出网络建设、运营及节目营销等投资合作，同时保证当地人力资源建设和就业。

5.2.3 双方将为对方电视播出机构提供影视剧，探讨建立长期合作模式，继续参加在对方国家举办的影视节展，积极开展纪录片、影视剧的联合制作。中方将支持非洲国家制作影视节目，加强交流并促进非洲影视作品进入中国。

5.2.4 中方愿积极推动与非方在新闻出版领域的交流与合作，推动相关非洲通用语种图书出版项目合作,继续组织中国出版单位参加在非洲举办的重要国际书展。中方将推动本国出版企业向非洲知名公共图书馆、大学和中等学校图书馆赠送卫生、农业技术、文化和教育等领域的对外汉语教材及其他中文出版物。

5.3 学者与智库

5.3.1 赞赏“中非联合研究交流计划”成功实施,该计划加强了中非智库学者的合作交流,为中非合作提供了有力的学术支持,将打造中非联合研究交流计划增强版。

5.3.2 继续举办“中非合作论坛—智库论坛”,成立专门机构支持中非学术界建立长期稳定的合作,鼓励论坛和相关机构开展联合研究,为中非合作发展提供智力支持。在中非智库论坛框架下建立中非智库合作网络。

5.3.3 继续实施“中非智库10+10合作伙伴计划”,鼓励双方智库拓展合作,中方每年邀请200名非洲学者访华。

5.3.4 中方决定设立中国非洲研究院,同非方深化文明互鉴。欢迎和鼓励中非企业、金融及学术机构等为促进中非学术互动、民间交往和文化交流提供支持。

5.4 民间交往

5.4.1 中非民间交往已成为中非合作的重要组成部分,双方将继续加强中非民间交流合作。

5.4.2 “中非民间论坛”的机制化为中非传统友谊注入了新的活力,双方重视“中非民间论坛”在加强民意沟通、民间友好、民生合作方面的积极作用,落实第四、五届“中非民间论坛”达成的重要成果,鼓励和支持中非非政府组织开展务实交流,特别是加强双方在民生领域的项目合作。

5.4.3 注意到首届“中非民间友好组织负责人会晤”成功举行,认为该会晤搭建了中非民间友好组织交流与合作的集体对话平台,支持该会晤机制化。

5.4.4 重视发挥“丝绸之路沿线民间组织合作网络”的平台作用,促进中非民间友好交流合作。

5.4.5 鼓励中非工会和非政府组织及社会团体之间继续深化交流，通过团组互访、专题研讨、援助、人员培训、信息共享等形式加强合作。

5.4.6 进一步加强中非在特殊需求人群领域的交流，重点是康复、教育、就业、社会保障、社会工作、扶贫开发、无障碍设施建设、体育文化等领域的合作。

5.5 青年与妇女

5.5.1 中方支持非洲开发人力资源，愿进一步实施中非青年互访计划，邀请2000名非洲青年来华交流，推动更多中非青年互访。

5.5.2 中方愿以促进就业、提升能力为目标，继续在非洲国家开展面向青年的减贫经验交流及小微型社会民生项目，推动更多非洲青年参与中非合作，将在非洲设立10个鲁班工坊，向非洲青年提供职业技能培训，支持设立旨在推动青年创新创业合作的中非创新合作中心。

5.5.3 中方将围绕非方关切领域持续向非洲派遣青年志愿者。

5.5.4 继续加强性别平等与妇女赋权领域的交流与合作，鼓励并支持开展高层女性对话、专题研讨、技能培训、女企业家对口交流等，共同促进妇女全面发展，实施面向弱势群体的妇幼心连心工程。

6. 和平安全合作

6.1 军队、警察与反恐

6.1.1 非方赞赏中方落实“中非和平与安全合作计划”，支持非洲集体安全机制建设。中方将增加对非洲防务安全援助规模，在社会治理、维稳、维和、网络安全、打击海盗和反恐等领域加强务实合作和理念、经验交流，在共建“一带一路”、社会治安、联合国维和、打击海盗和反恐等领域推动实施50个安全援助项目。

6.1.2 中方将继续积极参与联合国在非洲开展的有关维和行动，并考虑应联合国要求，派出更多人员参与在非维和行动。中方支持非洲自主维和能力建设,将继续向非方提供维和警务培训支持,增强维和行动能力,积极推进落实1亿美元的对非无偿军事援助,以支持非洲常备军和危机应对快速反应部队建设,并共同推动广大发展中国家提升在联合国维和领域的话语权和影响力。非方赞赏中方向联合国在非维和行动部署首支直升机分队,以及把中国—联合国和平与发展基金的部分资金用于支持联合国在非维和行动。

6.1.3　中方继续支持非盟和非洲次区域组织在促进和维护和平以及冲突后重建中发挥领导作用,支持乍得湖盆地等地区实现持久和平与共同繁荣,继续支持非洲国家以非洲方式解决非洲问题、应对非洲挑战。中方决定设立中非和平安全合作基金,支持中非开展和平安全和维和维稳合作,将继续向非盟提供无偿军事援助,支持萨赫勒、亚丁湾、几内亚湾等地区国家维护地区安全和反恐努力。

6.1.4　中方将设立中非和平安全论坛,为中非在和平安全领域加强交流提供平台。

6.1.5　保持防务和军队领导人互访势头,加强中非在联演联训、反恐、搜寻、救援减灾方面的合作。

6.1.6　加强安全领域情报信息交流和经验分享,支持彼此防范和打击恐怖主义,注重标本兼治。

6.1.7　拓展防务和军事领域人员培训合作。继续加大对非军事人员培训,深化中非军队院校、科研机构间的学术交流与合作。加强中非军事医学合作,提升非洲军事医疗水平。

6.1.8　非方赞赏中方根据联合国安理会有关决议在亚丁湾和索马里海域的护航行动,鼓励中方加大支持在几内亚湾海域打击海盗的努力,加强在维护相关海域航道安全及地区和平稳定方面的合作。

6.1.9　双方高度重视保障对方在本国机构及人员的安全,愿就此加强合作。

6.2　反腐败、领事、移民、司法与执法

6.2.1　加强反腐败合作,充分利用《联合国反腐败公约》等现有国际法律文件开展追逃追赃个案合作，并在本国法律允许的情况下，以更加灵活的手段进行合作。

6.2.2 保持反腐败主管机构高级别代表团互访，促进司法、执法和立法领域交流与合作，完善引渡、司法协助和资产追回合作机制，加快商签《引渡条约》《刑事司法协助条约》及其他相关协议。

6.2.3 加强在联合国等多双边机制下的协调和配合，共同倡导构建国际反腐败新秩序，鼓励在全球范围内更有力地预防和打击腐败。

6.2.4 中方愿支持非洲国家加强反腐败能力建设，将在2019年至2021年间，每年为非洲国家举办一期培训班，共培训100名非洲反腐败官员。

6.2.5 鼓励在中非合作论坛框架内加强中非执法安全合作，推动建立中非执法安全合作论坛，加强中非警务交流合作。

6.2.6 中方将在未来三年向非洲国家提供警用装备援助，并开展来华短期执法培训、执法联络员汉语培训和国际执法人才奖学金项目。

6.2.7 深化"一带一路"安保合作，以铁路安保、工业园区和重大项目安保合作为重点，加强情报、技术交流和经验分享，深化联演联训，提高非洲国家执法部门保护本国重大经济项目安全的能力，同时做好在非洲国家的中国公民、中资机构、重大项目安全保护工作。

6.2.8 中方愿建立与非洲国际刑警组织对话与合作关系，并加强有关反恐和打击跨国犯罪情报分享和行动协调，共同开展相关培训援助工作。

6.2.9 双方愿加强领事合作交流、不断提升人员往来便利化水平。

6.2.10 共同打击跨国犯罪，在国际刑警组织框架内推动开展为期三年的打击走私贩运野生动物及制品联合行动。

6.2.11 加强法治领域的交流与合作，增进法治互信，推动法治交流，为中非合作和"一带一路"国际合作提供法律支撑和法治保障，共同致力于现有国际法治体系的健全与完善。

6.2.12 继续完善"中非合作论坛—法律论坛"机制建设，不断提升论坛影响力和实效性,举办“国际投资经贸法律风险及对策研讨会”,继续开展法律人才交流与培训,不断完善中非联合仲裁机制,推动中非联合仲裁中心发展,完善其在非布局,提升其国际影响力,鼓励并协助中非高校共建中国—非洲法律研究中心和法律人才培训基地,加大对参与共建“一带一路”倡议有关国家法律制度研究的广度和深度。中方愿加强与非盟委员会在法律方面的交流与协调。

7. 国际合作

世界正处于大发展大变革大调整时期。世界多极化、经济全球化、社会信息化、文化多样化深入发展,全球治理体系和国际秩序变革加速推进,各国相互联系和依存日益加深。推动构建人类命运共同体,建设持久和平、普遍安全、共同繁荣、开放包容、清洁美丽的世界,建设相互尊重、公平正义、合作共赢的新型国际关系,符合时代潮流,符合中非人民共同利益。

双方将继续致力于在国际事务中相互支持,重申恪守《联合国宪章》宗旨和原则,坚持多边主义,维护联合国权威,支持联合国在国际事务中发挥重要作用。在联合国等多边场合加强协调与配合,在贸易、金融、环境保护、和平安全、人文、经济社会发展和人权等领域加强合作,推动国际秩序朝着更加公正合理的方向发展,推动经济全球化朝着更加开放、包容、普惠、平衡、共赢的方向发展,维护发展中国家共同利益。

8. 中非合作论坛机制建设

8.1　对论坛约翰内斯堡峰会以来,中非外长联大政治磋商、高官会以及中方后续行动委员会与非洲驻华使团磋商继续保持高效、顺畅运转感到满意。

8.2　继续积极发挥论坛框架内现有分论坛作用,共同推进设立新的分论坛或推动已有分论坛机制化,进一步丰富论坛内涵,丰富中非间各领域合作。

8.3　根据中非合作论坛后续机制程序规定,决定 2021 年在塞内加尔召开第八届部长级会议,此前于 2020 年和 2021 年分别召开第十四届和第十五届高官会。中非外长第五次联大政治磋商将于 2019 年 9 月在纽约举行。

后　　记

对非洲问题和中非关系的关注，缘起于2005年我进入国际关系学院开始硕士研究生阶段的学习。此后在攻读博士学位期间，以及参加工作之后，我都一直密切关注中非关系的发展动向，并以“我国对非援助与贸易和投资的互动关系研究”为题申报获批了国家社科基金青年项目，本书中的部分内容即为该课题的结题成果。

本书的写作和出版得到了大连理工大学马克思主义学院领导、同事的大力支持和帮助，并获得学院提供的出版资助。从选题申报到书稿定稿直至最终出版，人民出版社给予了我非常多的帮助和指导，我从他们的专业素养和认真尽责中收获良多。书稿最终完成出版，离不开各位师长、朋友和伙伴的帮助支持，离不开家人对我的关心照顾。在此，向那些给予我关爱、让我觉得这人间分外温暖的人们一并表达谢意。

在课题研究和本书的写作过程中，我一方面欣喜于从现有研究中获得的种种启示和收获；另一方面又深深惶恐于自身学识的不足，担心无法形成和表述真正的学术见解。书稿虽已完成，但鉴于自身学术水平的限制，以及研究资料占有等方面的局限，本研究仍有很多不足，敬请各位专家学者批评指正，这也是我在今后继续从事相关研究的动力。

责任编辑:冯艳玲　陈冰洁
封面设计:石笑梦
封面制作:姚　菲
版式设计:胡欣欣

图书在版编目(CIP)数据

中国对非援助与贸易投资互动关系研究/王新影 著. —北京:人民出版社,2020.9
ISBN 978-7-01-022282-0

Ⅰ.①中… Ⅱ.①王… Ⅲ.①中外关系-对外援助-研究-非洲 ②对外投资-直接投资-研究-中国 Ⅳ.①D822.24 ②F832.6

中国版本图书馆 CIP 数据核字(2020)第 118508 号

中国对非援助与贸易投资互动关系研究
ZHONGGUO DUI FEI YUANZHU YU MAOYI TOUZI HUDONG GUANXI YANJIU

王新影　著

人民出版社 出版发行
(100706　北京市东城区隆福寺街 99 号)

北京盛通印刷股份有限公司印刷　新华书店经销

2020 年 9 月第 1 版　2020 年 9 月北京第 1 次印刷
开本:710 毫米×1000 毫米 1/16　印张:20
字数:320 千字

ISBN 978-7-01-022282-0　定价:88.00 元

邮购地址 100706　北京市东城区隆福寺街 99 号
人民东方图书销售中心　电话 (010)65250042　65289539